北京财经发展报告

（2019~2020）

北京高质量发展新阶段

张晓涛　李向军／编著

ANNUAL REPORT ON BEIJING FINANCIAL
AND ECONOMIC DEVELOPMENT (2019-2020)

社会科学文献出版社
SOCIAL SCIENCES ACADEMIC PRESS (CHINA)

摘　要

《北京财经发展报告（2019~2020）——北京高质量发展新阶段》是以中央财经大学财经研究院的研究人员为核心团队成员，撰写的关于北京市宏观经济发展、财政运行发展、金融运行发展的现状和前景，以及北京高质量发展的年度研究报告。一方面，本报告结合数据对2018年北京市的经济、财政、金融的总体情况展开了全面系统、细致深刻的分析，同时对2019~2020年北京市财经发展形势进行了预测；另一方面，本报告还聚焦于北京及京津冀高质量发展过程中的全局性、战略性、关键性的重大问题，运用定性分析与计量分析方法，对高质量发展过程中出现的问题及成因进行深入分析，并且提出相应的对策建议。

《北京财经发展报告（2019~2020）——北京高质量发展新阶段》分为总报告、分报告和专题报告三个部分。其中，总报告是对分报告和专题报告核心观点的高度概括与提炼。分报告包括《2018年北京市经济总体发展报告》《2018年北京市财政总体发展报告》《2018年北京市金融发展报告》3篇。专题报告包括《高质量推进京津冀世界级城市群建设的路径研究》《北京市高端智库产业的发展思路和路径研究》《北京高质量发展背景下住房租赁市场建设》《北京市养老服务高质量发展的路径研究》《高质量协同背景下京津冀区域间财政关系与协同机制构建》《京津冀应对气候变化公共资金机制研究》《绿色金融支持京津冀生态保护补偿的研究》7篇。

分报告从宏观经济发展、财政运行发展、金融运行发展这三个维度，结合统计数据进行年度趋势分析，对2018年北京财经总体发展情况进行全面描述；同时结合2018年底至2019年初的国内外宏观经济形势以及中央和北京的财经政策，展望了2019~2020年度北京市宏观经济、财政、金融的未来发展形势。

专题报告分别从世界级城市群建设、高端智库产业发展、住房租赁市场发展、养老服务业发展、区域间财政关系、应对气候变化公共资金机制、绿色金融支持生态保护补偿等多个重要视角，对北京高质量发展过程中出现的重点难点问题进行深入剖析，阐述各类问题的逻辑内涵以及产生的根本原因，并且结合国内外实践经验，提出一系列促进北京及京津冀地区高质量发展的政策建议。

目 录

总报告

北京财经发展：现状、前景与高质量发展 ⋯ 北京财经发展报告课题组 / 003
  一 2018年北京财经发展的总体情况 ⋯⋯⋯⋯⋯⋯⋯⋯⋯ 004
  二 2019～2020年北京财经发展形势展望 ⋯⋯⋯⋯⋯⋯⋯ 016
  三 北京财经高质量发展亟待解决的重点问题 ⋯⋯⋯⋯⋯⋯ 020

分报告

2018年北京市经济发展报告 ⋯⋯⋯⋯⋯⋯⋯⋯ 宁 静 王建业 / 033
  一 2018年北京市经济发展情况分析 ⋯⋯⋯⋯⋯⋯⋯⋯⋯ 034
  二 2019年北京经济发展形势展望 ⋯⋯⋯⋯⋯⋯⋯⋯⋯⋯ 058

2018年北京市财政发展报告 ⋯⋯⋯⋯⋯⋯⋯⋯⋯⋯⋯ 宁 静 / 061
  一 2018年北京市财政收入分析 ⋯⋯⋯⋯⋯⋯⋯⋯⋯⋯⋯ 062
  二 2018年北京市财政支出分析 ⋯⋯⋯⋯⋯⋯⋯⋯⋯⋯⋯ 074
  三 2018年北京市财税管理体制改革 ⋯⋯⋯⋯⋯⋯⋯⋯⋯ 088
  四 2019年北京市财政发展形势展望 ⋯⋯⋯⋯⋯⋯⋯⋯⋯ 091

2018年北京市金融发展报告 ⋯⋯⋯⋯⋯⋯⋯⋯⋯ 宁 静 苏 耀 / 095

一　2018年北京市面临的国家金融宏观形势 …………………… 095
二　2018年北京市金融发展情况 ………………………………… 103
三　2018年北京市金融调控与改革 ……………………………… 122
四　2019年北京市金融发展形势展望 …………………………… 124

专题报告

高质量推进京津冀世界级城市群建设的路径研究 … 赵浚竹　徐鹏程 / 131
　　一　高质量推进世界级城市群建设的必然性 …………………… 132
　　二　世界级城市群建设存在的主要问题 ………………………… 137
　　三　推进京津冀世界级城市群高质量发展的路径 ……………… 155

北京市智库产业的发展思路和路径研究 ………… 李姗姗　任　亮 / 164
　　一　智库及智库产业化发展 ……………………………………… 165
　　二　北京智库产业的发展基础 …………………………………… 168
　　三　国外智库发展进程及国内外智库发展对比 ………………… 175
　　四　北京智库产业的发展思路 …………………………………… 182
　　五　北京智库产业发展的路径选择 ……………………………… 184
　　六　推进北京智库产业发展的政策建议 ………………………… 187

北京市高质量发展背景下住房租赁市场建设 …………… 孙传辉 / 196
　　一　北京住房租赁市场发展现状 ………………………………… 197
　　二　北京市住房租赁市场对高质量发展的影响 ………………… 203
　　三　当前北京住房租赁市场的主要问题 ………………………… 205
　　四　住房租赁市场的国际经验借鉴 ……………………………… 209
　　五　完善北京市住房租赁市场的政策建议 ……………………… 216

北京市养老服务高质量发展的路径对策 ………… 杜纯布　张　战 / 221
　　一　北京市老龄化程度 …………………………………………… 223
　　二　北京市养老服务产业发展现状 ……………………………… 228

三　北京市养老服务存在的现实问题……………………………… 237
四　北京市养老服务高质量发展的路径与对策………………… 240

高质量协同背景下京津冀区域间财政关系
与协同机制构建 ………………………… 赵国钦　沈展西 / 249
一　京津冀区域财政协同发展的现状与问题…………………… 250
二　区域间财政关系的相关研究回顾…………………………… 254
三　京津冀财政支出外溢效应的测量…………………………… 260
四　京津冀财政支出外溢网络的特征分析……………………… 263
五　京津冀财政支出空间外溢效应的网络分析………………… 267
六　构建京津冀财政协同机制的政策建议……………………… 273

京津冀应对气候变化公共资金机制研究 ………………… 陈　波 / 279
一　我国气候资金缺口较大……………………………………… 280
二　公共资金具有重要的引导作用……………………………… 283
三　我国公共资金机制现状……………………………………… 291
四　建立应对气候变化协同机制………………………………… 301
五　京津冀应对气候变化公共资金体系………………………… 307
六　构建京津冀应对气候变化公共资金机制的政策建议……… 311

绿色金融支持京津冀生态保护补偿 ……………………… 许寅硕 / 314
一　绿色金融支持京津冀生态保护补偿的必要性和可行性…… 315
二　绿色金融支持京津冀生态保护补偿的现状………………… 316
三　绿色金融支持生态保护补偿的案例分析…………………… 324
四　绿色金融支持京津冀生态保护补偿面临的挑战…………… 326
五　绿色金融支持京津冀生态保护补偿的前景展望…………… 329

总报告

北京财经发展：现状、前景与高质量发展*

北京财经发展报告课题组**

摘　要　"高质量发展"是党的十九大报告提出的新发展理念，推动高质量发展是适应我国社会主要矛盾变化和全面建成小康社会、全面建设社会主义现代化国家的必然要求。北京顺应当前地区财经发展的新需求，积极推动北京财经的高质量发展。在宏观经济方面，2018年全年经济整体运行平稳，经济增长、产业结构、收入分配、居民消费、投资活动和京津冀协同等方面都较好地实现了稳中提质；在财政方面，2018年北京市财政部门坚持落实高质量发展要求，财政收入超过100%完成调整预算、财政支出实现稳步增长，同时积极推进各项财税体制改革工作；在金融方面，2018年北京市社会融资规模增幅明显、信贷投向结构优化、证券市场运行平稳、互联网金融健康发展，出台了多项优化金融资源布局、加强金融风险防控的政策。本报告进一步对未来北京财经高质量发展过程中可能遇到的主要问题进行专题研究，对世界级城市群、高端智库产业、住房租赁市场、养老服务、财政协同机制构建、应对气候变化公共资金机制、京津冀生态保护补偿这7个领域目前存在的问题进行深

---

*　本文为北京社科基金北京财经研究基地重点项目（175DYJA005）。
**　课题组组长张晓涛，教授，博士生导师，中央财经大学财经研究院院长，北京市哲学社会科学北京财经研究基地首席专家，中央财经大学国际投资研究中心主任。课题组副组长李向军，副研究员，中央财经大学财经研究院副院长，北京市哲学社会科学北京财经研究基地副主任。课题组成员：宁静、赵国钦、陈波、许寅硕、杜纯布、赵浚竹、李姗姗、孙传辉、王建业、苏耀。总报告执笔人宁静。

入分析，并且对其未来高质量发展的路径提出了具有借鉴意义和操作性强的政策建议。

关键词 北京经济；北京财政；北京金融；高质量发展

一 2018年北京财经发展的总体情况

2018年北京市总体财经环境平稳，财经运行状况良好，实现了稳中提质。接下来课题组分别从宏观经济发展、财政运行发展、金融运行发展三个方面，对2018年北京财经发展的相关情况进行具体的阐述和分析。

（一）宏观经济发展的总体情况

2018年，北京市坚持"稳中求进"的工作总基调，坚持以供给侧结构性改革为主线，全面对标高质量发展要求，深入落实首都城市战略定位，大力推动京津冀协同发展，因此2018年全年经济整体运行平稳，经济增长、产业结构、收入分配、居民消费、投资活动和京津冀协同等方面都较好地实现了稳中提质。

1. 经济增长方面

2018年全年实现地区生产总值30320亿元，按可比价格计算，比上年增长6.6%。按常住人口计算，全市人均生产总值由2017年的12.9万元增加至14万元。

在产业结构上，北京市三大产业2018年的比例结构为0.4:18.6:81.0，第一产业和第二产业在地区生产总值中的占比继续下降，第三产业在地区生产总值中的占比连续八年提升，连续三年保持在80%以上。

分产业来看，2018年北京市持续深入推进农业"调转节"，传统农业整体缩减，2018年全市农林牧渔业总产值为296.8亿元，扣除价格因素后同比下降4.0%；而都市型农业稳步发展，在农业占地面积缩减的同时，设施农业种植结构进一步优化，效益水平有所提升，2018年设施亩均效益实现2.5万元/亩，比上年提高2.2%。

2018年北京市工业产值增势稳定,但企业利润降幅明显。规模以上工业总产值为19213亿元,按可比价格计算,较上年增长4.4%,实现工业增加值4464.6亿元,比上年增长4.5%。受宏观经济下行压力的影响,全市规模以上工业企业实现利润总额为1530亿元,比上年同期下降23.3%。

2018年北京市第三产业稳中向好,优势行业发挥带动作用。第三产业实现增加值24553.6亿元,比上年增长7.3%,对经济增长的贡献率达到87.9%。其中,金融、科技、信息等优势行业在地区生产总值中的占比超过40%,对经济增长的贡献率合计近70%。

2. 产业经济方面

2018年北京市建筑业增加值增速有所回升,签订合同额增长较快。建筑业增加值为1274.9亿元,增速为3.3%,增速较上年提高1.6个百分点。建筑业增加值占北京市地区生产总值的4.2%,占比较上年提升0.3个百分点。全市有资质的施工总承包、专业承包建筑业企业签订合同额为36558.1亿元,比上年增长15%。2018年北京市交通运输、仓储行业稳步增长,电信业务量翻倍。交通运输、仓储和邮电行业的增加值为1346.2亿元,比上年增长7.0%,占北京市地区生产总值的4.4%。2018年北京市批发零售业增速放缓,批发零售行业的增加值为2530.4亿元,比上年增长0.6%,占北京市地区生产总值的8.3%。2018年北京市住宿餐饮行业增加值小幅增长,住宿餐饮行业增加值为440.8亿元,比上年增长1.6%,增速较上年同期下降0.5个百分点,占北京市地区生产总值的1.5%。2018年北京市旅游市场持续繁荣,旅游收入可观,北京市2018年接待境内旅游者3.1亿人次,比上年增长4.6%,境内外旅游总收入5921亿元,比上年增长8.3%。2018年北京市工业生产者出厂价格指数(PPI)和工业生产者购进价格指数(PPIRM)分别为100和100.8。工业生产者出厂价格指数与上年持平,基本保持稳定,通胀压力较小。

3. 收入分配方面

2018年北京市居民收入稳步增加,与经济增长基本保持同步。居民人均可支配收入为62361元,同比增长9.0%,扣除价格因素后,实际增长6.3%。城乡发展不平衡的状况依然存在,2018年城镇居民家庭人均可支配收入是农村居民的2.6倍。

2018年工资性收入是居民主要收入来源，占比超过60%。从四项明细收入看，工资收入、财产净收入、转移净收入均保持高速上涨的态势；但由于复杂的国内外经济形势，经营性收入出现了大幅的下滑。

2018年北京市就业形势总体稳定，稳中有进。全年城镇新增就业42.3万人，年末城镇登记失业率为1.4%，较上年下降0.03个百分点。其中，第三产业从业人数占北京市从业人员的81.6%。

4. 居民消费方面

2018年北京市社会消费品零售总额增速持续放缓，全年全市实现社会消费品零售总额11747.7亿元，比上年增长2.7%，增速较2017年下降2.5个百分点。2018年北京市服务性消费引领首都消费转型升级，全市实现服务性消费额13658.2亿元，比上年增长11.8%，高于社会消费品零售总额增速9.1个百分点；占市场总消费额的53.8%，对总消费增长的贡献率达到82.6%，成为带动消费增长的主要力量。

2018年北京市消费支出稳步增长，全年居民家庭人均消费支出为39843元，同比增长6.5%，其中农村和城市居民人均消费支出均呈现稳步增长的趋势，且农村居民消费支出增速明显快于城镇居民。从消费结构来看，2018年居住支出成为居民消费支出金额最高的一项，达到14110元，人均住房消费支出增长了14.8%，成为拉动人均消费支出主要的因素。

2018年北京市消费价格温和上涨，居民消费价格指数（CPI）上涨2.5%，略高于全国2.1%的平均水平，其中服务项目价格上涨3.5%，涨幅最为显著。北京市新建住宅价格由跌转涨，至第四季度末新建商品住宅销售价格较上年上涨2.3%。而北京市二手住宅销售价格持续下降，至第四季度末较上年同期价格下降1.9%。

5. 投资活动方面

2018年北京市全社会固定资产投资额为8001.3亿元，较上年减少9.9%。主要是由于非首都核心功能疏解以及经济结构的调整，北京市经济发展对第二产业的依赖程度在逐渐降低，符合党中央对于北京的定位。其中，符合首都发展方向的行业投资增长较快，信息传输、软件和信息技术服务业投资增长31.2%，文化、体育和娱乐业投资增长11.8%，科学研究和技术服务业投资增长7.7%，北京市固定资产投资结构持续优化。

2018年北京市民间固定资产投资持续萎缩，民间固定资产投资规模为2358亿元，较2017年下降11.2%，并且民间固定投资连续三年下滑。

2018年北京市房地产投资小幅上涨，全年房地产开发投资比上年增长3.4%。同时，保障性住房投资建设稳步推进，全年北京市保障性住房投资增长44.1%，占房地产开发投资的31.7%，同比提高9个百分点。

6. 京津冀协同发展情况

2018年是实现京津冀协同发展中期目标的开局之年，三地紧紧围绕《京津冀协同发展规划纲要》，优势互补，通力协作，区域综合实力不断增强。2018年，京津冀地区经济发展水平稳步提升，三地地区生产总值为85139.9亿元，2014~2018年的年均增长率为6.6%。其中，北京地区生产总值达到30320.0亿元，年均增长6.7%；天津达到18809.6亿元，年均增长6.4%；河北达到36010.3亿元，年均增长6.7%。2018年京津冀地区产业结构持续升级，京津冀地区三次产业构成比例为4.3∶34.4∶61.3。其中，北京第三产业占比为81.0%，天津为58.6%，河北为46.2%。2014~2018年京津冀三地的第三产业占比逐渐提升，产业结构进一步优化。

2014~2018年京津冀交通领域取得长足进展。三地积极推动建设以轨道交通为骨干的多节点、网格状、全覆盖的交通网络，促成一批重大交通项目落实落地，运输能力和服务现代化水平不断提升。2018年三地公路里程合计为23.1万公里，比2014年增加1.4万公里，其中高速公路里程数为9657.4公里，比2014年增加1674.5公里。与此同时，三地积极出台相关政策，推动交通互联互通快速发展，交通运输能力显著提升。2018年，三地铁路客运量为3.2亿人次，比2014年增加0.6亿人次；货运量为32.8亿吨，比2014年增加3.6亿吨。

2014~2018年京津冀三地生态协同治理扎实推进。在空气治理方面，京津冀三地合力推进压减燃煤、控车节油、清洁能源改造等减排措施，大气环境质量明显改善，2018年京津冀区域PM2.5平均浓度为55微克/立方米，比2014年下降40.9%。在水环境保护方面，京冀、津冀分别共同签署《密云水库上游潮白河流域水源涵养区横向生态保护补偿协议》和《关于引滦入津上下游横向生态补偿的协议》，2018年京津冀的优良水体占比分别为56%、40%和54%，比2014年分别提高32个、15个和8个百分点。在提效降耗方面，京津冀三地加快淘汰落后产能，促进绿色低碳产业发展，进一步提升资源能源使用效率。2018年北京、天津、河北单位生产总值能耗分别比2014年下降17.5%、21.5%和19.1%。

（二）财政运行发展的总体情况

2018年北京市财政运行情况良好，财政部门坚持落实高质量发展要求，充分发挥财政职能作用。财政收入超过100%完成调整预算，一般公共预算收入稳步增长但增长速度放缓；财政支出目标明确、重点突出，支出金额实现稳步增长但增长速度放缓；四本预算口径下的财政收支差额及收支自给率为2014年以来形势最为严峻的一年。此外，2018年北京市全面实施绩效管理政策、积极落实减税降费政策、采取支持生态涵养区的财政政策以及强化财政风险防控的政策，积极稳步推进各项财税改革和财政管理工作。

1. 财政收入情况

（1）规模趋势：一般公共预算收入稳步增长但增幅回落，政府性基金收入波动明显

2018年北京市一般公共预算收入为5785.9亿元，完成调整预算的100.4%，比2017年一般公共预算收入的金额增加了355.1亿元，维持了2011年以来一般公共预算收入的绝对数额持续稳步增长的趋势。2018年一般公共预算收入比2017年增长了6.5%，这一增速略低于2017年的收入增速6.9%，究其原因在于2018年北京市继续响应中央号召，落实减税降费政策，降低增值税税率，统一小规模纳税人标准，扩大小微企业的企业所得税优惠范围，因而2018年一般公共预算收入的增速继续呈现稳中回落的态势。

2018年北京市政府性基金收入为2009.3亿元，比2017年政府性基金收入金额减少了1123.5亿元，下降了35.9%。北京市政府性基金收入的波动较大，政府性基金收入的绝对金额在经历2015年、2016年的逐年下降之后，2017年急剧增加，2018年金额又重新跌回至2015年的金额水平。

2018年北京市国有资本经营收入为65.4亿元，较2017年而言，国有资本经营收入增加了3.8亿元，增速为6.2%。2012年以来，北京市国有资本经营收入的绝对金额变化不明显，保持着相对平稳的态势；但是收入增

速的数值呈现正负交替，可见国有资本经营收入的增速具有波动性。

2018年北京市社会保险基金收入为4216.7亿元，相比于2017年社会保险基金收入增加了629.3亿元，并且从2014年以来呈现逐年稳步递增的趋势。2018年北京市社会保险基金收入的增速为17.5%，比2017年的增速高13.6个百分点。

2018年北京市"四本"预算的财政收入总计12077.3亿元，比2017年下降了1.1%。除此之外，截至2018年底，北京市政府债务余额为4248.9亿元，比2017年增长9.6%，仅达到债务限额的51.2%，目前北京市政府债务风险尚在安全可控的范围。

（2）结构特征：全市税收收入占比上升，市本级一般公共预算收入占比不断上升

2018年北京市"四本"预算中，一般公共预算收入占比为47.9%，是"四本"预算中收入规模最大的一本预算，社会保险基金收入占比为34.9%，政府性基金收入占比为16.6%，国有资本经营收入占比为0.5%。相比于2017年，2018年北京市总体财政收入结构的变化特点是，一般公共预算收入、社会保险基金收入占比有所提升，国有资本经营收入占比保持不变，政府性基金收入占比大幅下降。

一般公共预算收入分为税收收入和非税收入两个部分。其中，税收收入在一般公共预算收入中的占比为86.1%，较2017年增长了0.1个百分点；非税收入在一般公共预算收入中的占比为13.8%，较2017年下降了0.1个百分点，由此说明2018年一般公共预算收入内部结构的变化为税收收入的占比略微上升、非税收入的占比略微下降，二者结构更为优化。

从各项明细税收收入结构来看，2018年北京市继续深化营业税改增值税改革，从而导致增值税收入占比持续增长，全年增值税为1793.0亿元，在总税收收入中的占比为35.9%；企业所得税为1287.7亿元，在总税收收入中的占比为25.8%；个人所得税为728.5亿元，在总税收收入中的占比为14.6%。这三大税收收入占比达76.3%，说明北京市税收收入结构的一个特点为税种来源比较集中，增值税、所得税为北京市财政的主体税种。房产税、城市维护建设税、契税、土地增值税占比分别为6.0%、4.9%、4.9%、4.2%。

从层级结构来看，2018年北京市本级的一般公共预算收入在全市一般公共预算总收入中的占比为58.1%，16个区的一般公共预算收入的占比为41.9%。2014年以来，市本级一般公共预算收入占比不断快速上升，区级合计一般公共预算收入占比不断下降，二者的差距呈现不断扩大的趋势。

2. 财政支出情况

（1）规模趋势：一般公共预算支出稳步增长但增幅有所下降

2018年北京市一般公共预算支出为7175.9亿元，比2017年的绝对数额增加了351.4亿元，保持着2011年以来一般公共预算支出金额呈现的稳步增长趋势；2018年北京市一般公共预算支出的增速为5.2%，一般公共预算支出的增速在2016年之后呈现逐年下降的趋势，因此2018年的增速是一个新的低点。

2018年北京市政府性基金支出为2531.7亿元，较2017年而言增加了70.1亿元，增速为2.8%。2010～2018年，政府性基金支出的绝对数额和增速均呈现先下降、再上升、再次下降、再次上升、再下降的变化趋势，可见政府性基金支出波动较大。

2018年北京市国有资本经营支出为48.7亿元，比2017年下降了17.3%。国有资本经营支出绝对数额自2013年以来呈现出逐年递减的趋势，在2017年有所回升，但2018年再次下降。

2018年北京市社会保险基金支出为3039.1亿元，比2017年增长了17.1%，保持了社会保险基金支出绝对数额逐年增长的趋势。自2015年以来，社会保险基金支出的增速呈现出上下波动且波幅较大的特征。2018年全市"四本"预算的财政支出总计12795.4亿元，比2017年增长了7.2%。

（2）结构特征：民生相关支出占比较大，市本级一般公共预算支出占比小于区级

2018年北京市"四本"预算中，一般公共预算支出的占比最大，为56.1%，社会保险基金支出的占比为23.8%，政府性基金支出的占比为19.8%，国有资本经营支出的占比为0.4%，与"四本"预算的收入占比排名保持一致。

从各项明细支出结构来看，2018年一般公共预算支出中规模占比排名前三位的明细支出为城乡社区支出、教育支出、社会保障和就业支出，占

比分别为17.3%、14.3%、10.2%，合计占比41.8%，说明北京市政府重视民生、关注民生，在提高民生公共服务方面投入了较多的财政资金。增速最快的三类明细支出为文化体育与传媒支出、城乡社区支出、医疗卫生与计划生育支出，增长幅度分别为20.1%、19.4%和17.6%。

从层级结构来看，2018年北京市本级一般公共预算支出在全市支出中的占比为45.5%，16个区的一般公共预算支出在全市支出中的占比为54.5%，2010年以来市本级的一般公共预算支出金额一直低于16个区一般公共预算支出的总额，但是差距呈现出先扩大再缩小的趋势，2011~2015年市本级一般公共预算支出的占比下降而区级合计的占比上升，二者差距逐渐扩大；2015~2018年市本级占比逐渐上升而区级合计的占比逐渐下降，二者差距又重新缩小。

3. 财政收支关系

2018年北京市的整体财政收支关系偏紧，收支形势较为严峻。四本预算总的财政收入小于财政支出，收支差额（财政收入减去财政支出）为-1073.2亿元，收入少于支出的差额为2014年以来的最大值。其中，一般公共预算的收支差额是-1390.0亿元，而且2011~2018年一般公共预算收入一直小于一般公共预算支出，而且差距呈现出越来越大的趋势。北京市一般公共预算收入小于支出的财政资金缺口大部分是依靠中央转移支付来填补以保证财政工作的正常运转，2018年北京市中央返还及补助等收入为2186.7亿元，2017年中央返还及补助等收入1921.5亿元，2018年中央转移支付比2017年增加了13.8%。2018年北京市政府性基金收入小于政府性基金支出，收支差额为-522.4亿元；国有资本经营收入大于国有资本经营支出，收支差额为16.7亿元；社会保险基金收入大于社会保险基金支出，收支差额为1177.6亿元，自2014年以来社会保险基金收入大于支出的金额逐年增长。

另外，2018年四本预算财政总收支的自给率（财政收入除以财政支出）为91.6%，为2014年以来的最低值。其中，北京市一般公共预算的自给率为80.6%，略低于2017年一般公共预算的自给率83.0%，是自2011以来一般公共预算自给率最低的一年。政府性基金的自给率为79.4%，低于2017年政府性基金自给率126.2%；国有资本经营预算自给率为134.3%，高于2017年的自给率108.6%；社会保险基金的自给率为138.8%，略高于2017年的自给率水平。

4. 财税体制改革

2018年，北京市落实中央财税制度改革政策，采取积极的财政政策，同时继续深化财税体制改革，为北京市经济健康发展提供有力支撑，为加快建设国际一流的和谐宜居之都发挥好治理基础和重要支柱的作用。2018年北京市财政局采取的财税体制改革措施包括：①2018年3月北京市财政局起草《关于北京市全面实施财政预算绩效管理的意见（征求意见稿）》，全面实施预算绩效管理，推进绩效管理范围覆盖到各级预算部门和所有财政资金，同时创新绩效管理模式，绩效管理时点由"事后"向"事前"转移；②为了持续优化营商环境，支持实体经济发展，2018年北京市财政局积极落实减税降费政策，以促进财政收入可持续增长，同时优化纳税业务管理，多方位提高纳税便利度；③北京市财政局采取了大量支持生态涵养区的举措，不断加大对生态涵养区财政资金支持力度，推动生态涵养区实现可持续发展；④北京市财政局采取了防范政府债务风险、加大财政预决算的公开力度、推进市人大预算联网监督工作、规范PPP项目的日常管理、建立国有资产报告制度、完善国有金融资本管理等一系列强化北京市财政风险防控的政策举措。

（三）金融运行发展的总体情况

2018年北京市金融总体运行情况良好，一方面，北京市社会融资规模增量大幅提高，地方政府专项债券首次纳入统计口径，企业债券的大幅增加也表明北京市在解决实体企业的融资问题上取得了显著成效。另一方面，北京市证券市场运行平稳，上市公司规模不断扩大，"新三板"市场进一步优化；互联网金融持续健康发展；金融机构的存贷款总量持续增加，信贷投向结构得到了优化。此外，北京市出台了一系列政策来推动金融资源的优化布局，以加强金融风险防控。

1. 金融市场情况

2018年北京市社会融资规模统计不断完善，社会融资规模增量大幅提高。社会融资规模增量累计为17784.0亿元，同比增加9528.7亿元，增长率为115.4%，为五年来最高，是从2015年社会融资规模增量下降以来首次上涨。

2018年北京市证券市场整体平稳运行。上证、深证总交易额为911465.7亿元，同比减少88791.3亿元，增长率为-8.9%。其中，股票交易金额为149887.0亿元，同比减少44857.7亿元，增长率为-23.0%；基金交易金额为25144.4亿元，同比增加3038.7亿元，增长率为13.7%；债券交易金额为737453.7亿元，同比减少51994.5亿元，增长率为-6.6%。

2018年北京市上市公司数量不断增加。北京辖区共有上市公司316家，占全国A股上市公司3567家的8.9%，占比比2017年同期提高0.1个百分点。截至2018年末，北京市上市公司总股本25600.0亿股，占A股上市公司总股本的39.4%；总市值为115833.6亿元，占A股上市公司总市值的26.6%。上市公司中，有主板公司166家、中小板公司52家、创业板公司98家。

2018年北京"新三板"市场持续健康发展。2018年末全国中小企业股份转让系统挂牌公司总数为10691家，较上年减少939家，增长率为-8.1%；总股本为6324.5亿股，同比减少432.2亿股，增长率为-6.4%；总市值为34487.3亿元，同比减少14917.3亿元，增长率为-30.2%；累计发行股票1402次，增长率为-48.6%；发行股数123.8亿股，增长率为-48.2%；累计共融资604.4亿元，增长率为-54.8%；挂牌公司共计1440家，占全国挂牌公司的13.5%，在全国省份中排名第二；挂牌公司累计发行股票186次，发行金额为83.0亿元，在全国省份中排名第一。

2018年北京互联网金融市场健康发展。截至2018年末，北京有互联网金融机构39家，占全国互联网金融机构（103家）的37.9%。这39家互联网金融机构累计借贷金额为15032亿元，同比增长2958亿元。因部分机构在2017年和2018年运营信息披露有出入，排除2018年新增贷款金额为负值的5家，剩下34家互联网金融机构累计借贷金额为14159亿元，2017年累计借贷金额为10673亿元，同比增长32.7%。

2. 金融机构情况

2018年北京市金融机构的存贷款总量持续增加，金融对实体经济支持力度进一步加大，信贷投向结构进一步优化，对实体经济重点领域、薄弱环节和高精尖产业支持力度明显增大，有力推动了北京市经济高质量发展。

2018年北京市本外币各项存款余额为157092.2亿元，增长率为9.0%，本外币各项贷款余额为70483.7亿元，增长率为1.3%。本外币贷款中，境内贷款为68354.4亿元，增长率为3.6%；本外币境外贷款2129.3亿元，增长率为-40.7%。其中，人民币各项存款余额为150430.4亿元，增长率为9.1%；人民币各项贷款余额为66767.0亿元，增长率为5.3%。人民币贷款中，境内贷款为66669.8亿元，增长率为5.3%；人民币境外贷款为97.2亿元，增长率为18.8%。而外汇各项存款余额为970.7亿美元，增长率为3.4%；外汇各项贷款余额为541.5亿美元，增长率为-42.7%。外汇贷款中，境内贷款为245.5亿美元，增长率为-39.8%；境外贷款为296.1亿美元，增长率为-44.9%。

2018年北京市银行业服务实体经济力度持续增大。一是支持京津冀协同发展，截至2018年末，中资银行支持京津冀协同发展项目融资余额首次突破万亿元大关，上年同期北京市银行业支持京津冀协同发展表内外融资余额为8228.9亿元。二是继续支持重点工程建设，截至2018年末，中资银行支持北京市2018年重点工程项目融资余额1432.8亿元。三是助力北京全国科技创新中心与文化中心建设，截至2018年末，银行业科技型企业贷款余额为5900.5亿元，文化创意贷款余额为1793.6亿元，比上年同期分别增长1499.3亿元和156.5亿元。

2018年底，北京市证券业协会登记备案的证券营业部会员共计534家，比2017年底增加18家，增长率为3.5%；登记备案经纪类证券分公司59家，比2017年底增加2家，增长率为3.5%；登记备案分支机构总和为593家，比2017年底增加26家，增长率为4.6%。在职营销人员为8228人，比2017年底减少282人，增长率为-3.3%；在职投顾人员为1894人，比2017年底增加256人，增长率为15.6%。

2018年北京市保险机构收入整体趋于稳定，增速回落。2018年末北京市原保险保费收入为1793.3亿元，比2017年减少179.8亿元，增长率为-9.1%，为7年来首次负增长。原保险保费支出为629.4亿元，比2017年增加51.6亿元，增长率为8.9%，为4年来增长率首次提高。

2018年末，北京有私募基金管理人4356家，比2017年增加248家，占全国私募基金管理人数（24448家）的17.8%；总共管理了13561只基金，比2017年增加1079只基金，占全国基金总数目（74642只基金）的18.2%；北京管理基金规模为29938亿元，比2017年增加3927亿元，占全国基金规模（127783亿元）的23.4%。

3. 金融调控与改革

在金融市场方面，北京市政府印发了《关于进一步支持企业上市发展的意见》，以推动证券市场发展，建立支持企业上市政策体系；北京市修订了《北京市交易场所管理办法（试行）》，健全交易场所退出机制和长效监管机制，加强京津冀产权市场发展联盟建设，积极推动区域环境交易市场合作，以健全和完善要素市场体系建设。为了化解重大金融风险，北京市金融监管局建立了重大风险应急处置机制，积极协调化解高风险事件，并加强金融安全基础设施建设和人才队伍培养，推动金融科技与专业服务示范发展，加大金融消费者权益保护力度。在新三板基础上大力发展四板市场，推动五板市场创新发展，鼓励支持本市企业通过三个市场开展融资和规范发展。

在金融机构方面，北京市金融监管局成立了外资金融工作专班，积极与"一行两会"相关部门的沟通，及时掌握外资机构申请设立信息，针对美国、日本、欧洲等国家开展专场推介会，大力吸引外资机构落户。北京市积极推动保险机构商业医保发展，不断完善多层次社会保障体系，推进医养结合，深化政策性长期护理保险试点。强调完善农村金融机构的监管方式，在加强风险防范的基础上，稳妥推进小额贷款公司发展，切实增强服务"三农"能力，同时加大涉农资金投放力度，加快发展直接融资，推动农村金融领域实现创新发展。

在科技金融方面，北京市积极推动金融业高质量发展，鼓励并引导服务实体经济的金融创新。积极健全科技金融统筹发展工作机制，印发关于支持发展现代金融服务业的相关政策，并做好市政协关于优化北京科技金融生态体系重点提案的办理工作。在与"三城一区"紧密衔接的基础上，大力发展天使投资、创业投资、股权投资，办好中关村银行。

此外，北京市政府重视金融人才队伍建设，加强金融人才工作的顶层设计，紧扣首都金融发展主题，加强金融人力资源开发建设，加大金融人才服务协调力度，不断优化金融人才发展环境，落实"京津冀协同发展"要求，探索金融人才发展协同工作。重视文化金融工作，积极在文化、版权、旅游、体育等领域打造一批文化金融品牌。重视绿色金融工作，大力发展绿色信贷、绿色债券、绿色基金和绿色金融交易场所。重视普惠金融，努力在扶贫、健康、教育、养老等方面加强金融供给，深化金融供给侧结构性改革，切实解决民营企业、小微企业融资难、融资贵问题。

二 2019～2020年北京财经发展形势展望

2018年是全面贯彻党的十九大精神开局之年，是改革开放40周年，全面实施新一版北京城市总体规划的第一年，全市全面对标高质量发展要求，牢牢把握首都城市战略定位，较好地完成了全年主要目标任务，高质量发展开局良好。2019年国家围绕推动高质量发展、建设现代化经济体系等方面出台了一系列宏观调控政策，影响高质量发展的结构性问题正在逐步得到解决，支撑高质量发展的条件不断改善，为首都发展创造了良好环境。未来2019～2020年，北京将坚持稳中求进工作总基调，坚持新发展理念，坚持推动高质量发展，坚持以供给侧结构性改革为主线，增强人民群众的获得感、幸福感、安全感，保持经济持续健康发展和社会大局稳定。

（一）经济发展形势展望

从经济增长速度方面看，由于中美贸易摩擦的持续升级等因素的影响，社会经济形势下行压力依然存在，经济增速有可能进一步下滑。但首都经济发展韧性、包容性不断增强，功能疏解、区域整治为转型升级积累了更大的发展空间，协同发展、一核两翼为首都高质量发展提供了更好的发展格局。外部环境中，美联储可能降息，提振经济；特朗普面临第二个任期竞选的压力，中美贸易摩擦可能出现缓和，促使经济触底反弹。

从民营企业方面看，北京市出台促进民营经济健康发展意见，进一步提升民营企业生产经营舒适度，增强微观主体活力，让企业轻装上阵。全面落实国家减税降费政策，对小微企业和科技型初创企业实施普惠性税收减免，扎实推进增值税和个人所得税改革，进一步清理规范涉企收费。开展专项清欠行动，加大清理政府部门和国有企业拖欠民营企业、中小企业账款力度。出台了改善小微企业融资环境的具体政策措施，推出一批帮助民营企业融资纾困的硬招、实招，解决民营企业融资难、融资贵的问题。这些措施将有力地促进民营经济健康发展，改善民营企业经营环境、不断激发民营企业的活力和创造力，民营企业与实体经济的发展走向新台阶。

从投资方面看，2019年北京市深入落实稳投资要求，充分发挥投资补短板、强弱项、优供给的关键作用。发挥重大项目支撑带动作用，切实抓好已出台专项行动计划项目落地。加强重点领域项目储备，在基础设施、高精尖产业、公共服务等重点领域加大补短板、强弱项力度，完善重大项目库，推动投资持续企稳回升。随着政府投资项目的推进，将会进一步拉动经济的增长。同时，由于政府对于民营企业的支持力度加大，民间投资信心逐渐恢复，将会促进民间投资的增长。

从物价水平方面看，自2018年非洲猪瘟疫情发生以来，生猪和能繁母猪的存栏同比降幅逐月扩大，达到了近10年来的最大值，特别是一些主产区减产幅度更大。下半年随着生猪出栏量的进一步下降，再加上下半年是节日需求的高峰，猪肉价格有可能出现阶段性快速上涨，进而推动2019年CPI的上涨，但全年CPI上涨控制在3.5%以内。

（二）财政发展形势展望

从财政收入方面看，2019年四本财政预算的收入安排是：一般公共预算收入预期为6015.0亿元，政府性基金预算收入预期为2085.0亿元，国有资本经营预算收入预期为64.3亿元，社会保险基金预算收入预期为4625.5亿元。通过计算，2019年北京市一般公共预算收入预期增长率为4.0%，增幅相对于2017年和2018年均有所下降；政府性基金收入预期增长率为3.8%，与2018年相比增速由负值变为正值；国有资本经营收入预期增长率为-1.7%，与2018年相比增速有所下降；社会保险基金收入预期增长率为9.7%，与2018年相比增幅也有所下降；2019年四本预算总体财政收入预期增长率为5.9%，虽高于2018年的增速但明显低于2017年的增速，这说明近两年北京市总体财政收入的增长速度明显放缓。财政收入增速放缓的原因主要在于：①2019年北京市为了更好地释放市场主体活力，将继续坚定地实施积极财政政策，落实国家更大规模的减税降费举措，目前国家已明确的减税降费政策将减少北京市地方级收入约300亿元；②房地产业是北京市的传统支撑行业，在持续的房地产调控政策影响下，势必会造成北京市财政收入的减少。

从财政支出方面看，2019年四本财政预算的支出安排：一般公共预算支出预期为7231.0亿元，政府性基金预算支出预期为2252.5亿元，国有资本经营预算支出预期为49.6亿元，社会保险基金预算支出预期为3707.8亿元。通过计算，2019年北京市一般公共预算支出预期增长率为6.8%，增幅高于2017年和2018年的增速；政府性基金支出预期增长率为-13.0%，低于2017年和2018年的增速；国有资本经营支出预期增长率为2.3%，与2018年相比增速由负值变为正值；社会保险基金支出预期增长率为25.3%，增幅高于2018年的增速14.0%；四本预算总体财政支出预期增长率为7.1%，增幅高于2018年总体财政支出的实际增长率5.9%。财政支出增速提高的原因主要在于：①2019年北京市重大活动多，做好重大活动的服务保障需要各方充足的财政资金支持；②构建高精尖经济结构、推动首都高质量发展，落实城市总体规划、建设国际一流的和谐宜居之都，保障和改善民生等诸多方面还需要加大财政资金的投入。

总而言之，由于外部环境不确定因素以及实施积极财政政策的影响，加上2018年一般公共预算、政府性基金预算的超收收入较以往年度大幅减少，2019年可动用的上年结转收入、预算稳定调节基金等可用财力大幅下降，2019年可谓北京市政府近年来财力最"紧"的一年。经过计算发现，2017年北京市四本财政决算的收支差额（财政收入减去财政支出）为538.7亿元，2018年决算收支差额为-288.1亿元，2019年预算收支差额为-451.1亿元。这一变化趋势表明北京市的财政收支形势变得更为严峻，2019年北京市的财政状况将呈现出"紧平衡"的特征。因此，北京市财政部门应引起重视，采取措施适应财政新形势，为2019~2020年北京市持续健康发展提供有力支撑。

（三）金融发展形势展望

2018年底，中央经济工作会议明确指出2019年七项重点工作任务，并将资本市场放在了更加重要的位置上，同时在金融体系中将扮演更重要的角色、发挥更重要的作用。北京市的金融发展趋势也将紧密地同中央保持高度一致，加快资本市场开放的步伐，推动外资金融机构在京落户，同时促进金融科技发展。

在金融市场方面，北京市于2018年11月下发了《关于进一步深化北京民营和小微企业金融服务的实施意见》，这一实施意见指出，要加大货币政策支持力度，为民营和小微企业融资创造良好货币信贷环境，解决民营小微企业融资难、融资贵、融资慢的问题，以进一步优化营商环境。同时，北京市还将继续积极拓宽债券融资、股权投资、企业上市等融资渠道，加快形成完整的融资服务链条；完善全国中小企业股份转让系统、北京股权交易中心、机构间私募产品报价与服务系统的金融市场体系；丰富银行、证券、保险、信托、资产管理等金融业态，加大金融产品供给；在用好人民币资金的同时，继续用好外币资源，完善金融服务基础设施，完善知识产权登记、评估、交易体系，促进知识产权等无形资产融资和动产抵押融资发展。

在金融机构方面，北京将会进一步提高金融业的开放与国际化水平，在国家新一轮金融开放中发挥引领作用；更加积极采取措施积极优化营商环境，服务好外资金融机构、内资金融机构，为国内外金融机构在京发展提供高效便捷的服务；大力引进服务"高精尖"产业发展所需的金融人才，为金融机构的持续健康发展奠定坚实的基础。

此外，2019年北京市还将继续推动科技金融发展，为金融科技的高质量发展营造出更好的生态环境。一方面，北京市推动金融科技地层技术创新和应用，为金融科技产业的健康发展创造除了良好的环境条件。2018年11月北京市发布《北京市促进金融科技发展规划（2018年－2022年）》，提出力争到2022年底，涌现5~10家国际知名的金融科技领军企业，形成3~5个具有国际影响力的创新集群，开展10~15个重大示范应用项目，形成良好产业生态，为首都"四个中心"建设提供重要支撑。另一方面，北京市积极引进和培养金融科技高端技术人才，大力支持高校院所加大金融科技领域的基础研究投入，积极构建多元化、多层次、多渠道的金融科技服务体系，加快科技成果转化，加强创新设施建设和研发投入，大力发展现代金融服务体系。

三 北京财经高质量发展亟待解决的重点问题

"高质量发展"是党的十九大报告提出的新发展理念,推动高质量发展是适应我国社会主要矛盾变化和全面建成小康社会、全面建设社会主义现代化国家的必然要求。北京市"十三五"规划纲要明确提出,加快转变经济发展方式,实现更高质量、更有效率、更加公平、更可持续的发展。因此,课题组在对北京财经2018~2020年的现状及展望情况进行客观描述后,进一步研究北京财经在未来如何更快更好地实现高质量发展。课题组选取了世界级城市群、高端智库产业、住房租赁市场、养老服务、财政协同机制构建、应对气候变化公共资金机制、京津冀生态保护补偿这7项与北京财经高质量发展密切相关的重要议题进行专题研究,分析北京及京津冀在这7个领域高质量发展过程中面临的现状问题及其背后深层次原因,并且积极探索推进北京财经高质量发展的策略、机制与路径。

(一)高质量推进京津冀世界级城市群建设的路径

此专题报告首先分析了高质量推进京津冀世界级城市群建设的必然性,一方面通过对国内外经济形势进行对比分析,认为高质量推进京津冀世界级城市群的建设不仅是中国作为全球政治经济体系核心大国的内在要求,而且是进一步凸显国家地位、释放国际影响力的必然趋势;另一方面通过对京津冀协同发展趋势的判断,认为高质量推进京津冀世界级城市群建设是京津冀协同发展的同期声和载体。

其次,报告指出,按照国际公认的标准,京津冀城市群与世界级城市群尚有不小差距,若要建设成为高质量发展的世界级城市群,对标公认世界级城市群,结合京津冀协同发展战略实施以来的情况,报告认为京津冀各城市间不协调问题依然突出,城市群内各城市目前所承载的功能与面临的诸多问题抑制了京津冀的高质量发展,主要体现在八个方面:一是当前功能与高质量发展要求不协调,二是城市规模等级体系不完善,三是区域深度融合机制不健全,四是地区产业结构不合理,五是区域协同分工不明确,六是城市间经济联系不紧密,七是基础设施和公共服务发展不平衡,八是生态资源环境矛盾较突出。

针对这些问题，报告从全局性、战略性、前瞻性角度提出了高质量推进京津冀世界级城市群建设的路径建议。

第一，构建网络空间结构，合理完善城镇体系。京津冀目前最突出的问题在于核心城市面临"大城市病"而中小城市面临"城市收缩"，因此应该构建由一核（北京首都发展核）、双城（北京、天津两大核心城市）、三轴（京津发展主轴、秦京保石发展次轴、秦唐津沧沿海发展次轴）、四区（中部核心功能区、东部滨海发展区、南部功能拓展区、西北部生态涵养区）、多节点（石家庄、唐山、保定、邯郸等区域性中心城市，以及张家口、承德、廊坊、秦皇岛、沧州、邢台、衡水等节点城市）组成的城市群布局，改善当前"过密"与"过疏"并存的格局，以促进人口空间结构的均衡可持续发展。

第二，将北京打造为全球中心城市，高标准建设雄安新区与北京城市副中心"两翼"，紧紧抓住疏解北京非首都功能这个"牛鼻子"，进一步优化城市功能和空间结构布局，奠定京津冀世界级城市群的首都核心地位，将雄安新区既建设成为非首都功能集中疏解的承接地，也建设成为周边城市经济社会发展的增长极。

第三，创新区域协调机制，强化功能分工互补。京津冀城市群要实现城市群内部各城市的协同高质量发展，科学高效的制度安排是推进区域协同发展的根本保障，需要不断深化和创新区域协调机制，建立长效化、常态化、动态化、立体式京津冀协同发展机制；找准和凝练城市群内各中小城市的功能定位，建立常态化的城市间沟通协调机制，促进各城市分工合作，实现资源互补与功能融合，提高城市综合承载能力。

第四，建设智慧型城市群，畅通要素流动渠道。高质量推进京津冀城市群建设，可以参考国外世界级城市群的建设模式与经验，结合京津冀城市群自身特点，加强智能化、信息化建设，推进大规模信息基础设施建设，普及信息基础设施，缩小数字鸿沟。建立公共信息平台，把各个城市间最基础的公共设施与服务的信息汇集组合形成立体式交叉网络体系，提升智慧基础设施与服务的共建共享和互联互通水平，形成以智能化服务城市生活、给城市居民带来便利为最终目的的新型城市群形态。

（二）北京市智库产业的发展思路和路径

此专题报告首先指出北京地区智库机构最为集中，是智库机构规模最大、质量最好、影响力最强的地区。政策优势、人才高地、资本支持、空间资源使北京市具备发展智库产业的优越条件。目前，北京市智库产业的发展现状包括以下几个方面。①高端智库资源十分丰富，国家高端智库建设试点工作会议上公布的25家首批国家高端智库建设试点单位，其中驻地在北京的智库有20家，占比达75%。②智库在空间分布上呈现类型集聚。北京各类型智库的空间分布与各区特征相符。中共中央、国务院直属的综合性智库多分布于首都功能核心区（西城区和东城区），依托高校和科研机构的专业性智库和科技型智库多分布于海淀区，企业智库和国外智库多分布于朝阳区。③问题导向推动智库建设。首批首都高端智库建设试点的14家单位，研究重点领域涵盖了首都城市战略定位、京津冀协同发展、有序疏解非首都功能、城市副中心建设等重大战略问题和公共政策。④地方智库的系统影响力较弱。在2018年部委直属事业单位智库系统影响力排名中，排在前十位的智库均位于北京，但是2018年北京地方性智库的排名较其他同等级城市（省份）而言相对靠后。

其次，报告指出北京市智库产业发展存在如下突出矛盾。①智库产业发展定位缺乏战略性。北京市智库的发展主要是立足于市级官方机构智库建设、对接北京市有关高端智库等，更多的是立足于北京市属智库的建设。但北京作为国家首都，仅仅考虑自身的发展是不够的，必须提高自身的政治站位，将落实首都功能、服务好党中央国务院作为首要任务。②对市内高端智库智缺乏管理权。由于我国实行条块分离的管理模式，众多的高端智库虽然落在北京市的辖区内，但是高端智库与北京市并没有行政上的隶属关系，而是隶属于党中央、国务院或者各部委，北京市只能去协调和对接有关智库，这是北京市发展智库产业的巨大障碍。③系统内智库缺乏市场化的横向联系。从智库所属性质来看，多是系统内部的研究院，一般以系统内部的研究为主，较少涉及其他领域。由于我国固有体制的束缚，系统内部的研究院缺乏与其他领域的研究院沟通与交流，约束了各研究院的创新能力。

基于上述分析，报告指出北京智库产业发展的路径选择是：首先，应从培育政策市场入手，建立高端智力资源交易市场、搭建多元智库交流合作平台，完善智库产业配套服务；其次，应通过推动服务贸易双向流动、提升智库国际化水平，着重提升智库的国际影响力；最后，建立智库产业化长效机制，制定长效的智库产业发展规划，构建科学的智库产业评价体系，实施创新的智库内部管理机制，建立高效的智库成果转化机制。

本报告针对推进北京智库产业发展提出了以下具体政策建议。①引导各类智库特色发展，官方智库、企业智库、社会智库、高校与科研院所智库要依托各自专长、从服务对象入手，进行差异化发展。②推动市区现有资源的整合，从空间存量和智库存量入手，进行空间资源的整合和智库资源的整合。③通过创新人才选用机制、健全人才激励机制和完善人才服务机制，打造创新型人才高地。④建立多元化资金筹措机制，加大财政资金投入，探索设立智库发展基金，引导社会对智库的投入，优化资金使用管理。⑤健全政府保障服务机制，营造创新包容的社会舆论和政治环境，规范政府的决策咨询服务购买行为，优化政府对智库竞争的监管模式。

（三）北京市高质量发展背景下住房租赁市场建设

此专题报告首先指出，在北京高质量发展的要求背景下，解决好居民的住房问题是无法回避的重要问题。然而北京的高房价导致很多人购房困难，大量居民进入住房租赁市场，因此发展高质量的住房租赁市场刻不容缓。当前北京住房租赁市场的现状包括以下几个方面。①从承租人角度而言，当前北京市居民租房成本较高，而且目前北京的住房租赁市场成为卖方市场，承租人拥有较小的议价权和较低的权益保障能力；租房方式选择仍以普通租赁为主，北京长租公寓的房源总数在总体租赁市场中的占比仅为10%~15%。②从出租方角度而言，目前北京住房租赁市场的机构化水平仍然不高，仅有20%左右的房源由专业的机构和企业进行管理。分散托管是现在住房租赁企业的主要运营形式，导致房源品质的筛选较为困难，住房质量参差不齐。③从政府角度而言，北京市政府通过增加租赁类土地供给、增加公租房供给等方式增加住房租赁市场的供给，同时规范住房租赁市场秩序，提出"三不得""三严查"，稳定住房租赁市场的预期。

其次，报告进一步分析了当前北京市住房租赁市场的主要问题：第一，租赁住房市场供给结构不合理，不仅体现为房源供给的方式不合理，还体现为房源供给的租金价格水平结构不合理；第二，租售同权举措难以落实，尽管北京市发布了《关于加快发展和规范管理本市住房租赁市场的通知（征求意见稿）》，表示京籍与非京籍符合条件的承租人子女将享所在区义务教育，但是具体政策落实不尽如人意；第三，相关法律法规不完善，扰乱市场秩序行为得不到惩戒；第四，政府对住房租赁市场的监管不足，尽管北京住房租赁监管平台在2017年11月正式上线，但建设速度仍然相对缓慢，而且不直接对口普通的租房者或者出租者；第五，相关住房政策的合理性和可行性不足。

报告在借鉴多国住房租赁市场的发展经验后，提出以下完善北京市住房租赁市场的政策建议。①增加住房租赁市场的土地供给。降低住房租赁项目土地的出让价格，增加多来源的土地供应，推进集体土地进入租赁住房市场，采取村集体与开发商联合经营、股份制的方式开展住房租赁业务。②加强北京市住房租赁市场的制度建设。一方面，要推进住房租赁公共管理服务平台和监管平台的建设，运用现代化技术如大数据、云计算等技术，健全检测监管体系；另一方面，要加强信用体系建设，建立住房租赁市场信用体系，增加对房主租赁权可的认证，开展租客背景和信用调查。③建立住房租赁市场的法律法规体系。政府部门需要进一步做好住房租赁有关的法律法规的修订工作，规范市场行为，稳定租赁关系，明确租赁双方的权利义务，推行住房租赁合同备案制，并逐步实现租赁合同网上签约。④建立人才引进的住房保障制度，北京市应结合自身城市条件和发展要求，加大对人才保障住房建设的重视。⑤发展住房租赁的金融服务。住房租赁市场回收周期长，收益率较低，解决资金来源是其可持续健康发展的关键，政府应该充分利用金融服务助力住房租赁市场的发展。⑥增加对住房租赁市场的税收扶持。北京市政府应该对积极主动登记备案的运营机构和个人、对和运营机构签订较长合同的出租人给予一定的税收优惠。

（四）北京市养老服务高质量发展的路径对策

此专题报告首先指出，北京市的老龄化程度越来越严重，人口老龄化呈现基数大、程度高、增长快、抚养负担重的特点，养老服务的供给侧与需求侧的矛盾凸显。在以人民为中心的治国理政背景下，对社会老龄化养老服务从数量上和质量上提出了更高的要求，成为北京市近期需着力解决的重点问题。

目前北京市政府已经发布了诸多养老服务政策措施，养老服务政策已经初步形成系列政策体系，在养老服务业的发展和养老机构的审批与监管上出台了诸多指导性和规范性意见。在政策、资本、市场、技术等多重因素的持续推动下，现阶段北京市养老服务呈现四种发展趋势：面向居家养老出现的互联网养老服务平台，养老服务机构进驻普通社区，老年人入住养老社区或购买养老房产，集生活、娱乐、医疗、保健等为一体的医养结合模式。

然而，北京市在养老服务高质量发展过程中存在如下问题：①人口老龄化程度持续严重，老年人赡养比将持续扩大；②养老服务机构和设施整体水平与需求不相适应；③养老机构和设施空间分布不合理，主城区养老需求的缺口较大，但是远郊区养老床位供给出现空置；④短期内养老服务专业人员供需矛盾突出，养老服务从业人员总量缺乏，而且专业人员较少，大多没有接受系统的专业培训；⑤养老设施与服务存在重形式、轻内容的问题，老年人社区娱乐中心普遍存在设施简单、服务内容单一的问题；⑥养老机构和社区的医疗保健和护理设施不健全，服务不专业，无法提供针对老年人所需的一系列照护服务；⑦"互联网＋"社区智能养老服务平台功能作用发挥不够，行业标准缺失、规范管理欠缺。

为了贯彻落实习近平总书记在党的十九大报告中提出的"加快老龄事业和产业发展"的思想，报告进一步提出了北京市养老服务高质量发展的路径与对策：①完善多元主体参与的养老服务标准体系框架和绩效评价体系，通过事前事中事后的标准引导、监督和绩效管理，保障养老服务的良性健康发展；②进一步扩展居家和社区养老服务形式，使居家和社区养老服务形式得到有效扩展，保障养老服务产业沿着正确的方向发展；③建立养老机构床位和社区中心养老床位的分级轮候制度，对养老床位的进行合理和最优化配置，保障其实现该养即养、养有床位、医养结合、精准养老的服务目标；④多渠道增加老龄人口实际收入，实现老龄人口"边老边富"，提升老年人的购买力；⑤推进养老服务实现产业化发展，解决养老服务产业营利性的问题，明确微观经营层面实行产业化经营的原则，认可产业的"营利性"；⑥细分老龄人口多样化的养老服务需求，为不同状况的老年人提供区别化服务供给的服务模式，实现精细化、精准化养老；⑦通过京津冀区域协同发展，加强养老服务制度衔接和资源共享，建立区域性统一的养老服务资源要素市场，实现养老服务产业合理布局。

（五）高质量协同背景下京津冀区域间财政关系与协同机制构建

此专题报告认为，随着长江三角洲、珠江三角洲的兴起与发展，南方经济"如火如荼"，而北方经济却日渐式微。为推动北方经济崛起，习近平总书记于2014年首次将京津冀协同发展提升到国家战略层面，一系列指导文件及配套措施如雨后春笋般出现。京津冀协同发展战略作为一项国家的重大区域发展战略，被视为继长三角、珠三角之后中国经济增长的第三动力。虽然京津冀协同发展五年来取得的成果显著，但京津冀城市群发展仍面临诸多挑战。因此，习近平总书记在2019年1月18日主持京津冀协同发展座谈时强调，应当从全局高度和更长远的考虑来认识和做好京津冀协同发展工作，突出改革创新，突破利益藩篱，推动京津冀协同取得新的更大的进展。以此为背景，探索财政合作下京津冀地区协同发展的思路应运而生。此报告试图探索以财政整合为基础的京津冀地区协同发展的可能，提出财政支出作为京津冀协同发展的路径选择。

首先，报告选用了较为前沿的社会网络分析法（SNA），利用京津冀三地43个区市的财政数据，全面考察了2002~2016年京津冀地区财政支出的空间关联关系。经过测算发现：第一，京津冀地区财政支出存在普遍的竞争关系，其中京津冀投资性支出网络密度超过0.6，远高于民生性支出的网络密度，这意味着投资性财政支出的财政竞争较为严重，外溢效应十分明显，而民生性财政支出受经济回报率低的限制，空间外溢现象相对较弱；第二，河北省环京津城市位于民生性支出关联网络中心，起着桥梁和传递的作用，环京城市的作用不容忽视；第三，在教育支出关联网络中，北京作为中国首都，聚集了大量优质的教育资源，为了缩小与北京市教育资源的差距，津冀的教育支出必然"紧盯"北京市各区教育支出，因此北京市教育财政支出溢出效应明显；第四，北京位于京津冀科技支出关联网络的

"中间",北京对科技的大力支持,以及科技发展带来的丰硕回报,都刺激着周边的天津市和河北省也不断加大科技支出力度,在京津冀地区形成以北京为中心的科技支出溢出效应。

其次,基于实证研究结果,报告提出了构建京津冀财政协同机制的政策建议。①建立京津冀地区间一般性横向转移支付制度,一方面可以增大北京市和天津市对河北省的财政转移支付力度,以均衡地区间的财政能力,另一方面,依照三地间不同的功能定位进行横向转移支付,降低各地政治晋升而导致的财政竞争程度和产业趋同程度。②有效利用环京城市的"桥梁"作用,加大对环京城市发展的财政支持力度,可以考虑设立环京城市发展专项资金,重点解决环京城市建设发展问题,利用财政资金的支持和国家的行政力量,有效引导资源配置,实现区域经济融合发展。③建立京津冀建设帮扶机制,弱化三地在教育、医疗和社保等方面的行政区界限,做到信息共享、区际协调和资源跨地区流动,实现三地均衡发展。

(六)京津冀应对气候变化公共资金机制

此专题报告指出,为实现减排目标,在大量低碳技术尚未达到商业化阶段以及大量低碳项目仍具有较高风险的背景下,必须充分发挥公共资金的引导、示范和激励作用。随着雾霾等严重环境问题的出现,针对京津冀区域环境治理的研究已经有所积累,但公共资金机制创新不足严重阻碍了京津冀环境治理工作的开展,因此有必要进行深入研究。报告首先对2℃情景下中国到2050年的气候资金需求及供给进行了较为全面的测算,测算结果表明当前我国气候融资的发展处于第Ⅰ阶段,该阶段需要快速追加投资规模,尤其是公共资金的投入,直到达到GDP的1.8%左右。基于此,本报告进一步梳理国际公共资金、国家和地方公共资金的使用情况,对典型的公共资金机制进行研究,并且选择代表性的绿色产业引导基金、适应基金、绿色产业扶贫基金等进行了案例分析。

其次,报告指出,建立多层次的协同机制是支持京津冀地区应对气候变化公共资金使用的核心问题,对京津冀地区建立环境治理协同机制具有政策意义。第一,建立行政协同机制。在我国地区的气候资金一般来自地方政府的财政预算或预算外资金或中央政府资金转移支付,另外还有来自国际公共气候基金等国际方面的筹资。这些资金一般可以通过地方公共投资机构、城市发展基金、政府担保基金、地方政府引导基金等中介，借由股权、债券、补贴或奖励等工具投向减缓或适应领域。第二，建立减缓与适应协同机制，把气候变化影响纳入发展规划中予以通盘考虑，应当在一系列不同层面上做出适应和减缓对策，形成协同效应，以期能够降低与气候变化相关的风险。第三，建立公共资金与社会资金协同机制，可以采取PPP模式，以政府部门资金撬动更大的社会资本，让私营部门参与应对气候变化，用他们所掌握的资源参与提供公共产品和服务，同时为私营部门带来收益。

最后，报告进一步提出了京津冀地区应对气候变化、建立环境治理协同机制的一系列政策建议：①建立以公共资金为主、以私人资金为辅的适应基金资金来源，其中公共资金应当以中央政府种子资金和地方政府配套资金的模式设计；②通过碳市场建设拓宽国内公共资金来源，方式包括加快建设国内碳市场建设，通过配额拍卖获取收入，征收碳市场交易税征收碳税获取税收收入，将生态补偿资金和扶贫资金用于适应基金，将CDM基金部分资金用于适应领域；③京津冀地区应重点考虑建立绿色产业扶贫基金和生态补偿基金，并建立完善的绩效评估、资金监管和信息披露机制；④采用基金模式替代生态补偿机制，可以建立一只生态补偿基金，以该基金为母基金，通过FOF模式与社会资本合作设立子基金，形成灵活的基金体系，提高资金杠杆和使用效率；⑤探索绿色产业扶贫基金运作模式。绿色产业扶贫基金是一种市场化较强的适应基金模式，同时具有较高的公益效益，其中比较活跃的是面向可再生能源的产业基金。

（七）绿色金融支持京津冀生态保护补偿

此专题报告认为，发展绿色金融，支持多元化、市场化生态保护补偿机制，是实现京津冀协同发展的关键任务，也是实现我国经济高质量发展的重要内容。京津冀疏解非首都功能、产业转型升级、生态环境保护等多方面正在稳步推进，亟须将绿色金融支持生态保护补偿加以主流化，完善区域多元化、市场化生态保护补偿机制，支持绿色经济转型与发展。

目前绿色金融支持京津冀生态保护补偿的现状是：绿色金融政策体系日趋完善，奠定了支持生态保护补偿的政策基础；金融机构主动推进绿色金融产品创新，为生态保护补偿提供金融工具支持。北京市金融工作局、北京市发改委、北京银监局、央行营管部等8部门也联合发布《关于构建首都绿色金融体系的实施办法》（以下简称《办法》），明确提出加快构建基于包括绿色信贷、绿色债券、绿色上市公司、绿色基金、绿色保险、碳金融等在内的绿色金融体系，作为首都金融发展的战略方向和京津冀协同发展的重要支撑。

报告指出，绿色金融支持京津冀生态保护补偿面临着如下挑战：①绿色金融支持生态保护补偿的法律法规体系尚不健全，现有绿色金融相关的文件多由国务院和各部委制定，尚无专门的体系化的绿色金融法律法规，对金融机构的约束力和权威性不足；②生态系统服务价值实现机制匮乏，生态资产资本化方式有待探索，科学评价生态系统服务的技术、核算和标准体系还未形成；③绿色金融产品发展不均衡，绿色标准口径不统一，标准或评估指标之间的不统一容易引发概念混淆，造成资金和要素流动、绿色资产之间对接的不顺畅以及额外的交易成本；④绿色金融支持生态保护补偿的实质性激励机制缺位，没有资本、补贴、担保、税收减免等实质性激励，绿色金融支持生态保护补偿的长效发展动力不足，限制了绿色金融支持生态保护补偿的资金规模、可持续性以及可复制性、可推广性；⑤绿色金融支持生态保护补偿相关的能力建设不足，缺乏专业知识的投资者，金融机构从业人员对于环境风险认识还存在不足，缺乏对环境风险敞口的监测数据和风险分析工具。

基于上述挑战，报告提出了绿色金融支持京津冀生态保护补偿的对策建议。第一，建立绿色金融支持生态保护补偿的长效机制，一方面厘清特定领域项目的生命周期、各阶段发展特点和相应的资金需求特点、各阶段已有的绿色金融工具和潜在需求，另一方面还需要政府的配套政策和激励措施及实施方案支持，为绿色投资规划的系统性、长期性和安全性提供保障。第二，推进金融机构的绿色金融产品和服务创新，发展绿色信贷及其证券化、推动绿色债券发展、探索建立绿色基金，同时积极促进相关配套激励措施的出台。第三，建立京津冀绿色金融支持生态保护补偿试验区，探索不同类型生态保护补偿项目全生命周期所需的绿色金融工具组合、政策支持及配套激励措施，形成最佳实践，并进行模式的复制和推广。

分 报 告

2018年北京市经济发展报告

宁 静 王建业*

摘 要	2018年，北京市经济发展坚持"稳中求进"的工作总基调，坚持以供给侧结构性改革为主线，全面对标高质量发展要求，深入落实首都城市战略定位，大力推动京津冀协同发展。在经济增长方面，全年实现地区生产总值30320亿元，按可比价格计算，比上年增长6.6%。产业结构进一步优化，第三产业占比达81%，高技术制造业、战略性新兴产业快速增长。在人民生活方面，居民收入稳步增加，就业形势基本稳定，消费价格温和上涨，社会消费品零售总额增速持续放缓，新建住宅价格由跌转涨，二手住房价格持续阴跌。在投资方面，全社会固定资产投资较上年减少，投资结构继续优化；民间固定资产投资持续萎缩，房地产投资小幅上涨，保障性住房建设稳步推进。在京津冀协同发展方面，五年来，京津冀区域整体实力和竞争力显著增强，经济总量稳步提升，经济结构不断优化，发展水平日益提高，发展动能加快转换，为实现高质量发展奠定了良好基础。同时三地积极推动建设以轨道交通为骨干的多节点、网格状、全覆盖的交通网络，促成一批重大交通项目落实落地，运输能力和服务现代化水平不断提升。
关键词	北京市；经济；稳中求进

---

* 宁静，副研究员，中央财经大学财经研究院，北京市哲学社会科学北京财经研究基地，研究方向为财政分权、地方财政。王建业，中央财经大学财经研究院研究生。

一 2018年北京市经济发展情况分析

（一）经济增长

1. 经济整体运行平稳，稳中提质

2018年，全市人民在党中央、国务院和北京市委、市政府的坚强领导下，认真学习贯彻习近平新时代中国特色社会主义思想和党的十九大精神，坚持"稳中求进"工作总基调，坚持以供给侧结构性改革为主线，全面对标高质量发展要求，深入落实首都城市战略定位，大力推动京津冀协同发展。2018年全年实现地区生产总值30320亿元，按可比价格计算，比上年增长6.6%（见图1）。按常住人口计算，全市人均生产总值由2017年的12.9万元增加至14万元。

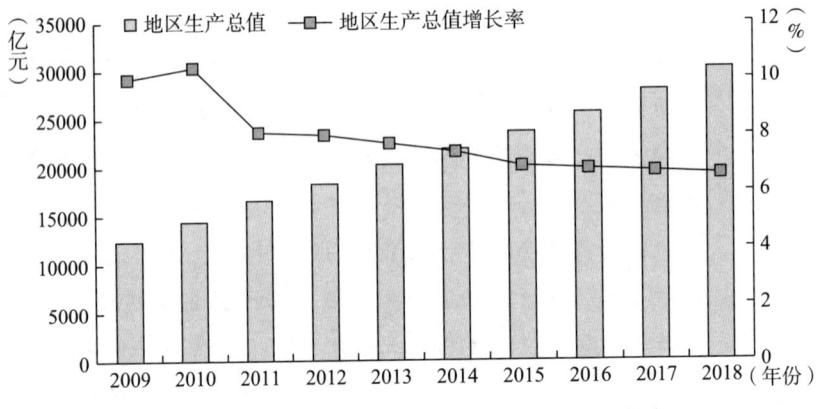

图1 2009～2018年北京市地区生产总值及增长率

资料来源：北京市统计局。

分产业来看，第一产业增加值为118.7亿元，同比下降2.3%；第二产业增加值为5647.7亿元，同比增长4.2%；第三产业增加值为24553.6亿元，同比增长7.3%。第二产业增速比2017年下降0.4个百分点，第三产业增速与2018年持平，第三产业仍然是支撑经济增长的主要动力，增速快于全市地区生产总值增速。高端产业发展态势良好，其中信息传输、软件和信息技术服务业实现增加值3859亿元，同比增长19%，科学研究和技术服务业实现增加值3223.9亿元，较上年增长10.4%。

总体来看，在复杂的国内外形势的背景下，北京市坚持以推进供给侧结构性改革为主线，扎实推进疏功能、稳增长、促改革、调结构、惠民生、防风险各项工作，经济社会保持平稳健康发展。

2. 第三产业占比继续提升，产业结构进一步优化

从产业结构上看，三次产业构成由上年的0.4∶19.0∶80.6变化为0.4∶18.6∶81.0（见图2）。2018年北京市第一产业、第二产业在地区生产总值中的占比继续下降。第三产业在地区生产总值占比连续八年提升，连续三年保持在八成以上。

规模以上工业中，高技术制造业、战略性新兴产业增加值分别比上年增长13.9%和7.8%，均高于规模以上工业增加值增速，对规模以上工业增长的贡献率分别为66.3%和43.9%（二者有交叉）。服务业对经济增长的贡献率达到87.9%，其中，金融、科技、信息等优势行业在地区生产总值中的占比超四成，贡献率合计近七成。

全市深入推进农业调结构转方式，在传统农业进一步收缩的同时，农业的生态功能不断增强。

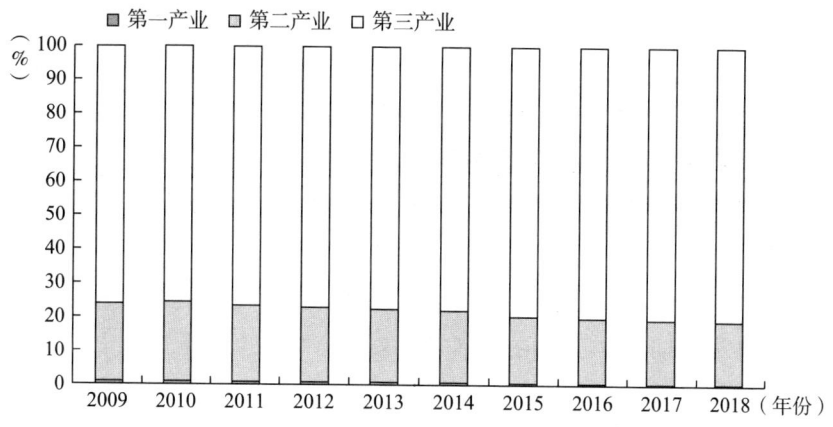

图2　2009～2018年北京市地区生产总值三次产业的占比

资料来源：北京市统计局。

3. 传统农业整体缩减，都市型农业稳步发展

在疏解整治促提升的大背景下，北京市持续深入推进农业"调转节"，传统农业进一步缩减，农业内部结构进一步调整。2018年，全市实现农林牧渔业总产值为296.8亿元，同比下降3.7%，扣除价格因素，同比下降4.0%（见图3）。其中，在新一轮百万亩造林工程的拉动下，林业产值同比增长

61.7%，在农林牧渔业总产值中的占比为32.1%，比上年提高13个百分点。

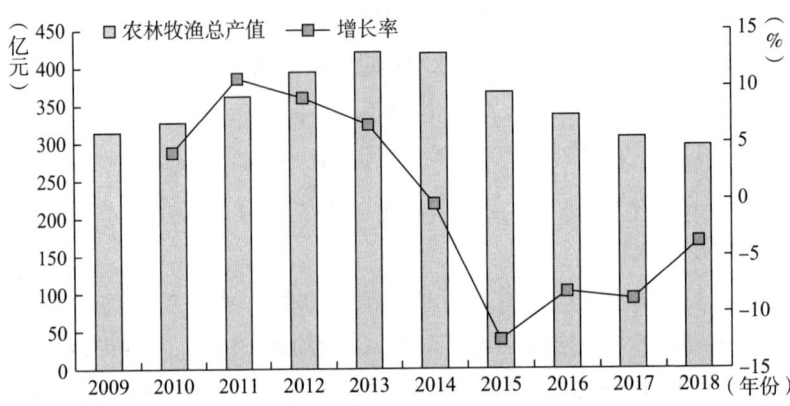

图3 2009~2018年北京市农林牧渔业总产值及增长率

资料来源：北京市统计局。

2018年，北京都市型现代农业稳步发展。全市设施农业占地面积为20.8万亩，同比下降7.1%，设施农业产值为51.7亿元，同比下降5.1%。在减量的同时，设施农业种植结构进一步优化，效益水平有所提升。2018年，设施亩均效益实现2.5万元/亩，比上年提高2.2%。从设施类型来看，效益较高的温室和大棚产值占比有所增加，由上年的96.6%提高到96.9%；从设施内种植的品种来看，效益较高的瓜果增长较快，实现产值同比增长12.6%。

2018年，全市观光园和民俗旅游经营进一步规范，总收入和接待人次有所下降。1172个观光园实现总收入为27.3亿元，同比下降8.9%，接待人次为1897.6万人次，同比下降9.9%；观光园带动本地就业增长，本地从业人员占高峰期从业人员的74.5%，较上年提高0.4个百分点。2018年全市民俗旅游总收入13亿元，同比下降8.2%；接待人次为2042.3万人次，同比下降8.5%。

4. 工业产值增势稳定，但企业利润降幅明显

2018年，北京市规模以上工业总产值为19213亿元，按可比价格计算，较上年增长4.4%（见图4）。按区分组来看，北京经济技术开发区规模以上工业总产值为3841亿元，同比增长12%，为全市增速最快的地区；其次是海淀区规模以上工业总产值，为2311亿元，同比增长11.9%。

2018年，北京市实现工业增加值4464.6亿元，比上年增长4.5%，增

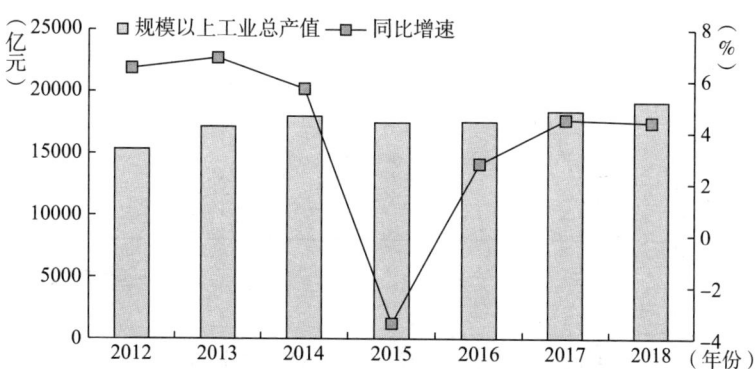

图 4　2012~2018 年北京市规模以上工业总产值及同比增速

资料来源：北京市统计局。

速同比下降 0.9 个百分点，占北京市地区生产总值的 14.7%。其中，全市规模以上工业增加值按可比价格计算比上年同期增长 4.6%。分季度来看，第二季度与第三季度工业增加值增速较快；分轻重工业看，轻工业增加值比上年同期增长 8.1%，重工业增长 3.6%；分行业看，在 39 个工业大类行业中，19 个行业增加值同比增长。其中，医药制造业增加值比上年同期增长 16.2%，计算机、通信和其他电子设备制造业增长 15.2%，汽车制造业下降 5.8%，通用设备制造业下降 0.6%，专用设备制造业增长 15.6%，电力、热力生产和供应业增长 12.2%。工业产业结构进一步优化。从规模以上企业工业增加值同比增速来看，2 月增速最低，为 -7.1%；4 月增速最高，为 15.7%，4 月之后呈现震荡下行的趋势（见图 5），主要是由于国内经济下行压力较大以及受中美经贸摩擦的影响。

2018 年，全市规模以上工业企业实现主营业务收入 21435.7 亿元，比上年同期增长 5.5%；但受宏观经济下行压力的影响，实现利润总额为 1530 亿元，比上年同期下降 23.3%。分经济类型看，国有企业实现利润总额 452.7 亿元，比上年同期下降 34%；股份制企业实现利润总额 332.7 亿元，同比下降 37.6%；外商及港澳台投资企业实现利润总额 743.7 亿元，同比下降 3.9%。分行业来看，在 39 个工业行业大类中，11 个行业利润实现同比增长。其中，医药制造业实现利润总额 196.4 亿元，同比增长 4.6%；汽车制造业实现利润总额 368.4 亿元，同比下降 7.2%；计算机、通信和其他电子设备制造业实现利润总额 95.7 亿元，同比下降 43.4%；电力、热力生

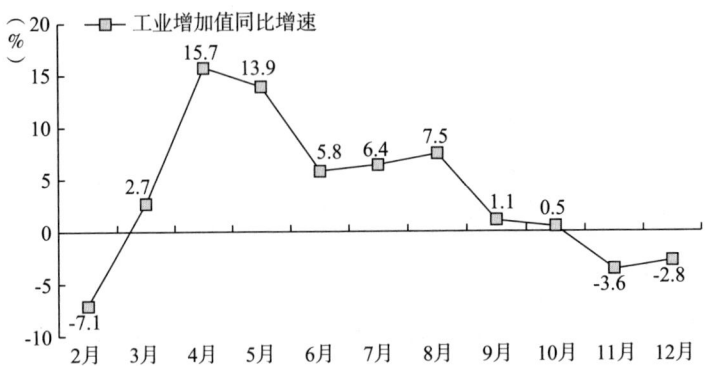

图5　2018年2~12月北京市规模以上企业工业增加值同比增速

资料来源：北京市统计局。

产和供应业实现利润总额481.2亿元，同比下降34.6%。

5. 第三产业稳中向好，优势行业发挥带动作用

2018年，全市第三产业实现增加值24553.6亿元，比上年增长7.3%（见图6），高于地区生产总值增速0.7个百分点，对经济增长的贡献率达到87.9%。其中，金融、科技服务、信息服务等优势行业在全市地区生产总值中的占比为40.1%，比上年提高1.8个百分点，贡献率合计达到67%，比上年提高12.9个百分点。金融业实现增加值5084.6亿元，增长7.2%；信息传输、软件和信息技术服务业实现增加值3859亿元，增长19%；科学研究和技术服务业实现增加值3223.9亿元，增长10.4%。

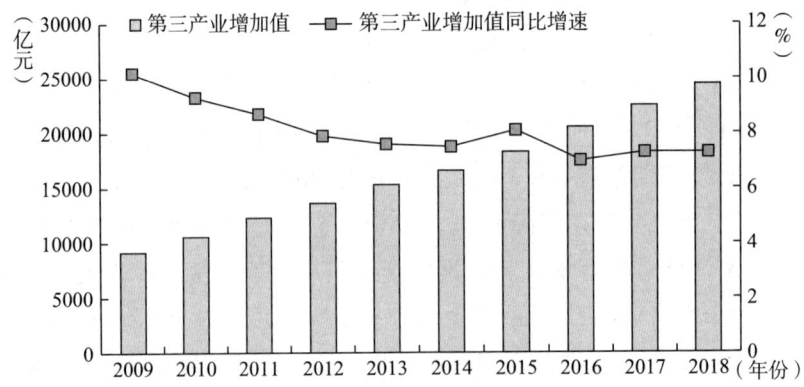

图6　2009~2018年北京市第三产业增加值及同比增速

资料来源：北京市统计局。

6. 开发区市场主体发展良好，高科技企业占据主导地位

开发区对于北京经济的发展具有引领作用，对于加快产业转型、有效提升经济发展质量、培育创新驱动经济发展新引擎、稳步推进供给侧结构性改革具有重大的意义，是北京市经济发展的排头兵。

总体来看，2018年开发区经济发展市场主体总量和开办企业保持增长。新设立企业4184户，同比增长25.8%。其中，内资、外资企业分别同比增长22.9%、51.6%。市场主体累计为22516户，同比增长14.7%。开发区产业结构继续合理化。第一产业企业有13户，同比减少13.3%；第二产业企业有1190户，同比增长11.6%；第三产业企业有19954户，同比增长16.2%。高科技企业占据主导地位，从全区内资企业分产业来看，户数排行前四位的依次为科学研究和技术服务业、批发和零售业、租赁和商务服务业、文化体育和娱乐业，占比分别为43.8%、17.3%、16.4%、6.8%。开发区总收入保持高速增长，中关村国家自主创新示范区2018年实现收入58841.9亿元，同比增长11%；北京经济技术开发区实现收入10944.4亿元，同比增长11.6%。

（二）产业经济

1. 建筑业增加值增速有所回升，签订合同额增长较快

如图7所示，2018年建筑业增加值为1274.9亿元，增速为3.3%，增速同比提高1.6个百分点。建筑业增加值占北京市地区生产总值的4.2%，占比较上年提高0.3个百分点。从建筑业总产值完成情况来看，全市有资质的施工总承包、专业承包建筑业企业完成总产值10939.8亿元，同比增长12.4%。其中，在外省完成产值7828亿元，同比增长15.4%；在北京地区完成产值3111.7亿元，同比增长5.3%。在外省完成产值占全市总产值的71.6%，同比提高1.9个百分点。从建筑业企业签订合同情况来看，全市有资质的施工总承包、专业承包建筑业企业签订合同额为36558.1亿元，同比增长15%。其中，上年结转合同额为20548.8亿元，同比增长26.2%；本年新签合同额为16009.3亿元，同比增长3.2%。从房屋施竣工情况来看，全市有资质的施工总承包、专业承包建筑业企业房屋建筑施工面积为71969.3万平方米，同比增长10.2%，其中，本年新开工面积为22275.9万平方米，同比增长28.7%；房屋竣工面积为9771.3万平方米，同比下降0.7%。

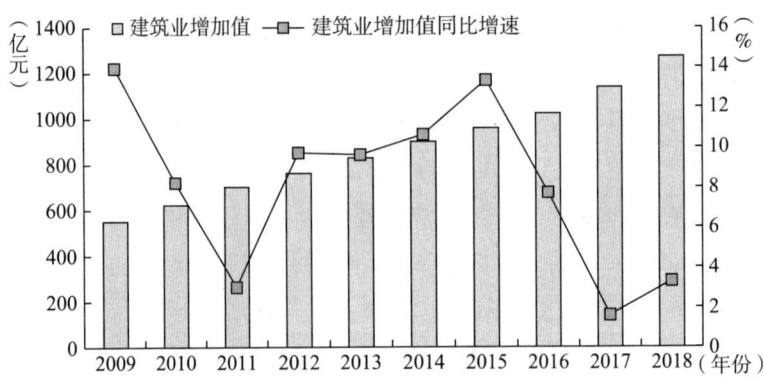

图7　2009～2018年北京市建筑业增加值及同比增速

资料来源：北京市统计局。

2. 交通运输、仓储行业稳步增长，电信业务量翻倍

如图8所示，2018年交通运输、仓储和邮电行业的增加值为1346.2亿元，比上年增长7.0%，占北京市地区生产总值的4.4%。我国电子商务高速发展，持续带动货运量的提升，全年货运量为25244.1万吨，比上年增长5.7%；货物周转量为780.7亿吨公里，比上年增长11.5%。全年客运量为67569.4万人，比上年增长0.2%；旅客周转量为2218.8亿人公里，比上年增长7.9%。全年实现邮电业务总量为2151.4亿元，按可比价格计算，比上年增长66.2%。其中，邮政行业业务总量为397.9亿元，比上年下降5.1%；电信业务总量为1753.5亿元，比上年增长1倍。

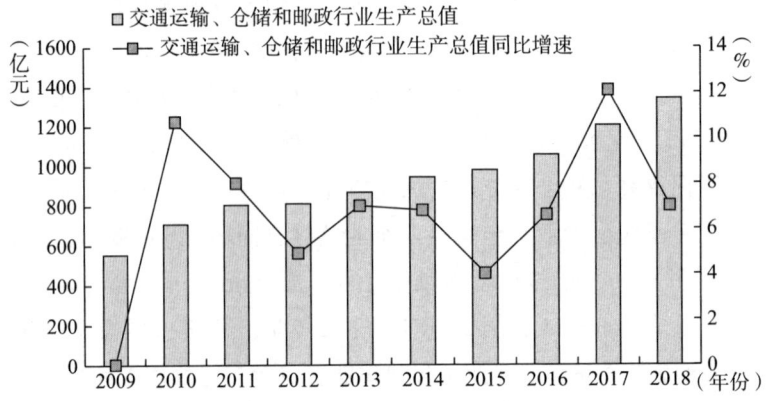

图8　2009～2018年北京市交通运输、仓储和邮电行业增加值及同比增速

资料来源：Wind、北京市统计局。

3. 批发零售业增速放缓

如图9所示，2018年批发零售行业的增加值为2530.4亿元，比上年增长0.6%，占北京市地区生产总值的8.3%。批发和零售业商品购进额为63982亿元，同比增长1.8%；批发和零售业商品销售额为69467亿元，同比增长1.9%；期末商品库存额为7852亿元，同比下降1.6%。批发零售业增速的放缓主要原因包括以下三点。一是国内需求疲弱。经济下行压力已经传导到收入端，对居民消费的下拉作用开始显现。居民收入和居民消费保持持续较快增长难度有所加大，部分行业去产能影响相关从业人员收入增长。二是贷款难度加大。批发零售业中小企业居多，不良贷款率偏高，导致银行系统普遍收紧其贷款规模，批发零售行业融资日益困难。三是经营成本不断提高。批发零售业是典型的劳动密集型行业，劳动力收入的连续增加抬高了行业的生产成本。此外，商业房屋租赁费用不断上涨，严重挤压了批发零售企业特别是个体户的盈利。

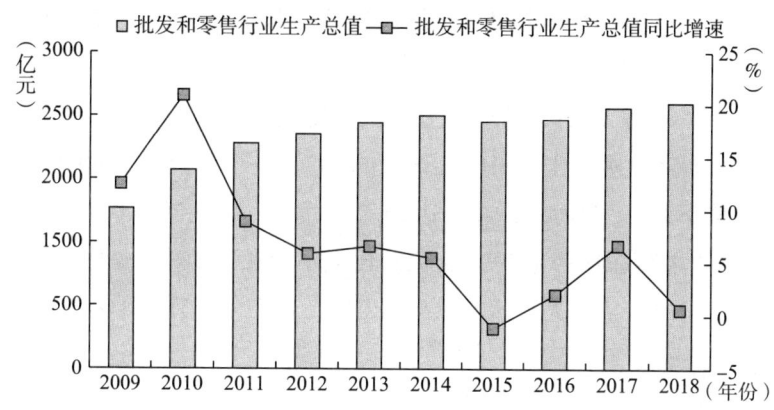

图9 2009~2018年北京市批发和零售行业增加值及同比增速

资料来源：Wind、北京市统计局。

4. 住宿餐饮行业增加值小幅增长

如图10所示，2018年住宿餐饮行业的增加值为440.8亿元，比上年增长1.6%，增速较上年同期下降0.5个百分点，占北京市地区生产总值的1.5%。餐饮和住宿行业的增长乏力主要原因包括：一是与经济下行压力有关；二是与大众消费观念的转变息息相关，消费越来越趋于多样化，随着休闲娱乐的方式和选择的增多，特色民宿、别墅聚会、户外野营野餐活动，分流了部分企业和学生群体,这些对传统餐饮住宿企业造成一定的影响。

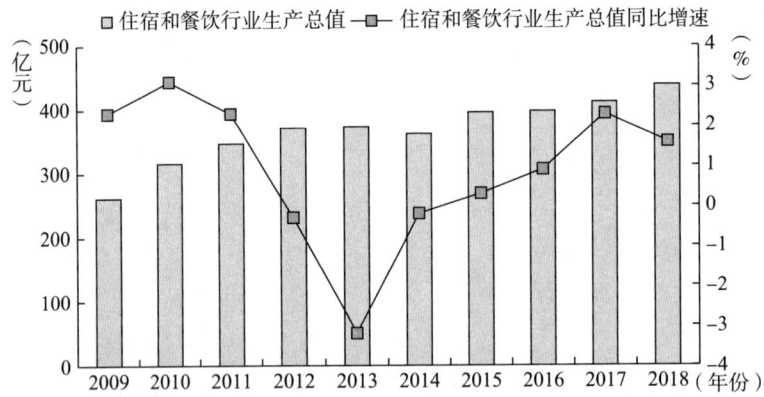

图10　2009~2018年北京市住宿餐饮行业增加值及同比增速

资料来源:Wind、北京市统计局。

5.旅游市场持续繁荣,旅游收入可观

在经济下行压力下,旅游市场持续繁荣。北京市全年接待境内旅游者3.1亿人次,比上年增长4.6%。境内旅游总收入达5556亿元,比上年增长8.5%。接待入境旅游者为400.4万人次,比上年增长2.0%。其中,外国游客有339.8万人次,比上年增长2.3%;港、澳、台游客有60.6万人次,比上年增长0.1%。旅游外汇收入达55.2亿美元,比上年增长7.5%(见图11)。境内外旅游总收入为5921亿元,比上年增长8.3%(见图12)。全年经旅行社组织的出境游人数达510.9万人次,比上年下降0.1%。

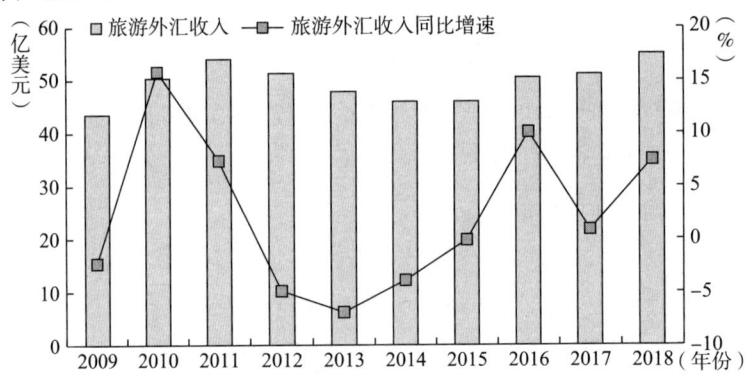

图11　2009~2018年北京市旅游外汇收入及同比增速

资料来源:Wind、北京市统计局。

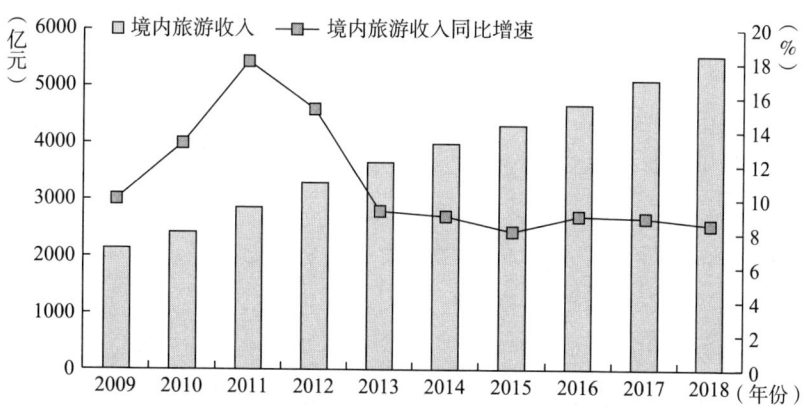

图 12　2009~2018 年北京市境内旅游收入及同比增速

资料来源：Wind、北京市统计局。

6. 生产者价格指数基本保持稳定，通胀压力较小

2018 年 1 月北京市工业生产者出厂价格指数（PPI）和工业生产者购进价格指数（PPIRM）分别为 100 和 100.8。纵观全年，工业生产者出厂价格指数与上年持平，工业生产者购进价格指数小幅上涨。如图 13 所示，北京市工业生产者出厂价格指数和工业生产者购进价格指数基本呈现先下降、后上升、再下降的趋势，第三季度 PPI 与 PPIRM 最高。工业生产者出厂价格指数中非金属矿采选业价格指数涨幅最大，为 4.7%；工业生产者购进价格指数中，有色金属材料和电线类产品涨幅最大，为 5.8%。

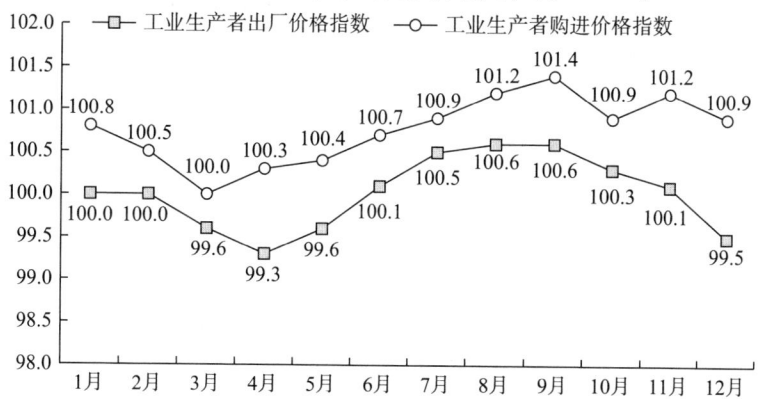

图 13　2018 年北京市工业生产者出厂价格指数和购进价格指数变化

资料来源：北京市统计局。

2018年末农产品生产者价格指数为103.6，较2017年96.2的水平有所上涨，全年基本呈现下降的趋势，价格水平基本稳定。其中，猪肉的生产者价格指数为85.2，成为价格下降幅度最大的农产品。在推动农产品物价上升的因素中，水果及坚果产品生产者价格同比上涨19.8%，成为拉动农产品价格指数上升的主要因素。

2018年末固定资产投资价格指数为103.8，较2017年104.7的水平有所下降，全年呈现下降的趋势，价格水平基本稳定。其中建筑安装、装饰工程价格指数为108.2，是推动固定资产价格指数上涨的主要因素。

2018年各季度北京市农产品生产者价格指数和固定资产价格指数变化见图14。

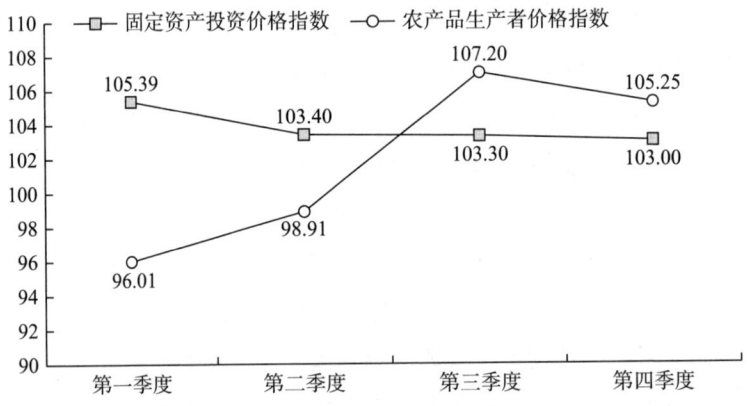

图14　2018年各季度北京市农产品生产者价格指数和固定资产价格指数变化

注：上年同期为100。

资料来源：北京市统计局。

7. 中小微企业利润水平下降，但功能区结构趋于优化

截至2018年第三季度末，全市规模以上中小微企业有2.7万家，第一季度至第三季度实现营业收入37397.8亿元，同比增长1.4%，增速较第一季度至第二季度回落0.6个百分点；实现利润总额2423.9亿元，同比下降18.2%；吸纳从业人员287.5万人，同比下降1.9%。

分行业看，信息传输、软件和信息技术服务业，建筑业，文化、体育和娱乐业增长较快，分别实现营业收入2716.2亿元、1566.2亿元和568.1亿元，同比分别增长14%、13.3%和10.9%。传统行业收入下降，批发和零售业、水利、环境和公共设施管理业、房地产业等营业收入同比下降，分别实现营业收入19447亿元、170.1亿元和1035.4亿元，同比分别下降3.8%、4.4%和11.3%。分功能区看，城市发展新区中小微企业发展较快，实现营业收入8785.3亿元，同比增长10.9%；生态涵养发展区实现营业收入1484.5亿元，同比增长3.2%；城市功能拓展区实现营业收入20865.8亿元，同比增长0.3%；首都功能核心区实现营业收入6262.1亿元，同比下降6.6%，城市空间结构进一步优化。

（三）收入分配

1. 居民收入稳步增加，城乡发展不平衡依然存在

住户收支与生活状况调查资料显示，2018年，全市居民人均可支配收入为62361元，同比增长9.0%，扣除价格因素后，实际增长6.3%。其中，城镇居民人均可支配收入为67990元，同比增长8.9%；农村居民可支配收入为26490元，同比增长9.3%（见图15）。虽然农村居民人均可支配收入的增长率高于城镇居民人均可支配收入，但城乡发展不平衡的状况依然存在，2018年城镇居民人均可支配收入是农村的2.6倍。

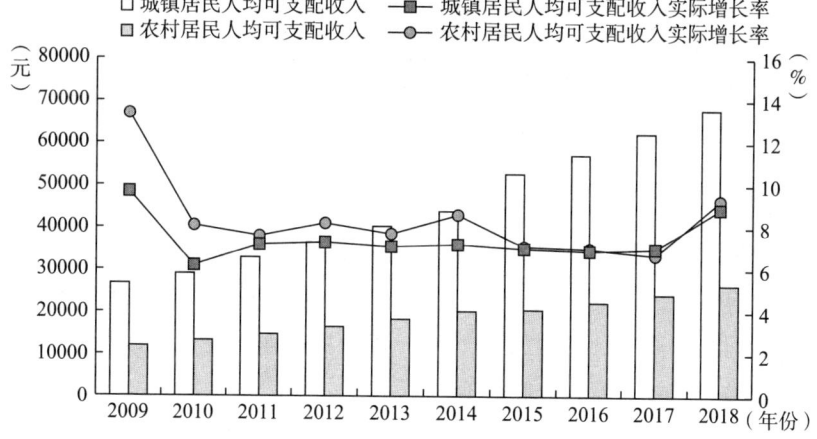

图15 2009~2018年北京市居民人均可支配收入及实际增长率

资料来源：北京市统计局、Wind。

2. 工资性收入是居民主要收入来源，转移净收入大幅增加

从四项收入构成看，人均工资性收入、人均财产净收入、人均转移净收入均保持高速上涨的态势;但由于复杂的国内外经济形势,人均经营净收入出现了大幅的下滑。具体来看,2018年全市居民人均工资性收入为37687元,比上年增长7.0%;人均经营净收入为1201元,比上年下降14.7%,占居民人均可支配收入的1.9%;人均财产净收入为10612元,比上年增长14.0%,占居民人均可支配收入的17.0%;人均转移净收入为12861元,比上年增长13.8%,占居民人均可支配收入的20.6%(见图16)。其中,城镇居民人均工资性收入为40489元,比上年增长6.9%;人均经营净收入为1073元,比上年增长下降17.0%;人均财产净收入为11983元,比上年增长13.9%;人均转移净收入为14445元,比上年增长13.7%。

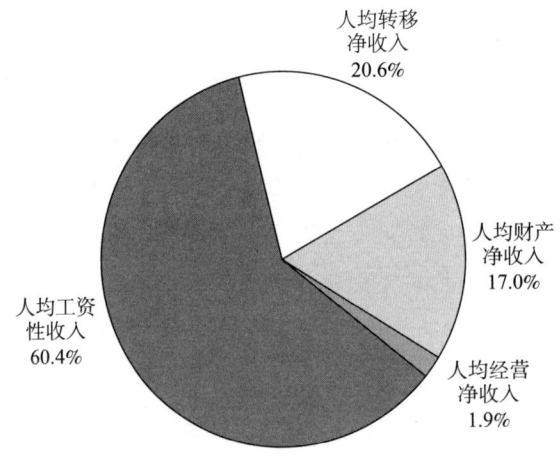

图16　2018年全市居民人均可支配收入结构

资料来源:北京市统计局。

3. 就业形势总体稳定,服务业从业人员比重超过八成

2018年,在非首都功能疏解深化推进,中美贸易争端持续升级,经济结构和空间结构面临调整的大背景下。各项稳就业、促就业政策持续发力,我国就业形势总体稳定,并稳中有进。

2018年全年城镇新增就业42.3万人,年末城镇登记失业率为1.4%,较上年减少0.03个百分点。2018年9月末,全市法人单位从业人员达1080.9万人,较上年同期增长2.3%,劳动力市场基本稳定。

分产业来看,2018年第一产业从业人数为45.4万,同比下降6.8%;第二产业从业人数为182.2万,同比下降5.5%;第三产业从业人数为

1010.2万，同比上升0.5%（见图17），第三产业从业人数占北京市从业人数的81.6%。

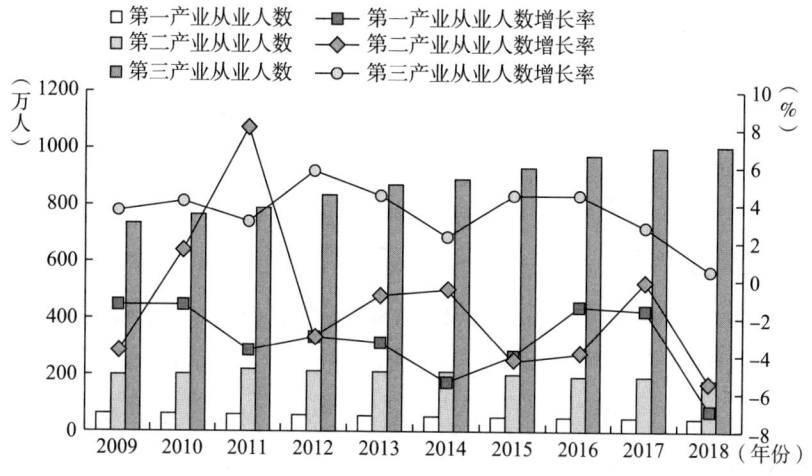

图17 2009~2018年北京市三次产业从业人数及增长率

资料来源：北京市统计局。

（四）居民消费

1. 社会消费品零售总额增速持续放缓，服务性消费引领首都消费转型升级

社会消费品零售总额增长率自2010年以后整体呈现增速不断放缓的趋势。2018年，全市实现社会消费品零售总额11747.7亿元，同比增长2.7%（见图18），增速较2017年下降2.5个百分点。限额以上批发零售企业实现网上零售额2632.9亿元，同比增长10.3%。限额以上批发零售企业商品类之中，对社会消费品零售总额拉动作用较大的有：日用品类商品实现零售额417.2亿元，同比增长24.9%，拉动社会消费品零售总额增长0.7个百分点；家用电器和音像器材类商品实现零售额593亿元，同比增长13.6%，拉动社会消费品零售总额增长0.6个百分点；粮油、食品类商品实现零售额684.8亿元，同比增长9.7%，拉动社会消费品零售总额增长0.5个百分点；石油及制品类商品实现零售额550.2亿元，同比增长11.8%，拉动社会消费品零售总额增长0.5个百分点。

服务性消费引领首都消费转型升级。全市实现服务性消费额13658.2亿

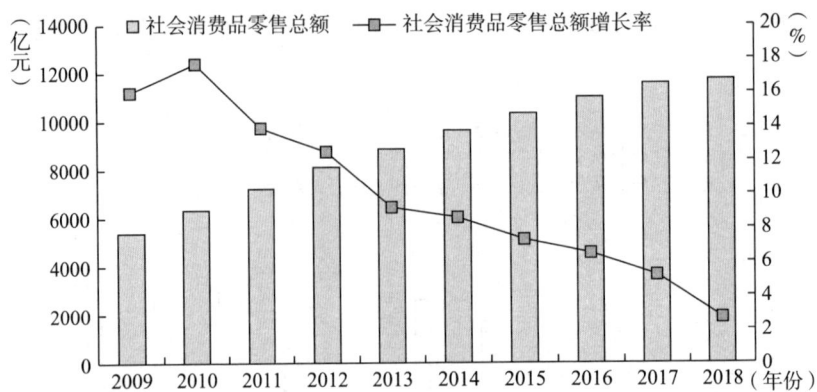

图18　2009~2018年北京市社会消费品零售总额及增长率变化趋势

资料来源：北京市统计局。

元，比上年增长11.8%，高于社会消费品零售总额增速9.1个百分点；占市场总消费额的53.8%，对总消费增长的贡献率达到82.6%，成为带动消费增长的主要力量。

从商品类别角度来看，用类商品总额达到7806.3亿元，占社会消费品零售总额的66.45%；其次是吃类商品，总额为2586.3亿元，占比达22.02%（见图19）。按销售单位所在地分，城镇消费品零售总额为11451亿元，农村消费品零售总额为297亿元；从消费形态看，商品零售实现10645.9亿元，同比增长2.2%；餐饮收入实现1101.8亿元，同比增长7.3%。

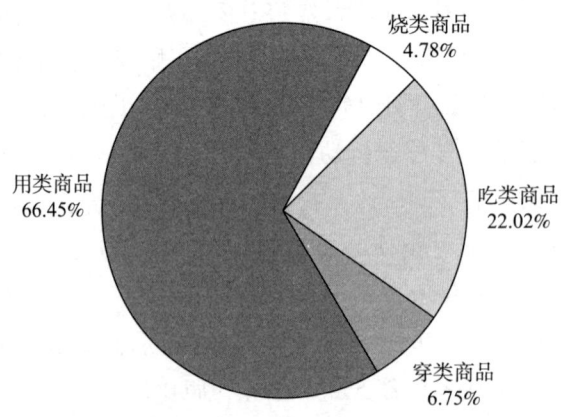

图19　2018年北京市社会消费品零售结构

资料来源：北京市统计局。

2. 消费支出稳步增长，住房居住成本进一步上升

住户收支与生活状况调查资料显示，2018 年北京市居民家庭人均消费支出为 39843 元，同比增长 6.5%；按常驻地划分，城镇居民家庭人均消费支出达 42926 元（见图 20），较上年增长 6.4%；农村居民家庭人均消费支出为 20195 元，较上年增长 7.4%。近十年来，北京市农村和城市居民人均消费支出均呈现稳步增长的趋势，且农村居民消费支出增速明显快于城镇居民。但从支出的绝对量来看，二者之间的差距在不断拉大。2018 年城镇居民家庭人均消费比农村居民消费支出多 22010 元。

图 20　2009~2018 年北京市城镇与农村居民家庭人均消费支出

资料来源：北京市统计局、wind 数据库。

从消费结构来看，2018 年居住支出成为居民家庭人均消费支出金额最高的一项，达到 14110 元，在 2018 年，居住支出增长了 14.8%，成为拉动人均消费支出主要的因素，住房成本居高不下依然是居民生活所面临的最大难题。居民家庭人均消费支出占比排名第 2~5 位的依次是食品烟酒支出，交通和通信支出，教育、文化和娱乐支出，医疗保健支出（见表 1）。

表 1　2018 年北京市居民家庭人均消费支出

单位：元，%

项目	全市平均	增速
人均消费支出	339843	6.5
其中：食品烟酒支出	8065	6.8

续表

项目	全市平均	增速
衣着支出	2176	-2.8
居住支出	14110	14.8
生活用品及服务支出	2372	-4.8
交通和通信支出	4767	-5.3
教育、文化和娱乐支出	3999	2.1
医疗保健支出	3275	12.9
其他用品及服务支出	1079	7.9

资料来源：北京市统计局。

3. 消费价格温和上涨，服务项目价格上升最为显著

2018年，北京市居民消费价格指数（CPI）上涨2.5%，高于全国2.1%的平均水平。分类别来看，八大类商品和服务项目价格"七升一降"：消费品价格上涨1.8%，服务项目价格上涨3.5%，食品烟酒类价格上涨3.1%，居住类价格上涨3.2%，生活用品及服务类价格上涨1.3%，交通和通信类价格上涨0.6%，教育、文化和娱乐类价格上涨3.6%，医疗保健类价格上涨3%，其他用品和服务类价格上涨2.2%；衣着类价格下降0.3%。2018年北京市CPI增长率变化见图21。

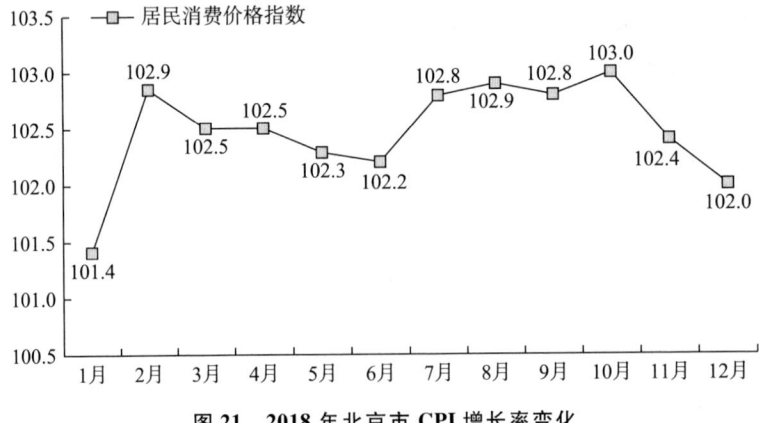

图21 2018年北京市CPI增长率变化

资料来源：北京统计局。

4. 消费者信心指数下降后反弹

消费者信心指数是综合了消费者收入水平、收入预期、消费心理,以及对当前经济形势的信心强弱等多方面因素,反映消费者信心强弱的指数,是预测经济走势和消费趋向的一个先行指标。指数越高,表明消费者信心越强。

2018年,面对复杂的国内外形势,北京市消费者信心指数呈震荡走势,各季度指数分别为118.5、114.6、110.2和113.3(见图22),指数最高的第一季度与最低的第三季度相差8.3点,创2013年以来的年内最大差距。第四季度由于新修订的个税法进一步减轻了百姓的税收负担,增加了百姓的实际收入,再加上"稳就业"政策成效显现以及中美贸易争端的"暂停",消费者信心指数止跌反复弹。

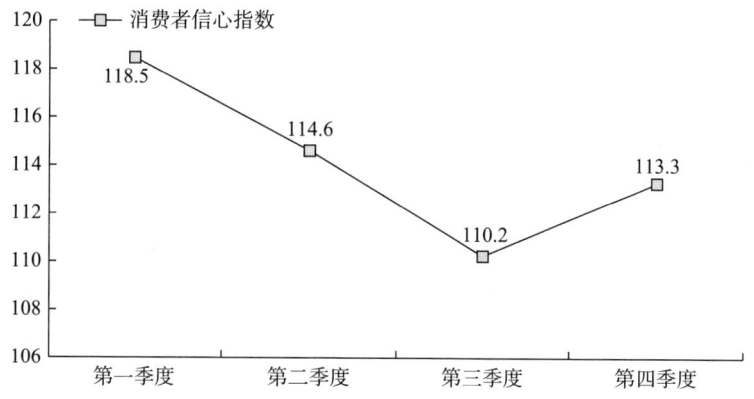

图22　2018年北京市消费者信心指数变化

资料来源:北京市统计局。

5. 新建住宅价格由跌转涨,二手住房价格持续阴跌

北京市继续坚持房地产市场调控目标不动摇、切实履行城市主体责任,促进房地产市场平稳健康发展。2018年,北京市新建商品住宅销售价格上半年延续之前的跌势,下半年由跌转涨,至第四季度末新建商品住宅销售价格同比上涨2.3%(见图23)。二手住宅销售价格继续下降,至第四季度末较上年同期价格下降1.9%。

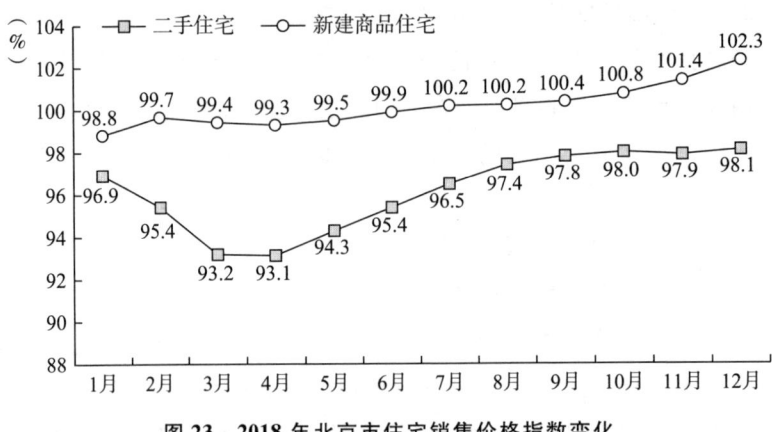

图23　2018年北京市住宅销售价格指数变化

资料来源：北京市统计局。

（五）投资活动

1. 全社会固定资产投资较上年减少，投资结构继续优化

2018年，北京市全社会固定资产投资额为8001.3亿元，比上年下降9.9%（见图24）。主要是由于非首都核心功能疏解以及经济结构的调整，北京市经济发展对第二产业的依赖程度在逐渐降低，符合党中央对于北京的定位。从隶属关系看，中央固定资产投资额为1065.7亿元，同比增长6.6%；地方固定资产投资为6935.6亿元，同比下降12%。从登记注册类型看，国有内资投资增长2.1%，非国有内资下降12.7%，外商及港澳台投资下降27.7%。分领域看，基础设施投资同比下降10.7%，其中，交通运输领域投资增长1.1%；房地产开发投资增长3.4%，其中，保障性住房投资增长44.1%，占房地产开发投资的31.7%，同比提高9个百分点。分产业看，第一产业固定资产投资额为104.1亿元，同比增长8.9%；第二产业固定资产投资额为507.5亿元，同比下降43.2%；第三产业固定资产投资额为7389.4亿元，同比下降6.3%，其中，符合首都发展方向的行业投资较快增长，信息传输、软件和信息技术服务业投资增长31.2%，文化、体育和娱乐业投资增长11.8%，科学研究和技术服务业投资增长7.7%，投资结构持续优化。

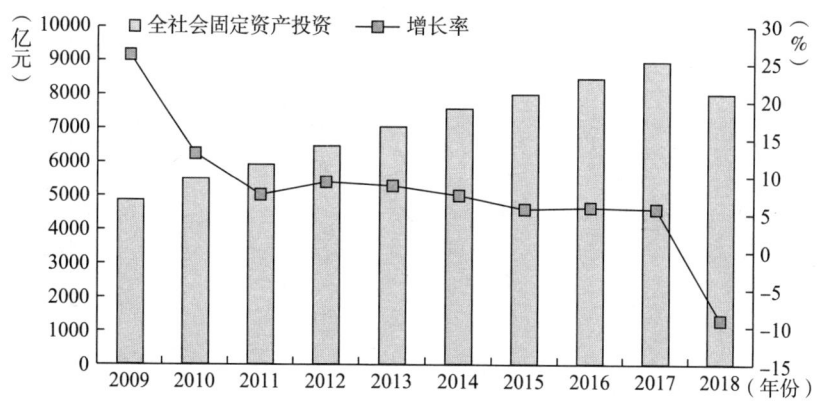

图 24 2009~2018 年北京市全社会固定资产投资额及增长率

资料来源：北京市统计局。

2. 民间固定资产投资持续萎缩

2018 年北京市民间固定资产投资规模为 2358 亿元，较 2017 年下降 11.2%。第一季度民间固定资产投资额为 361.7 亿元，同比下降 11.2%；第二季度民间固定资产投资额为 506.2 亿元，同比下降 23.8%；第三季度民间固定资产投资额为 781.6 亿元，同比下降 8.6%；第四季度民间固定资产投资额为 771.5 亿元，同比下降 3.2%（见图 25）。民间投资连续三年出现下滑的原因主要有以下三点。一是由于民间投资中有很大一部分是制造业投资，中国经济进入转型发展新阶段以后，传统行业由于产能过剩比较严重，所以需要进行市场出清，市场环境偏紧，加之工业品的价格在持续走低，企业投资意愿不强，这也说明了旧产能的清理成效显著，而新产能的投资尚未完全释放。二是尽管民间资本的大环境在改善，一系列旨在为民营企业减负的措施不断出台，但由于我国环保和建设用地政策的收紧，不符合环保要求的企业被关停，违法占地的企业被要求拆除，民间资本的投资更加谨慎。三是由于民营企业债券违约增加，金融市场对民营企业的审核更加严格，融资难、融资贵限制了民营企业的投资。同时，也在一定程度上反映了社会资本对未来经济走势有不乐观的预期。

3. 房地产投资小幅上涨，保障性住房建设稳步推进

2018 年北京市全年房地产开发投资比上年增长 3.4%。按用途分，住宅投资增长 17.4%；办公楼投资下降 29.7%；商业营业用房投资下降 12.6%，

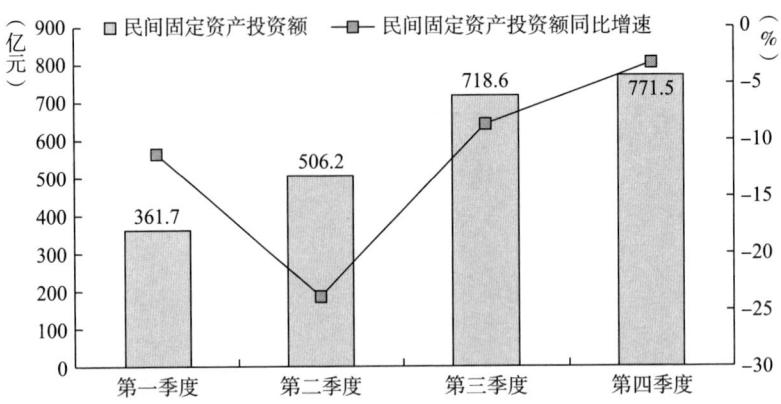

图25 2018年北京市民间固定资产投资额及同比增速

资料来源：北京市统计局。

房地产开发投资额的增长主要是由住宅投资拉动的。按构成分，设备工器具购置投资下降43.4%，安装工程投资下降15.2%。2018年，全市房地产开发企业项目到位资金为5726.7亿元，同比下降18.1%。其中，国内贷款为1657.1亿元，同比下降14.9%；自筹资金为1534.9亿元，同比下降11.4%；定金及预收款为2049.8亿元，同比下降14.9%。

2018年，全市商品房新开工面积为2321.1万平方米，比上年下降6.2%；其中，住宅新开工面积1233.6万平方米，增长0.6%。商品房销售面积为696.2万平方米，下降20.4%。其中，住宅销售面积为526.8万平方米，下降14.0%（见表2）。

表2 2018年房地产开发施工和销售主要指标

单位：万平方米，%

指标	面积	同比增长
房屋施工面积	12962.6	2.8
其中：住宅	5877.1	6.7
房屋竣工面积	1557.9	6.2
其中：住宅	731.2	21.1
商品房销售面积	696.2	-20.4
其中：住宅	526.8	-14.0

续表

指标	面积	同比增长
待售面积	2153.3	2.9
其中：住宅	833.7	2.8

资料来源：北京市统计局。

保障性住房建设稳步推进，保障性住房投资增长44.1%，占房地产开发投资的31.7%，同比提高9个百分点。全市保障性住房新开工面积1049.2万平方米，占全市商品房新开工面积的45.2%，比上年提高3.9个百分点。保障性住房销售面积为221.7万平方米，占全市新建商品房销售面积的31.8%，比上年提高1.3个百分点。

（六）京津冀经济协同发展

1. 经济发展水平稳步提升，产业结构持续升级

2018年是实现京津冀协同发展中期目标的开局之年，三地紧紧围绕《京津冀协同发展规划纲要》，优势互补，通力协作，区域综合实力不断增强，协同发展取得积极成效。五年来，京津冀区域整体实力和竞争力显著增强，经济总量稳步提升，经济结构不断优化，发展水平日益提高，发展动能加快转换，为实现高质量发展奠定了良好基础。从经济规模看，2018年，京津冀地区生产总值为85139.9亿元，与2014年相比，按可比价格计算，年均增长6.6%。其中，北京地区生产总值达到30320.0亿元，年均增长6.7%；天津地区生产总值达到18809.6亿元，年均增长6.4%；河北地区生产总值达到36010.3亿元，年均增长6.7%。虽然京津冀人均GDP差距仍然很大，但河北省人均GDP增长率已连续三年超过天津市（见图26），随着京津冀协同发展战略的推进，人均GDP水平的差距将会进一步缩小。

从城镇化水平看，2018年京津冀地区城镇化率为65.8%，比2014年提高4.7个百分点。其中，河北城镇化率在2015年超过50%，2018年为56.4%，比2014年提高7.1个百分点；北京、天津分别达到86.5%和83.2%，比2014年分别提高0.1个和0.9个百分点。从居民收入看，2018年，京津冀三地全体居民人均可支配收入分别为62361元、39506元、

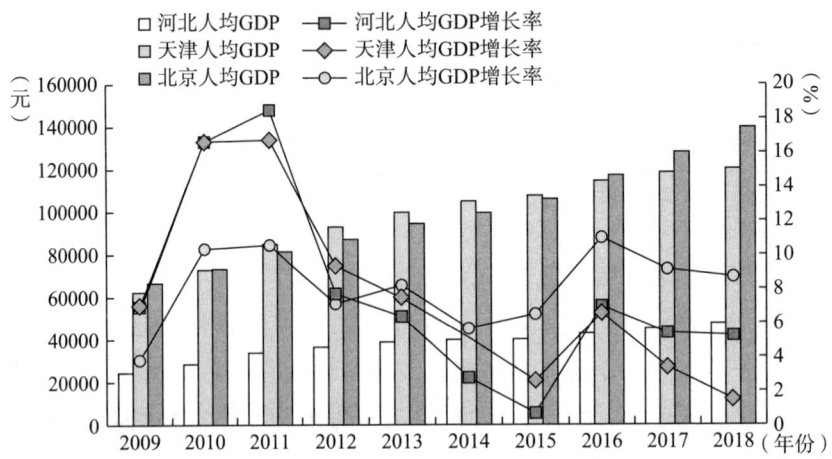

图26 2009~2018年京津冀地区三地人均GDP及增长率

资料来源：Wind。

23446元，与2014年相比，年均增长率分别为8.8%、8.2%和8.9%。

2018年，京津冀地区三次产业构成比例为4.3∶34.4∶61.3，其中，第三产业占比比上年提高1.2个百分点。其中，北京第三产业占比为81.0%，天津为58.6%，河北为46.2%。从图27中可以看出，京津冀三地第三产业占比逐渐提升，产业结构进一步优化，并且第三产业占比的差距逐步缩小。

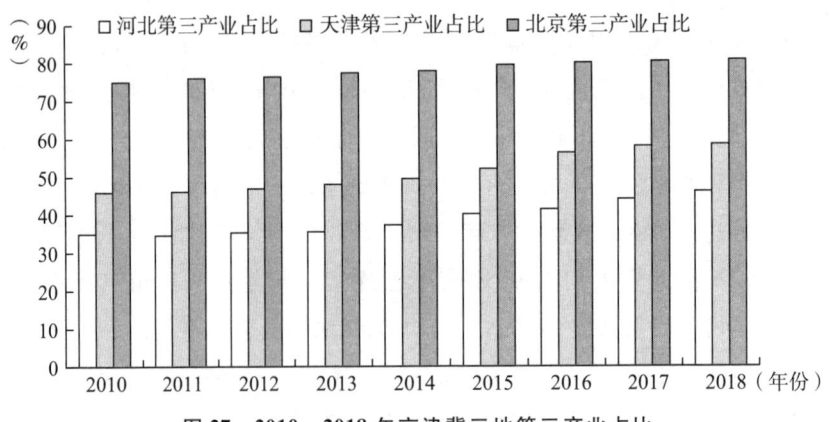

图27 2010~2018年京津冀三地第三产业占比

资料来源：Wind。

从北京来看，2018年服务业对全市经济增长的贡献率达到87.9%，其中，金融、科技服务、信息服务等行业在全市地区生产总值中的占比合计达到40.1%,比上年提高1.8个百分点,比2014年提高5.9个百分点。规模以上工业中,高技术制造业继续保持两位数增长,增速为13.9%,快于规模以上工业增速9.3个百分点,对规模以上工业增长的贡献率达到66.3%。高技术产业和战略性新兴产业增加值在全市地区生产总值中的占比分别为23.0%和16.1%（二者有交叉）,比2014年分别提高1.2个和1.5个百分点。工业中,汽车、电子、医药等支柱行业,增加值占规模以上工业的36.4%,比2014年提高1.2个百分点。

从天津来看,2018年服务业对全市经济增长的贡献率达到87.2%,规模以上战略性新兴服务业、高技术服务业保持较快增长,营业收入分别增长9.2%和11.9%。现代服务业支撑作用增强,金融、科技服务、信息服务、商务租赁等资本技术密集型行业增加值占服务业的41.7%,比2014年提高4.9个百分点。规模以上工业中,高技术制造业和战略性新兴产业增加值增速分别为4.4%和3.1%,分别快于全市工业平均水平2.0个和0.7个百分点。

从河北来看,2018年服务业占比首次超过第二产业,对经济增长的贡献率达到65.5%。与此同时,河北大力发展先进制造业和高技术产业,推动产业向中高端迈进。2018年,全省装备制造业增加值比上年增长8.3%,对全省规模以上工业增长的贡献率为34.6%,居七大主要行业之首。高新技术产业增加值在规模以上工业增加值中的占比为19.5%,比2014年提高6.4个百分点。

2. 交通领域取得长足进展

交通一体化是京津冀协同发展的先行领域之一。2014~2018年三地积极推动建设以轨道交通为骨干的多节点、网格状、全覆盖的交通网络,促成一批重大交通项目落实落地,运输能力和服务现代化水平不断提升。京昆高速、京台高速、京开高速拓宽工程、京秦高速、首都地区环线（通州—大兴段）、延崇高速平原段相继建成通车,市域内国家高速公路"断头路"全面消除;新机场高速、新机场北线高速等加快建设。天津津雄城际纳入国家规划,京滨城际、京唐城际铁路加快建设,天津至北京新机场联络线前期工作提速推进,京秦高速津保铁路投入运营;河北唐曹铁路、太行山高速、京秦高速京冀、冀津接线段,曲港高速曲阳至肃宁段正式通车运营。2018年，三地公路里程合计为23.1万公里，比2014年增加1.4万公里，其中高速公路里程数9657.4公里，比2014年增加1674.5公里。

三地积极出台相关政策，推动交通互联互通快速发展，交通运输能力显著提升。2018年，三地铁路客运量为3.2亿人次，比2014年增加0.6亿人次；货运量为32.8亿吨，比2014年增加3.6亿吨。"交通一卡通"在京津冀城市公共交通领域实现互联互通，发卡数量累计超过180万张；北京累计开通去往津冀的公交线路41条，线路总长达2826.2公里，日均客运量超过40万人次；京津城际推出"同城优惠卡"，五年间，旅客累计达2亿多人次。

3. 生态治理扎实推进

生态治理是推动京津冀协同发展的重要基础和重点任务。2014~2018年这五年来，京津冀三地坚持绿色发展理念，深化协作，着力推进大气和水污染联防联控，能源利用更加高效，环境质量明显改善。在空气治理方面，京津冀三地合力推进压减燃煤、控车节油、清洁能源改造等减排措施，大气环境质量明显改善。2018年，京津冀区域PM2.5平均浓度为55微克/立方米，比2014年下降40.9%。其中，北京、天津和河北PM2.5平均浓度分别为51微克/立方米、52微克/立方米和56微克/立方米，与2014年相比分别下降40.6%、37.3%和41.1%。在水环境保护方面，扎实推进水污染防治工作，京冀、津冀分别共同签署《密云水库上游潮白河流域水源涵养区横向生态保护补偿协议》和《关于引滦入津上下游横向生态补偿的协议》，区域水质状况逐步改善。2018年，北京、天津、河北优良水体占比分别为56%、40%和54%，比2014年分别提高32个、15个和8个百分点。在提效降耗方面，京津冀三地继续通过深化供给侧结构性改革、结构升级和新旧动能转换、提高清洁能源使用比例等措施，加快淘汰落后产能，促进绿色低碳产业发展，进一步提升资源能源使用效率。2018年北京、天津、河北单位生产总值能耗分别比2014年下降17.5%、21.5%和19.1%。

二　2019年北京经济发展形势展望

2018年是全面贯彻党的十九大精神开局之年，是改革开放40周年，是全面实施新一版北京城市总体规划的第一年，全市全面对标高质量发展要求，牢牢把握首都城市战略定位，集中精力抓好"三件大事"，坚决打好三大攻坚战，积极应对"稳中有变"发展形势，扎实推进疏功能、稳增长、促改革、调结构、惠民生、防风险各项工作，经济整体运行平稳，稳中提质，较好地完成了全年主要目标任务，减量发展成效显现，创新发展势头强劲，高质量发展开局良好。2019年国家围绕推动高质量发展、建设现代化经济体系、深化供给侧结构性改革、扩大有效内需等方面出台了一系列宏观调控政策，影响持续健康发展的结构性问题正在逐步得到解决，支撑高质量发展的条件不断改善，为首都发展创造了良好环境。未来一年，北京将坚持稳中求进工作总基调，坚持新发展理念，坚持推动高质量发展，坚持以供给侧结构性改革为主线，坚持深化市场化改革、扩大高水平开放，疏解北京非首都功能促进区域协同发展，优化营商环境，提振市场信心，增强人民群众获得感、幸福感、安全感，保持经济持续健康发展和社会大局稳定。

从经济增长速度方面看，2018年北京市地区生产总值增速为6.6%，连续八年增速下降。由于中美贸易摩擦的持续升级等因素的影响，社会经济形势下行压力依然存在，经济增速有可能进一步下滑。但首都经济发展的韧性、包容性不断增强，功能疏解、区域整治为转型升级积累了更大的发展空间，协同发展、一核两翼为首都高质量发展提供了更好的发展格局。外部环境中，美联储可能降息，提振经济；特朗普面临第二个任期竞选的压力，中美贸易摩擦可能出现缓和，促使经济触底反弹。

从民营企业方面看，北京市出台促进民营经济健康发展意见，进一步提高民营企业生产经营舒适度，增强微观主体活力，让企业轻装上阵。全面落实国家减税降费政策，对小微企业和科技型初创企业实施普惠性税收减免，扎实推进增值税和个人所得税改革，确保企业社保缴费负担不加大，进一步清理规范涉企收费。开展专项清欠行动，加大清理政府部门和国有企业拖欠民营企业、中小企业账款力度。出台了改善小微企业融资环境的具体政策措施，推出一批帮助民营企业融资纾困的硬招、实招，用好纾困"资金池"，设立规模超过100亿元的市级融资担保基金，解决民营企业融资难融资贵的问题。这些措施将有力地促进民营经济健康发展，改善民营企业经营环境、不断激发民营企业的活力和创造力，民营企业与实体经济的发展走向新台阶。

从投资方面看，2019年北京市深入落实稳投资要求，充分发挥投资补短板、强弱项、优供给的关键作用。发挥重大项目支撑带动作用。切实抓好已出台专项行动计划项目落地，安排市政府重点工程300项，带动全社会固定资产投资约三成。加强重点领域项目储备。在基础设施、高精尖产业、公共服务等重点领域加大补短板、强弱项力度，完善重大项目库，形成储备一批、开工一批、建设一批、竣工一批的梯次结构，推动投资持续企稳回升。随着政府投资项目的推进，将会进一步拉动经济增长。同时，由于政府对于民营企业的支持力度加大，民间投资信心逐渐恢复，将会促进民间投资的增长。

从物价水平方面看，2018年北京市居民消费价格指数（CPI）上涨2.5%，高于全国2.1%的平均水平，通胀水平控制在合理区间。自2017年非洲猪瘟疫情发生以来，生猪和能繁母猪的存栏同比降幅逐月扩大，达到了近10年来的最大值，特别是一些主产区减产幅度更大。下半年随着生猪出栏量的进一步下降，再加上下半年是节日需求的高峰，猪肉价格有可能出现阶段性快速上涨，进而推动2019年CPI的上涨，但全年CPI上涨控制在3.5%以内。

2018年北京市财政发展报告

宁 静[*]

摘 要 2018年北京市财政运行情况良好,财政部门坚持稳中求进工作总基调、落实高质量发展要求,充分发挥财政职能作用。在收入方面,全市一般公共预算收入、政府性基金预算收入、国有资本经营预算收入和社会保险基金预算收入均超过100%,完成调整预算,一般公共预算收入稳步增长但增幅下降,四本预算口径下总体财政收入金额相比于2017年下降了1.1%,主要原因在于政府性基金收入下降幅度较大。在支出方面,除了社会保险基金支出外,全市一般公共预算支出、政府性基金预算支出、国有资本经营预算支出均完成了调整预算的100%,一般公共预算支出稳步增长但增长速度放缓,四本预算口径下总体财政支出金额相比于2017年增长了7.2%。2018年四本预算口径下的收支差额(财政收入减去财政支出)为1073.2亿元,自给率(财政收入除以财政支出)为91.6%,为2014年以来四本预算口径下财政收支形势最为严峻的一年。此外,2018年北京市全面实施绩效管理政策、积极落实减税降费政策、采取支持生态涵养区的财政政策和强化财政风险防控的政策,稳步推进各项财税改革和财政管理工作。

关键词 北京财政;预算;决算

---

[*] 宁静,副研究员,中央财经大学财经研究院、北京市哲学社会科学北京财经研究基地,研究方向为财政分权、地方财政、北京财政。

一 2018年北京市财政收入分析

(一) 2018年财政收入预算执行情况

1. 2018年财政收入的预算安排情况[①]

(1) 一般公共预算收入预算安排情况

2018年北京市一般公共预算收入5783.8亿元,增长6.5%左右;加上中央返还及补助等收入1425.6亿元,收入合计7209.4亿元。

市本级一般公共预算收入3363.8亿元,增长7.2%;加上中央返还及补助638.9亿元、区上解494.9亿元、调入资金18.4亿元、国有资本经营预算划入12.9亿元、调入预算稳定调节基金343.4亿元,收入合计4872.3亿元。

(2) 政府性基金收入预算安排情况

2018年北京市政府性基金预算收入1924.0亿元,下降38.6%,主要是由于落实新版北京城市总体规划提出的"双控"要求,推动减量发展;加上地方上年专项政策性结转使用等收入918.0亿元,收入合计2842.0亿元。

市本级政府性基金预算收入852.9亿元,下降23.4%;加上地方上年专项政策性结转使用322.6亿元、区上解收入178.8亿元,收入合计1354.3亿元。

(3) 国有资本经营收入预算安排情况

2018年北京市国有资本经营预算收入60.9亿元,与上年基本持平;加上年结转收入3.0亿元,收入合计63.9亿元。

市本级国有资本经营预算收入50.3亿元,与上年基本持平;加上年结转收入1.4亿元,收入合计51.7亿元。

(4) 社会保险基金收入预算安排情况

2018年北京市社会保险基金预算收入3804.2亿元,增长6.0%,主要是由于预计社会平均工资水平提高导致缴费基数提高,相应缴费收入增加;

[①] 北京市财政局:《关于北京市2017年预算执行情况和2018年预算的报告》,北京市第十五届人民代表大会第一次会议,2018年1月24日。

加上年结余收入5475.4亿元，收入合计9279.6亿元。

市本级社会保险基金预算收入3714.4亿元，增长6.4%；加上年结余收入5319.6亿元，收入合计9034.0亿元。

2. 2018年财政收入的执行情况[①]

1. 一般公共预算收入决算情况

2018年北京市一般公共预算收入5785.9亿元，增长6.5%，完成预算的100.0%；加上中央返还及补助等收入2186.7亿元，收入合计7972.6亿元。

市本级一般公共预算收入3364.1亿元，增长7.2%，完成预算的100.0%；加上中央返还及补助692.0亿元、区上解501.2亿元、地方政府债券收入328.9亿元、调入资金28.8亿元、国有资本经营预算划入12.9亿元、调入预算稳定调节基金343.4亿元，收入合计5271.3亿元。市级一般公共预算超收财力16.5亿元，主要包括：市级一般公共预算收入增加0.3亿元、中央财政返还及补助等增加2.7亿元、政府性基金结余划转一般公共预算增加10.4亿元、区上解等增加3.1亿元；超收财力全部转入预算稳定调节基金，截至2018年末预算稳定调节基金余额为117.5亿元。

2. 政府性基金收入决算情况

2018年北京市政府性基金收入2009.3亿元，完成调整预算的105.7%。[②] 加上地方上年专项政策性结转使用等收入1285.3亿元，收入合计3294.6亿元。

市本级政府性基金收入905.6亿元，完成调整预算的106.2%，超收52.7亿元（全部结转下年使用）。加上地方上年专项政策性结转使用322.6亿元、区上解收入189.1亿元、专项债务收入315.9亿元，收入合计1733.2亿元。

3. 国有资本经营收入决算情况

2018年北京市市国有资本经营收入65.4亿元，完成预算的107.4%；加上年结转收入3.1亿元，收入合计68.5亿元。

[①] 北京市财政局：《关于北京市2018年预算执行情况和2019年预算的报告》，北京市第十五届人民代表大会第二次会议，2019年1月14日。需要说明的是，财政收入执行情况的数据是根据预算执行情况初步汇总的，在地方财政决算正式编成后，还会有所变化。

[②] 财政预算在实际执行的过程中，由于各种情况变化，财政部门需要按规定进行预算调整，组织新的预算平衡。因此年末的"调整预算"数据与年初预算数据并不完全一致。

市本级国有资本经营收入53.0亿元，完成预算的105.4%，主要是企业利润收入和股利股息收入增加；加上年结转收入1.4亿元，收入合计54.4亿元。

4. 社会保险基金收入决算情况

2018年北京市社会保险基金收入4216.7亿元，完成调整预算的110.9%；加上年结余收入5475.4亿元，收入合计9692.1亿元。

市本级社会保险基金收入4129.9亿元，完成调整预算的111.1%，主要是养老、医疗保险缴费人数超预期。加上年结余收入5327.1亿元，收入合计9457.0亿元。

（二）2018年财政收入总体规模及变化趋势

1. 一般公共预算收入

2018年北京市一般公共预算收入5785.9亿元，完成调整预算的100.4%，比2017年一般公共预算收入的金额增加了355.1亿元，维持了2011年以来一般公共预算收入的绝对数额持续稳步增长的趋势。2018年一般公共预算收入比2017年增长了6.5%，这一增速略低于2017年的收入增速6.9%，究其原因在于2018年北京市继续响应中央号召，落实减税降费政策，降低增值税税率，统一小规模纳税人标准（小规模纳税人的年应税销售额标准统一到500万元及以下），扩大小微企业的企业所得税优惠范围，提高个人所得税基本减除费用标准等，因而2018年一般公共预算收入的增速继续呈现稳中回落的态势。一般公共预算收入占北京市地区生产总值的比重为19.1%，略低于2017年一般公共预算收入占地区生产总值的比重，而且这一数值自2015年起呈现逐年降低的趋势（见表1和图1）。

表1 2011~2018年一般公共预算收入的规模及变化情况

单位：亿元，%

年份	一般公共预算收入	一般公共预算收入的增速（上年=100）	一般公共预算收入占GDP的比重
2011	3006.28	27.71	18.08
2012	3314.93	10.27	18.06

续表

年份	一般公共预算收入	一般公共预算收入的增速（上年=100）	一般公共预算收入占GDP的比重
2013	3661.11	10.44	18.01
2014	4027.16	10.00	18.35
2015	4723.86	17.30	19.94
2016	5081.26	7.57	19.80
2017	5430.79	6.88	19.39
2018	5785.90	6.54	19.08

资料来源：2011~2017年的数据均来源于《北京统计年鉴》（2012~2018），2018年的数据来源于《关于北京市2018年预算执行情况和2019年预算的报告》。

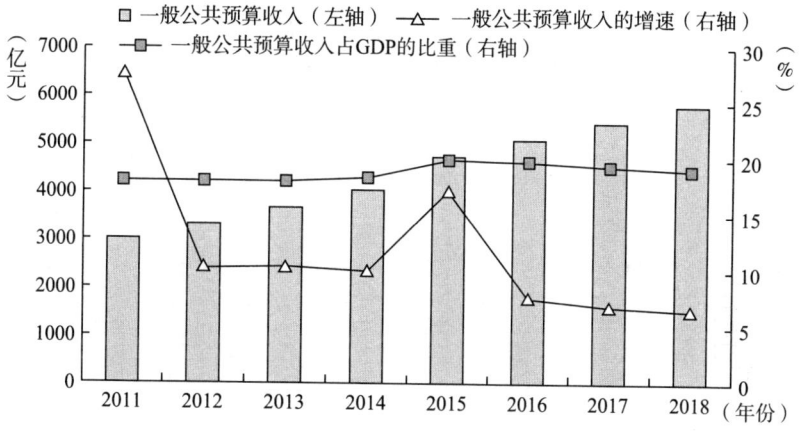

图1 2011~2018年一般公共预算收入的规模及变化情况

2. 政府性基金收入

2018年北京市政府性基金收入为2009.3亿元，比2017年政府性基金收入金额减少了1123.5亿元。北京市政府性基金收入的绝对金额在经历2015年、2016年的逐年下降之后，在2017年发生急剧增加，2018年金额又重新跌至2015年的金额水平。由此可见北京市政府性基金收入的波动较大。

2018年政府性基金收入的增速为-35.9%，2018年政府性基金收入的增速几乎与2015年和2016年持平。2018年政府性基金收入占北京市地区生产总值的比重为6.6%，这一比重同样地自2014年以来连续两年出现回落，又在2017年迅速增加，然后在2018年又跌至6.6%（见表2和图2）。

表2 2011~2018年政府性基金收入的规模及变化情况

单位：亿元，%

年份	政府性基金收入	政府性基金收入的增速（上年=100）	政府性基金收入占GDP的比重
2011	1352.82	-7.15	8.14
2012	1197.92	-11.45	6.53
2013	1841.76	53.75	9.06
2014	3122.91	69.56	14.23
2015	2028.37	-35.05	8.56
2016	1316.47	-35.10	5.13
2017	3132.76	137.97	11.18
2018	2009.30	-35.86	6.63

资料来源：2011~2017年的数据均来源于《北京统计年鉴（2012~2018）》，2018年的数据来源于《关于北京市2018年预算执行情况和2019年预算的报告》。

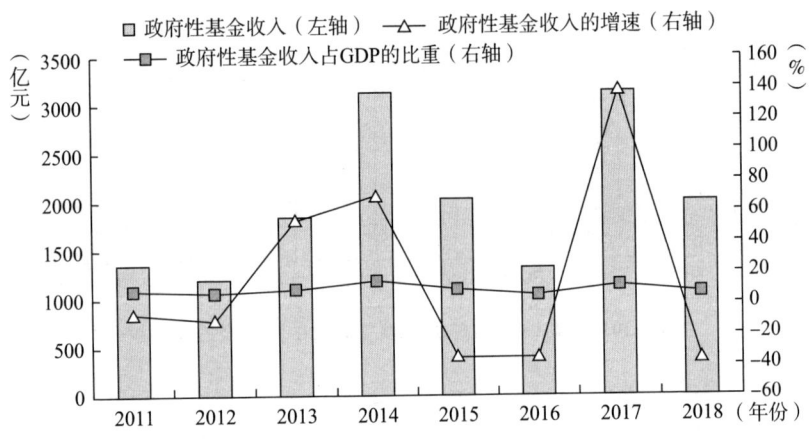

图2 2011~2018年政府性基金收入的规模及变化情况

3. 国有资本经营收入

2018年北京市国有资本经营收入65.4亿元，较2017年而言，国有资本经营收入的数额增加了3.8亿元。自2012年以来，北京市国有资本经营收入的绝对金额变化不明显，保持着相对较为平稳的态势。相比于一般公共预算收入和政府性基金收入，北京市国有资本经营收入的规模一直非常小，2018年的金额仅为一般公共预算收入的1.1%、政府性基金收入的3.3%。

2018年北京市国有资本经营收入的增速为6.1%,自2014年以来国有资本经营收入增速的数值呈现正负交替,可见国有资本经营收入的增速具有波动性。2018年国有资本经营收入占地区生产总值的比重仅为0.2%,这一比重与2017年基本持平(见表3和图3)。

表3　2012~2018年国有资本经营收入的规模及变化情况

单位：亿元，%

年份	国有资本经营收入	国有资本经营收入的增速（上年=100）	国有资本经营收入占GDP的比重
2012	60.87	—	0.33
2013	63.21	3.85	0.31
2014	64.46	1.98	0.29
2015	61.60	-4.44	0.26
2016	64.75	5.11	0.25
2017	61.63	-4.82	0.22
2018	65.40	6.12	0.22

资料来源：2012~2017年的数据均来源于《北京统计年鉴》（2013~2018），2018年的数据来源于《关于北京市2018年预算执行情况和2019年预算的报告》。"—"表示数据未取得。

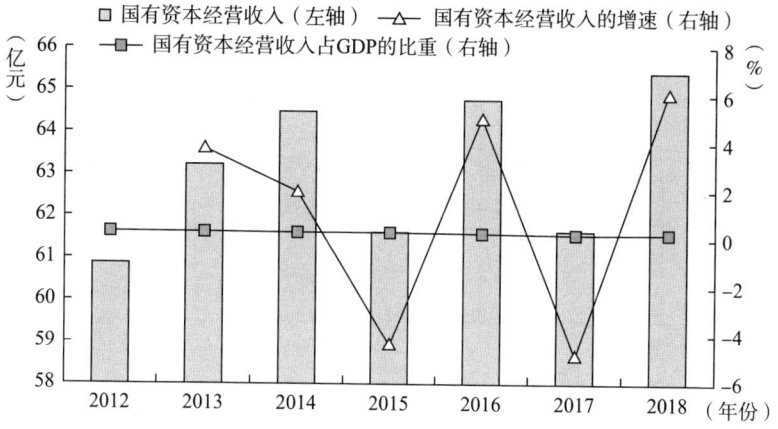

图3　2012~2018年国有资本经营收入的规模及变化情况

4. 社会保险基金收入

2018年北京市社会保险基金收入4216.7亿元,相比于2017年社会保险基金收入增加了629.3亿元,并且从2014年以来呈现逐年稳步递增的趋势。2018年北京市社会保险基金收入的增速为17.5%,比2017年的增速高13.6个百分点。2018年社会保险基金收入占地区生产总值的比重为13.9%,比2017年增加了1.1个百分点(见表4和图4)。

表4 2014~2018年社会保险基金收入的规模及变化情况

单位:亿元,%

年份	社会保险基金收入	社会保险基金收入的增速 (上年=100)	社会保险基金收入 占GDP的比重
2014	2209.10	—	10.07
2015	2653.90	20.13	11.20
2016	3452.80	30.10	13.45
2017	3587.40	3.90	12.81
2018	4216.70	17.54	13.91

注:《关于北京市2013年预算执行情况和2014年预算的报告》中提到,北京市推进政府全口径预算管理,2014年首次将我市社会保险基金预算报送市人代会审议,初步实现了"四本"预算同时上会审查。因此,笔者仅能获取2014年以后社会保险基金收入的数据。"—"表示数据未取得。

资料来源:相关年度《关于北京市预算执行情况和预算的报告》。

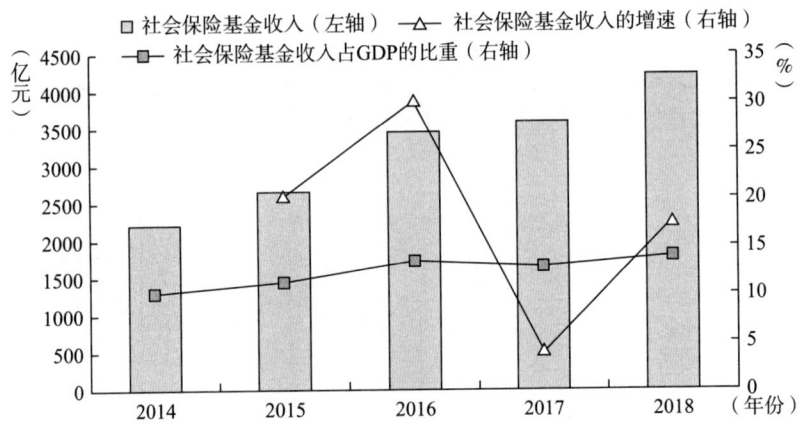

图4 2014~2018年社会保险基金收入的规模及变化情况

5. 债务收入和债务余额

截至2018年底,北京市政府债务余额为4248.9亿元,比2017年的债务余额增加了373.3亿元,增长幅度为9.6%,仍未超过财政部下达的北京市 2018 年的政府债务限额 8302.4 亿元，仅达到限额的 51.2%，比 2016 年下降了 1.1 个百分点，说明目前北京市政府债务风险尚在安全可控的范围。① 2018 年北京市政府的债务余额中，一般债务余额为 2034.0 亿元，比 2017 年增长了 9.4%，占总债务余额的 47.9%；专项债务余额为 2214.9 亿元，比 2017 年增长了 9.8%，占总债务余额的 52.1%，可见 2018 年北京市政府专项债务的金额和增速都高于一般债务。② 另外，一般债务余额占债务限额的比重为 78.8%，较 2017 年下降 2.6 个百分点；专项债务余额占债务限额的比重为 38.7%，较 2017 年提高了 1.7 个百分点（见表 5）。由此可见，一般债务余额占债务限额的比重明显高于专项债务余额占债务限额的比重。

表 5　2017~2018 年北京市政府债务余额和结构

单位：亿元，%

指标	政府债务余额			政府债务限额			债务余额占限额的比重	
	2017 年	2018 年	增速	2017 年	2018 年	增速	2017 年	2018 年
合计	3875.59	4248.89	9.63	7736.4	8302.4	7.32	50.10	51.18
一般债务	1859.12	2034.03	9.41	2284.3	2580.3	12.96	81.39	78.83
专项债务	2016.47	2214.86	9.84	5452.1	5722.1	4.95	36.99	38.71

资料来源：数据来源于《关于北京市 2017 年预算执行情况和 2018 年预算的报告》和《关于北京市 2018 年预算执行情况和 2019 年预算的报告》，北京市财政局网站。

（三）2018 年财政收入结构分析

1. 收入的类型结构

（1）"四本"预算的收入结构

2018 年北京市"四本"预算的财政收入总计 12077.3 亿元，比 2017 年

---

① 债务限额是指，自 2015 年起，国家对地方政府债务余额实行限额管理，地方政府举债不得突破批准的限额。各省、自治区、直辖市政府债务限额，由财政部在全国人大或其常委会批准的总限额内，根据债务风险、财力状况等因素并统筹考虑国家宏观调控政策、各地区建设投资需求等提出方案，报国务院批准后下达各省级财政部门。

② 一般债券是指省、自治区、直辖市政府为没有收益的公益性项目发行的、约定一定期限内主要以一般公共预算收入还本付息的政府债券。专项债券是指省、自治区、直辖市政府为有一定收益的公益性项目发行的、约定一定期限内以公益性项目对应的政府性基金或专项收入还本付息的政府债券。

下降了1.1%。"四本"预算的财政收入结构如图5所示。由图可知，一般公共预算收入所占比重为47.9%，是"四本"预算中收入规模最大的一本预算，占北京市政府所有财政收入的近一半；财政收入规模排名第二位的是社会保险基金收入，占政府财政收入的比重为34.9%；政府性基金收入占政府财政收入的比重排在第三位，比重为16.6%；国有资本经营收入的规模十分小，占政府财政收入的比重仅为0.5%，与前三者的规模差距较大。相比于2017年，2018年北京市总体财政收入结构的变化特点是，一般公共预算收入、社会保险基金收入的比重有所提升，国有资本经营收入的比重保持不变，政府性基金收入的比重大幅下降。

结合2014~2018年北京市总体财政收入的结构来看，"四本"预算的比重的变化情况为：2014~2018年，一般公共预算收入占总体财政收入的比重先持续增加，但到2017年该比重发生减少，2018年该比重又有所回升；社会保险基金收入占总体财政收入的比重同样在2014~2016年不断增长，2017年该比重下降，2018年该比重又有所增长；政府性基金收入的比重在2014~2016年不断下降，2017年该比重出现较大幅度增长，2018年又出现回落；与前三类收入相比而言，国有资本经营收入所占的比重一直很小，2014~2016年国有资本经营收入占总体财政收入的比重为0.7%，2017~2018年该比重有所降低，降至0.5%。

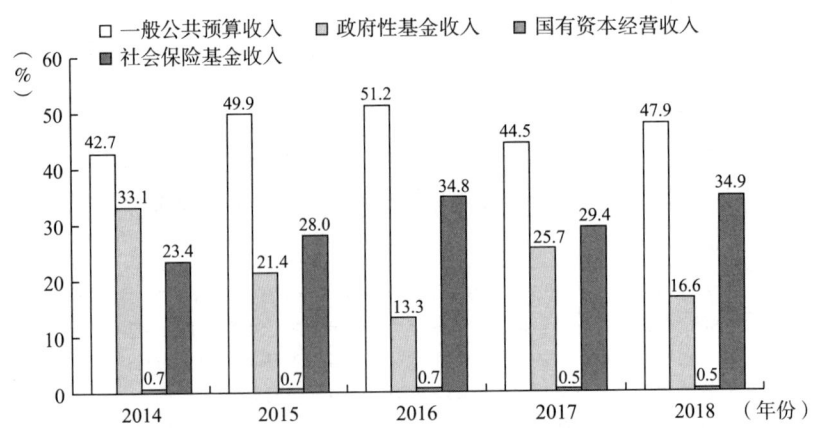

图5 2014~2018年北京市"四本"预算财政收入结构

资料来源：《关于北京市2018年预算执行情况和2019年预算的报告》。

(2) 一般公共预算收入结构

一般公共预算收入包括税收收入和非税收入这两大类财政收入。2017年北京市的税收收入为4988.8亿元，比2017年增长了6.7%；非税收入为797.1亿元，比2016年增长了5.7%。另外，税收收入占一般公共预算收入的比重为86.2%，较2017年增长了0.2个百分点；非税收入占一般公共预算收入的比重为13.8%，较2017年下降了0.1个百分点，由此说明2018年一般公共预算收入内部结构的变化为税收收入的比重略微上升、非税收入的比重略微下降，二者结构更为优化。①

图6和表6给出了2018年北京市税收收入中各种类型的明细收入数据和所占比重的情况。其中，增值税为1793.0亿元，占总体税收收入的比重为35.9%，比2017年的增值税增加了8.2%；营业税为8.5亿元，占总体税收收入的比重为0.2%，比2017年的营业税减少了39.5%。由此可见，2018年，北京市继续深化营业税改增值税改革，从而导致增值税收入所占的比重持续提升、营业税收入持续下降，这符合国家进一步推进和规范营业税改增值税的改革趋势。②

企业所得税为1287.7亿元，占总体税收收入的比重为25.8%，比2017年的企业所得税收入增加了4.7%；个人所得税为728.5亿元，占总体税收收入的比重为14.6%，比2017年的个人所得税增加了13.3%。2018年北京市增值税、企业所得税、个人所得税这三大税收收入的总金额为3809.2亿元，占总体税收收入的76.4%，说明北京市税收收入结构的一个特点为税种来源比较集中，增值税、所得税为北京市财政的主体税种。

除了增值税、所得税以外，其他主要税收收入情况如下：房产税为299.5亿元，占总体税收收入的比重为6.0%，比2017年增长了9.7%；城市维护建设税为245.6亿元，占总体税收收入的比重为4.9%，比2017年增长了9.0%；契税为245.3亿元，占总税收收入的比重为4.9%，比2017年

---

① 2018年数据来源于《关于北京市2018年预算执行情况和2019年预算的报告》，2017年数据来源于《北京统计年鉴》(2018)。
② 2018年4月，财政部和税务总局发布《关于调整增值税税率的通知》，住房和城乡建设部办公厅发布了《关于调整建设工程计价依据增值税税率的通知》，北京市住房和城乡建设委员会发布了《关于调整北京市建设工程计价依据增值税税率的通知》。

的契税增长了24.2%；土地增值税为209.1亿元，占总体税收收入的比重为4.2%，比2017年下降了27.6%；其他税收收入为171.7亿元，占总体税收收入的比重为3.4%。①综上所述，北京市的主要税源为增值税、所得税以及与土地和房屋交易相关的其他税种。

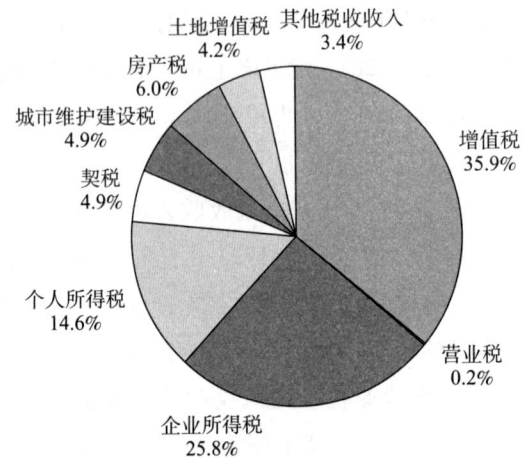

图6 2018年北京市税收收入结构

资料来源：《关于北京市2018年预算执行情况和2019年预算的报告》，北京市财政局网站。

表6 2017～2018年北京市一般公共预算收入执行情况

单位：亿元，%

一般公共预算收入明细	2017年预算执行数	2018年预算执行数	增速
一、税收收入	4676.68	4988.83	6.67
增值税	1657.88	1792.96	8.15
企业所得税	1229.80	1287.74	4.71
个人所得税（款）	643.20	728.46	13.26
房产税	273.11	299.52	9.67
城市维护建设税	225.41	245.58	8.95
契税（款）	197.46	245.30	24.23
土地增值税	288.99	209.13	-27.63

---

① 其他类别税收包括印花税、车船税（款）、资源税、城镇土地使用税、环保税、耕地占用税（款）。

续表

一般公共预算收入明细	2017年预算执行数（亿元）	2018年预算执行数（亿元）	增速（%）
印花税	90.00	86.26	-4.16
车船税（款）	33.10	31.23	-5.65
资源税	1.08	27.23	2421.30
城镇土地使用税	19.92	19.65	-1.36
营业税	14.02	8.48	-39.51
环保税	—	4.48	—
耕地占用税（款）	2.72	2.82	3.68
二、非税收入	754.11	797.09	5.70
一般公共预算收入合计	5430.79	5785.92	6.54

资料来源：《关于北京市2018年预算执行情况和2019年预算的报告》，北京市财政局网站。

2. 收入的层级结构

从层级结构来看，2018年北京市本级的一般公共预算收入为3364.1亿元，比2017年市本级一般公共预算收入增长了7.2%，占全市一般公共预算收入的比重为58.1%；北京市16个区的一般公共预算收入合计为2421.8亿元，比2017年16个区合计的一般公共预算收入增长了5.6%，占全市一般公共预算收入的比重为41.9%（见表7）。

表7　2011~2018年北京市本级与区县的一般公共预算收入

单位：亿元，%

年份	全市收入总额	市本级		区级合计	
		金额	占比	金额	占比
2011	3006.28	1644.40	54.70	1361.88	45.30
2012	3314.93	1804.47	54.43	1510.46	45.57
2013	3661.11	1981.25	54.12	1679.86	45.88
2014	4027.16	2183.74	54.23	1843.42	45.77
2015	4723.86	2642.42	55.94	2081.44	44.06
2016	5081.26	2920.98	57.49	2160.28	42.51
2017	5430.79	3138.00	57.78	2292.79	42.22
2018	5785.90	3364.10	58.14	2421.80	41.86

资料来源：《北京区域经济统计年鉴》（2018）和《关于北京市2018年预算执行情况和2019年预算的报告》。

就层级收入结构的变化趋势而言，如图7所示，2011～2018年北京市本级的一般公共预算收入一直高于16个区一般公共预算收入的总额。其中，2011～2014年，北京市本级一般公共预算收入所占比重缓慢下降，区级合计的一般公共预算收入所占比重缓慢上升，二者差距逐渐缩小；但2014年以后，市本级一般公共预算收入所占比重不断快速上升，区级合计的一般公共预算收入所占比重不断下降，二者的差距呈现不断扩大的趋势，2018年差距扩大的趋势仍未改变，但差距扩大的速度在放缓。

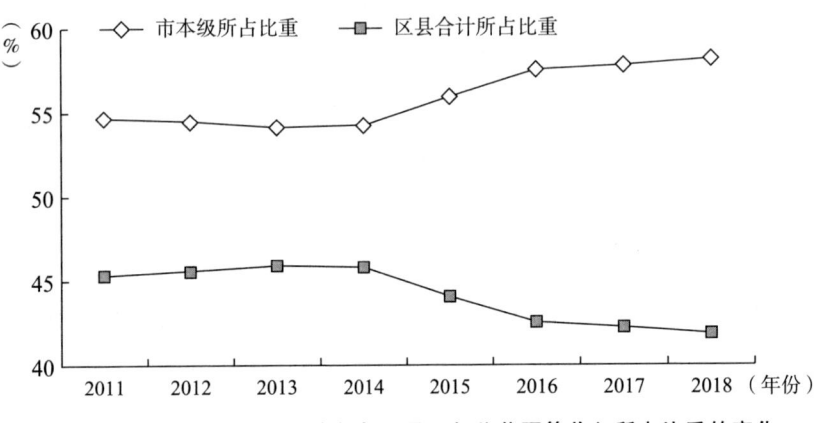

图7 2011～2018年北京市本级与区县一般公共预算收入所占比重的变化

二 2018年北京市财政支出分析

（一）2018年财政支出预算执行情况

1. 2018年财政支出的预算安排情况①

2018年，北京市财政支出预算安排围绕"统筹、绩效、规范、优化、节约、透明"六大原则，继续统筹好"三本预算"资金，将国有资本经营收益调入一般公共预算比例提高至25%，从严控制一般性支出，优先保工资、保运转、保基本民生，统筹资金聚焦推动京津冀协同发展、构建高精

---

① 北京市财政局：《关于北京市2017年预算执行情况和2018年预算的报告》，北京市第十五届人民代表大会第一次会议，2018年1月24日。

尖经济结构、生态环境建设、加强城市管理、提高公共服务水平等五个重点领域，在这五个领域初步安排资金3820.0亿元，比2017年预算执行增加328.5亿元，增长9.4%，为首都经济社会发展提供坚实的制度保障和物质基础。具体而言，2018年北京市在京津冀协同发展方面安排资金431.4亿元，在构建高精尖经济结构方面安排资金572.1亿元，在生态环境建设方面安排资金675.5亿元，在加强城市管理方面安排资金1107.7亿元，在提高公共服务水平方面安排资金1033.3亿元。

1. 一般公共预算支出预算安排情况

2018年北京市一般公共预算支出6770.2亿元，剔除上年新增债券安排支出的因素影响，增长8.4%；加上解中央等支出439.2亿元，支出合计7209.4亿元。

市本级一般公共预算支出3190.0亿元，剔除上年新增债券安排支出的因素影响，增长4.6%；加上解中央支出61.1亿元、对区税收返还和一般性转移支付1469.7亿元、地方政府债券还本151.5亿元，支出合计4872.3亿元。2018年市级预备费安排50亿元，占市级预算支出的1.6%，符合《预算法》1%～3%的要求。

2018年市对区税收返还和转移支付预算安排1748.1亿元，较2017年执行数增长12.4%。其中，税收返还和一般性转移支付1469.7亿元，专项转移支付278.4亿元。

2018年市级党政机关、事业单位的"三公"经费财政拨款支出预算安排8.09亿元，较2017年预算下降12.9%，主要是因为严格执行中央八项规定精神等工作要求，严格控制行政成本，大力压缩"三公"经费支出。其中：因公出国（境）费1.52亿元；公务接待费0.37亿元；公务用车购置及运行维护费6.20亿元（其中：购置费1.45亿元、运行维护费4.75亿元）。

2. 政府性基金支出预算安排情况

2018年北京市政府性基金预算支出2588.1亿元，增长4.3%；加上地方专项政策性结转下年使用等支出253.9亿元，支出合计2842.0亿元。

市本级政府性基金预算支出1222.8亿元，增长55.9%，主要是统筹上年结余安排相关支出；加上调出资金18.4亿元、地方专项政策性结转下年使用3.8亿元、债务还本支出109.3亿元，支出合计1354.3亿元。

3. 国有资本经营支出预算安排情况

2018年北京市国有资本经营预算支出48.5亿元，下降14.5%；加调出资金15.4亿元，支出合计63.9亿元。

市本级国有资本经营预算支出38.8亿元，下降19.2%，主要因为是可用于安排支出的上年结转收入减少较多；加调出资金12.9亿元，支出合计51.7亿元。

4. 社会保险基金支出预算安排情况

2018年北京市社会保险基金预算支出2958.6亿元，增长14.0%。年末滚存结余6321.0亿元，用于按时序足额支付各项社会保险待遇。

市本级社会保险基金预算支出2869.5亿元，增长14.7%，主要是因为提高各项社会保障待遇标准。年末滚存结余6164.5亿元。

2. 2018年财政支出的决算执行情况[①]

1. 一般公共预算支出决算情况

2018年北京市一般公共预算支出7175.9亿元，增长9.7%，完成了调整预算的100.0%；加上解中央等支出796.7亿元，支出合计7972.6亿元。

市本级一般公共预算支出3265.5亿元，增长4.6%，完成调整预算的100.0%；加上解中央支出111.5亿元、对区税收返还和一般性转移支付1472.9亿元、地方政府债券还本151.5亿元、地方政府债券转贷支出253.4亿元、补充预算稳定调节基金16.5亿元，支出合计5271.3亿元。

2. 政府性基金支出决算情况

2018年北京市政府性基金支出2531.7亿元，完成调整预算的100.1%；加上地方专项政策性结转下年使用等支出762.9亿元，支出合计3294.6亿元。

市本级政府性基金支出1392.8亿元，完成调整预算的100.0%。加调出资金28.8亿元、专项债转贷支出145.9亿元、政策性结转下年使用56.4亿元，债务还本109.3亿元，支出合计1733.2亿元。

---

① 北京市财政局：《关于北京市2018年预算执行情况和2019年预算的报告》，北京市第十五届人民代表大会第二次会议，2019年1月14日。需要说明的是，财政支出决算执行情况的数据是根据预算执行情况初步汇总的，在地方财政决算正式编成后，还会有所变化。

3. 国有资本经营支出决算情况

2018年北京市国有资本经营支出48.7亿元，完成预算的100.3%，向一般公共预算调出资金15.9亿元，结转下年使用3.9亿元。

市本级国有资本经营预算支出38.8亿元，完成预算的100.0%；向一般公共预算调出资金12.9亿元、结转下年使用2.7亿元。

4. 社会保险基金支出决算情况

2018年北京市社会保险基金预算支出3039.1亿元，完成调整预算的96.3%，年末滚存结余6653.0亿元。

市本级社会保险基金预算支出2961.3亿元，完成调整预算的96.3%。收支相抵后，当年结余1168.6亿元，全部计入滚存结余，年末滚存结余6495.7亿元。

（二）2018年财政支出总体规模及变化趋势

1. 一般公共预算支出

2018年北京市一般公共预算支出为7175.9亿元，比2017年的绝对数额增加了351.4亿元，保持着2011年以来一般公共预算支出金额呈现的稳步增长趋势。2018年北京市一般公共预算支出的增速为5.2%，比2017年一般公共预算支出的增速下降了1.4个百分点，而且一般公共预算支出的增速在2016年之后呈现逐年下降的趋势，因此2018年的增速5.2%是一个新的低点。2017年一般公共预算支出占地区生产总值的比重为23.7%，低于2017年一般公共预算支出占地区生产总值的比重24.4%，该比重自2017年开始连续两年下降（见表8和图8）。

表8　2011~2018年一般公共预算支出的规模及变化情况

单位：亿元，%

年份	一般公共预算支出	一般公共预算支出的增速（上年=100）	一般公共预算支出占GDP的比重
2011	3245.23	19.43	19.52
2012	3685.31	13.56	20.08
2013	4173.66	13.25	20.53

续表

年份	一般公共预算支出	一般公共预算支出的增速（上年=100）	一般公共预算支出占GDP的比重
2014	4524.67	8.41	20.62
2015	5737.70	26.81	24.22
2016	6406.77	11.66	24.96
2017	6824.53	6.52	24.36
2018	7175.90	5.15	23.67

资料来源：2011~2017年的数据均来源于《北京统计年鉴》（2012~2018），2018年的数据来源于《关于北京市2018年预算执行情况和2019年预算的报告》。

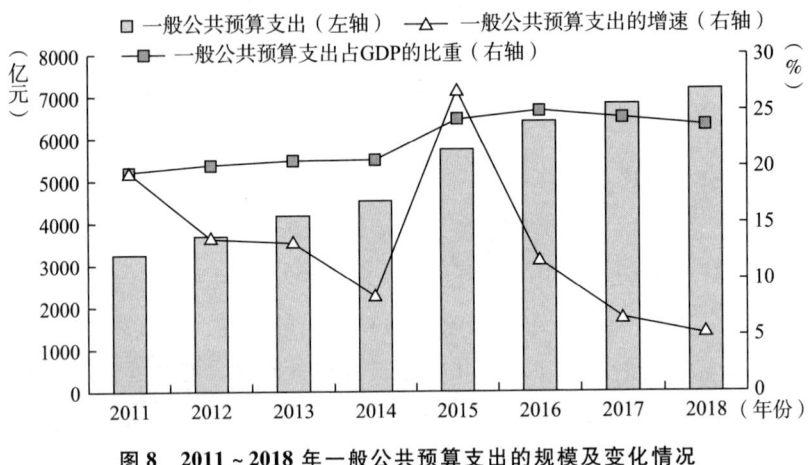

图8　2011~2018年一般公共预算支出的规模及变化情况

2. 政府性基金支出

2018年北京市政府性基金支出为2531.7亿元，较2017年增加了70.1亿元，2011~2018年，政府性基金支出的绝对数额呈现先下降、再上升、再次下降、再次上升的变化趋势，可见政府性基金支出波动较大。2018年北京市政府性基金支出的增速为2.9%，低于2017年政府性基金支出的增速。2018年政府性基金支出占地区生产总值的比重为8.4%，略低于2017年的比重8.8%。不论是政府性基金支出的增速，还是其占地区生产总值的比重，均同样呈现先下降、再上升、再下降、再次上升、再次下降的多重变化趋势（见表9和图8）。

表9 2011～2018年政府性基金支出的规模及变化情况

单位：亿元，%

年份	政府性 基金支出	政府性基金支出的 增速（上年＝100）	政府性基金支出 占GDP的比重
2011	1329.71	-1.33	8.00
2012	1118.45	-15.89	6.10
2013	1798.81	60.83	8.85
2014	2559.09	42.27	11.66
2015	2281.30	-10.86	9.63
2016	1432.09	-37.22	5.58
2017	2461.60	71.89	8.79
2018	2531.70	2.85	8.35

资料来源：2011～2017年的数据均来源于《北京统计年鉴》（2012～2018），2018年的数据来源于《关于北京市2018年预算执行情况和2019年预算的报告》。

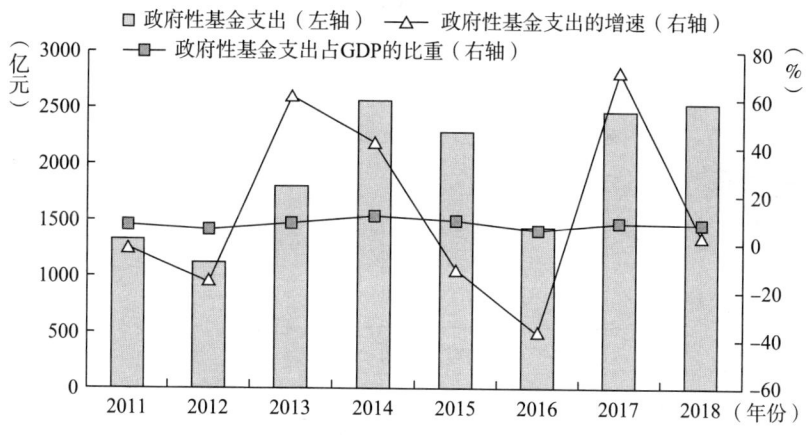

图9 2011～2018年政府性基金支出的规模及变化情况

3. 国有资本经营支出

2018年北京市国有资本经营支出为48.7亿元，比2017年国有资本经营支出的绝对数额减少了10.2亿元；国有资本经营支出绝对数额2013～2016年以来呈现逐年递减的趋势，2017年有所回升，但2018年又再次下降。2018年北京市国有资本经营支出的增速为-17.3%，低于2017年的增长速度。2018年国有资本经营支出占地区生产总值的比重为0.2%，略低于

2017年的比重数值（见表10和图10）。相比于一般公共预算支出和政府性基金支出，国有资本经营支出占地区生产总值的比重非常小。

表10 2012～2018年国有资本经营支出的规模及变化情况

单位：亿元，%

年份	国有资本经营支出	国有资本经营支出的增速（上年=100）	国有资本经营支出占GDP的比重
2012	62.68	—	0.34
2013	66.95	6.81	0.33
2014	63.99	-4.43	0.29
2015	61.72	-3.55	0.26
2016	45.63	-26.07	0.18
2017	58.86	28.99	0.21
2018	48.70	-17.26	0.16

注："—"表示数据未取得。
资料来源：2012～2017年的数据均来源于《北京统计年鉴》（2013～2018），2018年的数据来源于《关于北京市2018年预算执行情况和2019年预算的报告》。

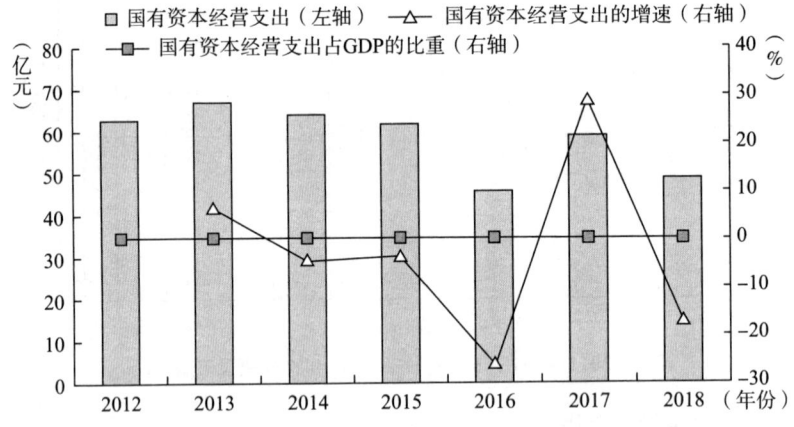

图10 2012～2018年国有资本经营支出的规模及变化情况

4. 社会保险基金支出

2018年北京市社会保险基金支出为3039.1亿元，相比于2017年而言增长了444.2亿元，保持了社会保险基金支出绝对数额逐年增长的趋势。2018年北京市社会保险基金支出的增速为17.1%，高于2017年的增速

3.7%，自 2015 年以来，该增速呈现上下波动且波幅较大的特征。社会保险基金支出占地区生产总值的比重为 10.0%，略高于 2017 年的比重 9.3%，社会保险基金支出占地区生产总值的比重首次突破 10%（见表 11 和图 11）。

表 11　2014~2018 年社会保险基金支出的规模及变化情况①

单位：亿元，%

年份	社会保险基金支出	社会保险基金支出的增速（上年=100）	社会保险基金支出占 GDP 的比重
2014	1679.70	—	7.65
2015	1896.30	12.90	8.01
2016	2502.10	31.95	9.75
2017	2594.90	3.71	9.27
2018	3039.10	17.12	10.02

注："—"表示数据未取得。
资料来源：相关年度《关于北京市预算执行情况和预算的报告》。

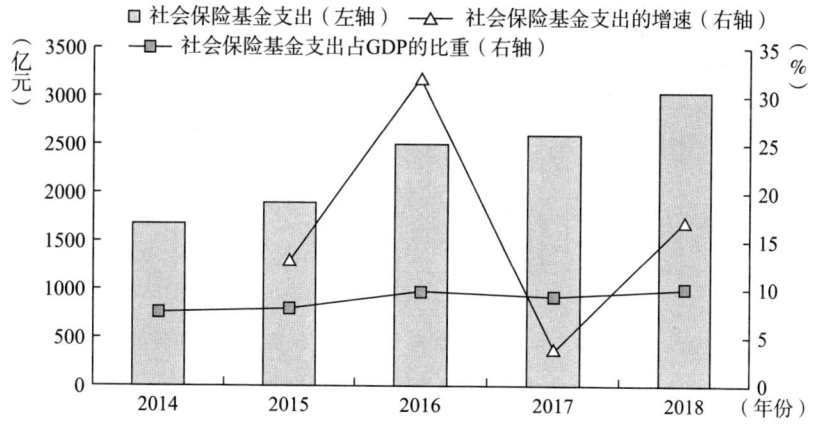

图 11　2014~2018 年社会保险基金支出的规模及变化情况

---

① 《关于北京市 2013 年预算执行情况和 2014 年预算的报告》中提到，北京市推进政府全口径预算管理，2014 年首次将本市社会保险基金预算报送市人代会审议，初步实现了"四本"预算同时上会审查。因此，笔者仅能获取 2014 年以后社会保险基金支出的数据。

（三）2018年财政支出结构分析

1. 支出的类型结构

（1）"四本"预算的支出结构

2018年全市"四本"预算的财政支出总计12795.4亿元，比2017年增长了7.2%。"四本"预算中，所占比重最大的为一般公共预算支出，比重为56.1%，占整个政府财政支出的一半以上，比2017年减少了1.1个百分点；排名第二位的是社会保险基金支出，占所有财政支出的比重为23.8%，比2017年增加了2.1个百分点；位列第三名的是政府性基金支出，占所有财政支出的比重为19.8%，比2017年减少了0.8个百分点；国有资本经营支出占整个财政支出的比重仅为0.4%，比2017年下降了0.1个百分点，占比远远低于其他三本预算的支出（见图12）。结合财政收入来看，2018年"四本"预算支出占比的排名与收入占比的排名保持一致。

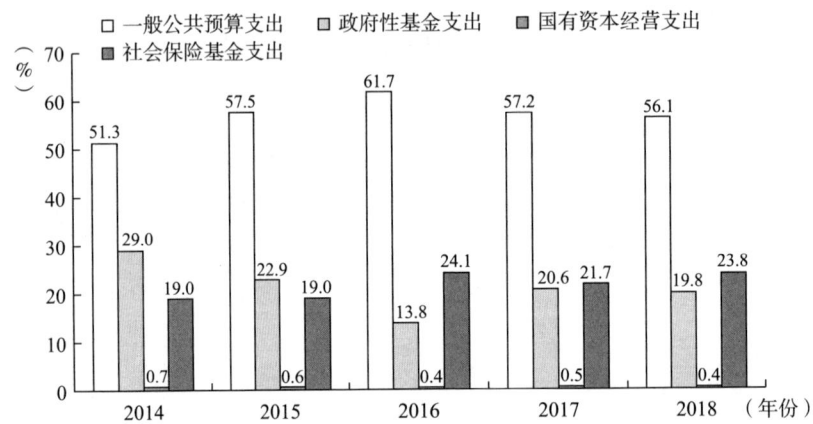

图12 2014～2018年北京市"四本"预算财政支出结构

资料来源：《关于北京市2018年预算执行情况和2019年预算的报告》。

（2）一般公共预算支出结构

2018年北京市一般公共预算各项明细类支出所占比重的情况如表12及图13所示。其中，一般公共服务支出的金额为492.6亿元，占一般公共预算支出的比重为6.9%，比重排序在第六位，一般公共服务支出比2017年增长了3.2%。公共安全及国防支出的金额为533.0亿元，占一般公共预算支出的比重为 7.4%，比重排序在第五位，金额较 2017 年增长了 11.9%。教育支出的金额为 1028.8 亿元，占一般公共预算支出的比重为 14.3%，比重排名第二位，教育支出金额较 2017 年增长了 7.6%。科学技术支出的金额为 408.5 亿元，占一般公共预算支出的比重为 5.7%，比重排名第九位，其金额较 2017 年而言增长了 15.6%。文化体育与传媒支出的金额为 243.9 亿元，占一般公共预算支出的比重为 3.4%，比重排序在第十一位，其金额较 2017 年而言增长了 20.1%。社会保障和就业支出的金额为 732.9 亿元，占一般公共预算支出的比重为 10.2%，比重排序在第三位，其金额较 2017 年而言增加了 5.9%。医疗卫生与计划生育支出的金额为 453.6 亿元，占一般公共预算支出的比重为 6.3%，比重排序在第七位，金额较 2017 年而言增加了 17.6%。节能环保支出的金额为 374.0 亿元，占一般公共预算支出的比重为 5.2%，比重排名在第十位，金额较 2017 年而言减少了 11.4%。城乡社区支出是一般公共预算支出中所占比重最大的明细支出，高达 17.3%，金额为 1240.6 亿元，比 2017 年增加了 19.4%。农林水支出的金额为 565.9 亿元，占一般公共预算支出的比重为 7.9%，比重排名在第四位，金额较 2017 年而言增长了 12.2%。交通运输支出占一般公共预算支出的比重为 5.8%，排名第八位，金额为 412.6 亿元，比 2017 年的数额降低了 1.5%。

简而言之，2018 年一般公共预算支出中规模占比排名前三的明细支出为城乡社区支出、教育支出、社会保障和就业支出，所占比重分别为 17.3%、14.3%、10.2%，合计占比 41.8%，说明北京市政府重视民生、关注民生，在提高民生公共服务方面投入了较多的财政资金。增速最大的三类明细支出为文化体育与传媒支出、城乡社区支出、医疗卫生与计划生育支出，增长幅度分别为 20.1%、19.4% 和 17.6%。

表 12 2018 年北京市一般公共预算支出决算情况

单位：亿元，%

2018 年一般公共预算支出决算明细	2018 年决算数	支出的增速（上年 = 100）	比重排序
一般公共服务支出	492.56	3.23	6
公共安全及国防支出	532.95	11.93	5

续表

2018年一般公共预算支出决算明细	2018年决算数	支出的增速（上年=100）	比重排序
教育支出	1028.81	7.63	2
科学技术支出	408.53	15.62	9
文化体育与传媒支出	243.86	20.05	11
社会保障和就业支出	732.90	5.94	3
医疗卫生与计划生育支出	453.58	17.57	7
节能环保支出	374.04	-11.39	10
城乡社区支出	1240.64	19.38	1
农林水支出	565.88	12.21	4
交通运输支出	412.63	-1.51	8
其他支出	689.49	—	—
一般公共预算支出合计	7175.87	5.15	—

注：表中的"其他支出"的数据为作者通过计算所得，计算方法为对《关于北京市2018年预算执行情况和2019年预算的报告》附表二中的资源勘探信息等支出、住房保障支出、债务付息支出、援助其他地区支出、商业服务业等支出、国土海洋气象等支出、金融支出、粮油物资储备支出、债务发行费用支出、其他支出数据进行加总。

资料来源：《关于北京市2018年预算执行情况和2019年预算的报告》，北京市财政局网站。

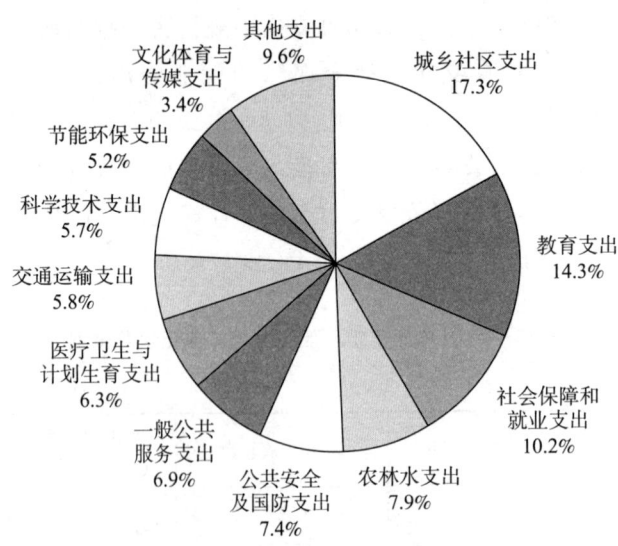

图13 2018年北京市一般公共预算支出结构

2. 支出的层级结构

从一般公共预算支出的层级结构来看，2018年北京市本级一般公共预算支出占全市支出的比重为45.5%，市本级一般公共预算支出的金额为3265.5亿元，比2017年市本级一般公共预算支出增长了14.1%，这一增幅为2017年市本级一般公共预算收入增速的2倍多；北京市16个区的一般公共预算支出占全市支出的比重为54.5%，16个区一般公共预算支出合计为3910.4亿元，相比于2017年而言，16个区合计的一般公共预算支出下降了1.3%（见表13和图14）。

表13 2018年北京市本级与区县一般公共预算支出

单位：亿元，%

年份	全市支出总额	市本级		区合计	
		金额	比重	金额	比重
2011	3245.23	1464.25	45.12	1780.98	54.88
2012	3685.31	1613.09	43.77	2072.22	56.23
2013	4173.66	1702.01	40.78	2471.65	59.22
2014	4524.67	1843.07	40.73	2681.59	59.27
2015	5737.70	2199.92	38.34	3537.78	61.66
2016	6406.77	2697.01	42.10	3709.76	57.90
2017	6824.53	2862.25	41.94	3962.28	58.06
2018	7175.90	3265.50	45.51	3910.40	54.49

资料来源：《北京区域经济统计年鉴》（2018）和《关于北京市2018年预算执行情况和2019年预算的报告》。

一般公共预算支出层级结构的变化情况如图14所示，2010年以来北京市本级的一般公共预算支出金额一直低于16个区一般公共预算支出的总额，但是差距呈现先扩大再缩小的趋势。其中，2011~2015年，北京市本级一般公共预算支出所占的比重有所下降，区级合计的一般公共预算支出所占比重有所上升，二者差距逐渐扩大；2015~2018年，市本级一般公共预算支出所占比重逐渐上升，区级合计的一般公共预算支出所占比重逐渐下降，二者差距又重新缩小。

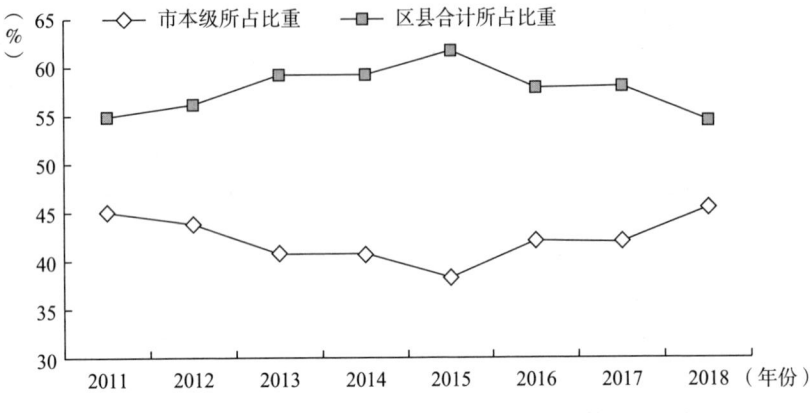

图14 2011~2018年北京市本级与区县一般公共预算支出所占比重

（四）2018年财政收支关系分析

一般公共预算、政府性基金、国有资本经营和社会保险基金"四本"预算各自的收支差额情况见表14。2018年北京市"四本"预算总的财政收入小于财政支出，收支差额（财政收入减去财政支出）为1073.2亿元，收入少于支出的差额为2014年以来的最大值。其中，一般公共预算的收支差额是-1390.0亿元，2011~2018年一般公共预算收入一直小于一般公共预算支出，而且差距呈现越来越大的趋势。北京市一般公共预算收入小于支出的财政资金缺口大部分是依靠中央转移支付来填补以保证财政工作的正常运转，2018年北京市中央返还及补助等收入为2186.7亿元，2017年中央返还及补助等收入1921.5亿元，2018年中央转移支付比2017年增加了13.8%。① 2018年北京市政府性基金收入小于政府性基金支出，收支差额是-522.4亿元；国有资本经营收入大于国有资本经营支出，收支差额为16.7亿元；社会保险基金收入大于社会保险基金支出，收支差额为1177.6亿元，自2014年以来社会保险基金收入大于支出的金额逐年增长。

---

① 转移支付数据来源于《关于北京市2017年预算执行情况和2018年预算的报告》和《关于北京市2018年预算执行情况和2019年预算的报告》。

表 14 2011~2018 年北京市"四本"预算的收支差额

单位：亿元，%

年份	一般公共预算	政府性基金	国有资本经营	社会保险基金	总收支差额
2011	-238.95	23.11	—	—	—
2012	-370.37	79.48	-1.81	—	—
2013	-512.55	42.94	-3.74	—	—
2014	-497.51	563.82	0.48	529.40	596.19
2015	-1013.84	-252.93	-0.11	757.60	-509.28
2016	-1325.51	-115.62	19.12	950.70	-471.31
2017	-1109.70	651.00	4.90	992.50	538.70
2018	-1390.00	-522.40	16.70	1177.60	-1073.21

注：收支差额 = 财政收入 - 财政支出。
资料来源：2011~2017 年的数据均来源于《北京统计年鉴》（2012~2018），2018 年的数据来源于《关于北京市 2018 年预算执行情况和 2019 年预算的报告》。

另外，经笔者计算，2018 年"四本"预算财政总收支的自给率（财政收入除以财政支出）为 91.6%，为 2014 年以来的最低值。其中，2018 年北京市一般公共预算的自给率为 80.6%，略低于 2017 年一般公共预算的自给率 83.0%，是自 2011 以来一般公共预算自给率最低的一年。政府性基金的自给率为 79.4%，低于 2017 年政府性基金自给率 126.2%；国有资本经营预算自给率为 134.3%，高于 2017 年的自给率 108.6%；社会保险基金的自给率为 138.8%，略高于 2017 年自给率水平（见表 15）。

表 15 2018 年北京市"四本"预算的自给率

单位：%

年份	一般公共预算	政府性基金	国有资本经营	社会保险基金	总收支自给率
2011	92.64	101.74	—	—	—
2012	89.95	107.11	97.11	—	—
2013	87.72	102.39	94.42	—	—
2014	89.00	122.03	100.74	131.52	106.75
2015	82.33	88.91	99.82	139.95	94.90
2016	79.31	91.93	141.90	138.00	95.46

续表

年份	一般公共预算	政府性基金	国有资本经营	社会保险基金	总收支自给率
2017	83.03	126.23	108.64	138.25	104.61
2018	80.63	79.37	134.29	138.75	91.61

注：自给率＝财政收入÷财政支出×100%。

资料来源：2011~2017年的数据均来源于《北京统计年鉴》（2012~2018），2018年的数据来源于《关于北京市2018年预算执行情况和2019年预算的报告》。

三 2018年北京市财税管理体制改革

（一）全面实施绩效管理政策

为落实中共中央、国务院《关于全面实施预算绩效管理的意见》精神，2018年3月北京市财政局起草《关于北京市全面实施财政预算绩效管理的意见（征求意见稿）》，推进绩效管理范围覆盖到各级预算部门和所有财政资金。[1] 北京市重点在以下几个方面推进全面预算绩效管理改革工作：①加强顶层设计，落实预算绩效管理责任；②推进绩效成本预算管理改革；③实现绩效管理全面覆盖、优化支出结构；④深化绩效管理与预算管理、政府绩效相结合的管理机制。[2]

此外，北京市创新绩效管理模式，绩效管理时点由"事后"向"事前"转移。2017年底北京市财政部门全面启动了2018年度事前绩效评估工作。事前绩效评估以拟列入预算的民生类、城市管理服务和城市建设类等社会关注度较高、金额较大的项目及以重大政策为重点。事前绩效评估的内容主要包括五个方面：项目实施的相关性、项目预期绩效的可实现性、项目实施方案的有效性、项目预期绩效的可持续性和财政资金投入的可行性。事前绩效评估的工作强调财政项目评估与财政支出政策评估相结合、绩效

---

[1] 资料来源：《关于征集〈北京市全面实施财政预算绩效管理的意见〉的通知》，北京市财政局网站，http://czj.beijing.gov.cn/zmhdcs/zxzj/t20180306_890891.html，2018年3月1日。

[2] 资料来源：《北京市四举措落实〈中共中央国务院关于全面实施预算绩效管理的意见〉》，北京市财政局网站，http://czj.beijing.gov.cn/zwxx/czyw/t20181008_1034840.html，2018年10月8日。

目标审核与重点支出评估相结合、财政为主体与专家发挥作用相结合、绩效评估与预算监督相结合、事前绩效评估与预算评审工作相结合。评估具体方法包括采用网络查阅、咨询专业人士、电话访谈、入户调研、现场勘查、召开座谈会、问卷调查、资料审核、专家评议等。

2018 年北京市财政局对 145 个项目开展事前评估，并根据评价结果安排部门预算，其中不予支持和部分支持项目 42 个，不予支持资金 14.9 亿元，核减率 18.5%。财政预算评审从"审项目"向"审标准"转变，推动项目支出定额标准体系建设。2018 年北京市财政全面绩效管理涉及财政资金 582.4 亿元，较上年增长 16.9%，覆盖财政政策、投资基金、国资预算、部门整体支出、专项转移支付等多个方面。值得一提的是，北京市财政局探索完成学前教育、养老机构运营两项绩效成本预算改革试点，累计收集 1500 多家幼儿园、280 多家养老机构的数据信息，实施全成本核算，明确划分政府、社会、个人三方投入责任，将成本效益分析结果应用于 2019 年预算安排。①

（二）坚决落实减税降费政策

为了持续优化营商环境，支持实体经济发展，2018 年北京市积极落实减税降费政策，具体包括：①北京市坚决落实中央出台的减税降费政策，降低应税销售行为、农产品、进口货物的增值税税率，统一小规模纳税人标准（小规模纳税人的年应税销售额标准统一到 500 万元及以下），扩大小微企业的企业所得税优惠范围，扩大印花税优惠，实施个人所得税改革，提高个人所得税基本减除费用标准等；②北京市大力清理涉企收费，实行收费目录公开，全市境内已无自行设立涉企行政事业性收费项目；③北京市停征水资源费、排污费两项行政事业性收费，免征首次申领居民身份证工本费，降低残疾人就业保障金征收标准，缴费上限由社会平均工资的 3 倍降为 2 倍。上述一系列减税降费措施为北京市企业减轻税负约 400 亿元，其中地方级减税约 187.8 亿元。

此外，根据 2018 年 3 月发布的《关于印发进一步提升纳税等便利度优

---

① 资料来源：《关于北京市 2018 年预算执行情况和 2019 年预算的报告》。

化营商环境的工作措施》，北京市财政局在纳税业务方面进一步改革，推行全业务、分时点预约办税政策，新办企业的涉税事项当天办结政策，推出"最多跑一次"和"一次不用跑"清单，实施无纸化、免填单办税服务，推行增值税"一表集成"，推广自助办税服务，以继续优化北京市营商环境。[1]

（三）支持生态涵养区的财政政策

2018年，北京市财政局采取了大量支持生态涵养区的举措，不断加大对生态涵养区财政资金支持力度，推动生态涵养区实现可持续发展。具体采取的政策包括：①北京市财政局根据全市基本公共服务保障平均水平对生态涵养区予以财力体制补助，进一步提高对生态涵养区的补助标准，并且建立起动态增长机制，每年增长10%，以提升其公共服务领域保障水平；②根据2018年11月5日发布的《关于推动生态涵养区生态保护和绿色发展的实施意见》，北京市财政局每年再安排生态涵养区每区1亿元的教育转移支付补助，同时，将义务教育生均日常定额部分补助比例由现在的25%提高到100%；③北京市推动深化生态涵养区与其他区域优势互补、合作共赢的结对协作机制，建立跨区横向转移支付制度。在支持规模上，结合各区发展的不同情况，设立了0.5亿元和1亿元两档最低支持标准。在协作方式上，通过直接安排财政资金，或支持引导绿色产业项目落地、提升公共服务能力等多种形式，以带动生态涵养区协同发展。同时，充分给予各区自主权，具体的支持规模和协作方式由结对区自行商定。[2]

（四）强化财政风险防控的政策

2018年，北京市财政局采取了一系列强化北京市财政风险防控的政策，具体包括以下内容。①防范政府债务风险的政策。包括严格在限额内举借政府债务，规范政府举债融资行为，对被财政部列入风险提示名单的区，

---

[1] 资料来源：《本市出台优化营商环境措施形成"9+N"政策体系政策大礼包使营商环境简、减、活》，北京市财政局网站，http://czj.beijing.gov.cn/zwxx/czyw/t20180403_899384.html，2018年3月20日。

[2] 资料来源：《北京财政动态补助生态涵养区每年涨10%！》，北京市财政局网站，http://czj.beijing.gov.cn/zwxx/czyw/t20181106_1047392.html，2018年11月6日。

不予安排新增债券资金,政府债券资金主要用于城市副中心棚户区改造等重点领域建设。②加大财政预决算的公开力度。除涉密信息外,实现所有使用财政资金的市级部门预决算全部公开,并首次公开部门的政府购买服务指导性目录及预算,推动重点支出和重大投资项目公开。所有市级部门均公开绩效评价自评报告,新增审议并公开4个重点项目的财政绩效评价报告。③积极推进市人大预算联网监督工作。研究开发财政预算联网监督系统,市人大代表可通过系统对预算编制、执行以及绩效管理等内容进行监督。④规范PPP项目的日常管理。北京市纳入财政部PPP综合信息平台管理的项目共计109个,总投资额2553.5亿元。北京市财政局2018年开展PPP项目库集中清查、明确PPP项目合规性管理负面清单、严守PPP项目政府支出责任不超过一般公共预算支出10%的"红线"、建立PPP项目入库动态调整机制(不合规项目及时退出)。⑤建立国有资产报告制度,2018年北京市政府首次向市人大常委会报告本市国有资产管理综合报告和地方金融企业国有资产专项报告。⑥完善国有金融资本管理,成立完善国有金融资本管理的工作专班,初步摸清国有金融企业底数,进一步建立健全管理框架及相关制度。

四 2019年北京市财政发展形势展望

从财政收入方面看,北京市财政局对2019年"四本"财政预算的收入安排是:一般公共预算收入预期为6015.0亿元,政府性基金预算收入预期为2085.0亿元,国有资本经营预算收入预期为64.3亿元,社会保险基金预算收入预期为4625.5亿元(见表16)。通过计算,2019年北京市一般公共预算收入预期增长率为4.0%,增幅相对于2017年和2018年均有所下降;政府性基金收入预期增长率为3.8%,与2018年相比增速由负值变为正值;国有资本经营收入预期增长率为-1.7%,与2018年相比增速有所下降;社会保险基金收入预期增长率为9.7%,与2018年相比增幅也有所下降;2019年"四本"预算总体财政收入预期增长率为5.9%,虽高于2018年的增速但明显低于2017年的增速,这说明近两年北京市总体财政收入的增长速度明显放缓。

《关于北京市 2018 年预算执行情况和 2019 年预算的报告》指出 2019 年北京市财政收入增速放缓的原因主要在于：①2019 年北京市为了更好释放市场主体活力，将继续坚定地实施积极财政政策，落实国家更大规模的减税降费举措，目前国家已明确的减税降费政策将减少北京市地方级收入约 300 亿元；②房地产业是北京市的传统支撑行业，在持续的房地产调控政策影响下，势必会造成北京市财政收入有所减少。但与此同时，该报告也指出了北京市财政收入的新增长点，即北京市"六高"功能区、中关村高新企业、新设企业等财政收入贡献将稳步提高，持续改善营商环境将为北京市财政收入增长提供重要的支撑。

表 16　2017～2018 年北京市财政收入决算和 2019 年财政收入预算情况

单位：亿元，%

项目	2017 年决算		2018 年决算		2019 年预算	
	金额	增速	金额	增速	金额	增速
一般公共预算收入	5430.80	6.88	5785.90	6.54	6015.00	3.96
政府性基金收入	3132.80	137.97	2009.30	-35.86	2085.00	3.77
国有资本经营收入	61.60	-4.86	65.40	6.12	64.30	-1.68
社会保险基金收入	3587.40	3.90	4216.70	17.54	4625.50	9.69
财政收入总计	12212.60	23.17	12077.30	-1.11	12789.80	5.90

资料来源：《关于北京市 2017 年预算执行情况和 2018 年预算的报告》《关于北京市 2018 年预算执行情况和 2019 年预算的报告》。

从支出方面看，北京市财政局对 2019 年"四本"财政预算的支出安排是：一般公共预算支出预期为 7231.0 亿元，政府性基金预算支出预期为 2252.5 亿元，国有资本经营预算支出预期为 49.6 亿元，社会保险基金预算支出预期为 3707.8 亿元（见表 17）。通过计算，2019 年北京市一般公共预算支出预期增长率为 6.8%，增幅高于 2017 年和 2018 年的增速；政府性基金支出预期增长率为 -13.0%，低于 2017 年和 2018 年的增速；国有资本经营支出预期增长率为 2.3%，与 2018 年相比增速由负值变为正值；社会保险基金支出预期增长率为 25.3%，增幅高于 2018 年的增速 14.0%；四本预算总体财政支出预期增长率为 7.1%，增幅高于 2018 年总体财政支出的实际增长率5.9%。

《关于北京市2018年预算执行情况和2019年预算的报告》指出2019年北京市财政支出增速提高的原因主要在于：①2019年北京市重大活动多，各方财政资金需求旺盛，例如，落实京津冀协同发展战略、加快疏解非首都功能、筹备冬奥会和冬残奥会，庆祝中华人民共和国成立70周年、第二届"一带一路"国际合作高峰论坛、2019年北京世园会等，做好重大活动的服务保障需要充足的财政资金支持；②构建高精尖经济结构、推动首都高质量发展，落实城市总体规划、建设国际一流的和谐宜居之都，保障和改善民生等诸多方面还需要加大财政资金的投入。

表17 2017~2018年北京市财政支出决算和2019年财政支出预算情况

单位：亿元，%

项目	2017年决算		2018年决算		2019年预算	
	金额	增速	金额	增速	金额	增速
一般公共预算支出	6540.50	2.09	6770.20	3.51	7231.00	6.81
政府性基金支出	2481.80	73.30	2588.10	4.28	2252.50	-12.97
国有资本经营支出	56.70	24.26	48.50	-14.46	49.60	2.27
社会保险基金支出	2594.90	3.71	2958.60	14.02	3707.80	25.32
财政支出总计	11673.90	12.39	12365.40	5.92	13240.90	7.08

资料来源：《关于北京市2017年预算执行情况和2018年预算的报告》《关于北京市2018年预算执行情况和2019年预算的报告》。

总而言之，由于外部环境不确定因素以及实施积极财政政策的影响，加上2018年一般公共预算、政府性基金预算的超收收入较以往年度大幅减少，2019年可动用的上年结转收入、预算稳定调节基金等可用财力大幅下降，2019年可谓北京市政府近年来财力最"紧"的一年。笔者经过计算发现，2017年北京市"四本"财政决算的收支差额（财政收入减去财政支出）为538.7亿元，2018年决算收支差额为-288.1亿元，2019年预算收支差额为-451.1亿元。这一变化趋势表明北京市的财政收支形势变得更为严峻，财政收入和支出呈现"紧平衡"的特征。

针对这一严峻的财政收支形势，北京市财政局已经引起重视，并且采取各种措施积极应对：一方面，对积极财政政策加力提效，落实好减税降费政策，优化营商环境，在构建高精尖经济结构中积极谋划中长期财源建设，促进财政收入可持续增长；另一方面，不断优化财政支出结构，树立过紧日子的思想，压缩一般性支出，统筹集中财力保障重点，着力构建符合首都城市战略定位的支出保障格局。此外，北京市财政局深化财税体制改革，推动形成与城市总体规划相适应的转移支付政策体系；全面实施预算绩效管理，加快推进绩效成本预算试点和支出标准体系建设，提升财政资金绩效水平；加强政府债务管理，积极防范化解债务风险，筑牢财政金融安全运行底线。上述一系列适应严峻新形势发展的财政政策，将为2019年北京市持续健康发展提供有力支撑，为加快建设国际一流的和谐宜居之都发挥好治理基础和重要支柱的作用。

2018年北京市金融发展报告

宁　静　苏　耀[*]

摘　要　2018年北京市金融总体运行情况良好。在金融市场方面，北京市社会融资规模增量大幅提高，地方政府专项债券首次纳入统计口径，企业债券的大幅增加也表明北京市在解决实体企业的融资问题取得了显著成效。2018年北京市证券市场运行平稳，上市公司规模不断扩大，"新三板"市场进一步优化，互联网金融持续健康发展。2018年北京市金融机构的存贷款总量持续增加，信贷投向结构得到了优化，有力地推动了北京市经济的高质量发展。2018年北京市出台了一系列政策来推动金融资源的优化布局，促进多层次资本市场的发展，加强金融风险防控，为经济的平稳健康发展奠定了坚实的基础。

关键词　北京市；金融；融资

一　2018年北京市面临的国家金融宏观形势

（一）广义货币增速与上年持平，狭义货币增速大幅下降，货币供给保持稳定

2018年货币政策继续保持稳健中性，总体上松紧适度，管好货币供给

---

[*] 宁静，副研究员，中央财经大学财经研究院，北京市哲学社会科学北京财经研究基地，研究方向为财政分权、地方财政、北京财政。苏耀，中央财经大学财经研究院研究生。

总闸门。2018年末，广义货币（M2）余额为182.7万亿元，同比增长8.1%，增速比上月末高0.1个百分点，与上年同期持平；狭义货币（M1）余额为55.1万亿元，同比增长1.5%，增速与上月末持平，比上年同期低10.3个百分点；流通中货币（M0）余额为7.3万亿元，同比增长3.6%（见图1）。全年净投放现金2563亿元。

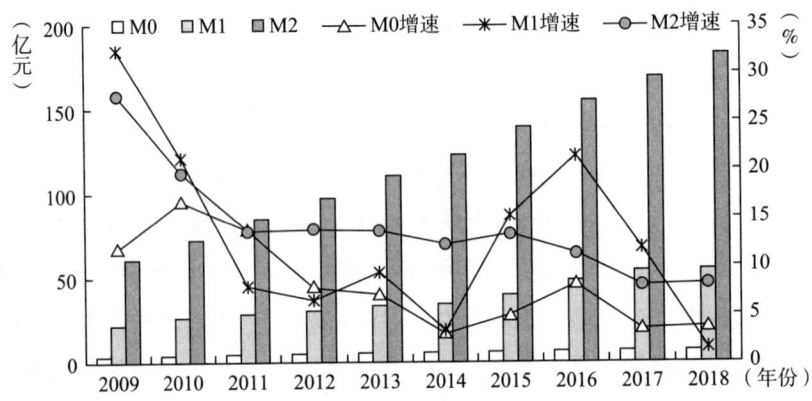

图1　2009~2018年货币供应量及增长率

资料来源：中国人民银行。

2018年末基础货币余额为33.1万亿元，比上年同期增加9085.8亿元，同比增加2.8%（见图2）。2018年末，货币乘数5.5，比上年同期增加0.3。

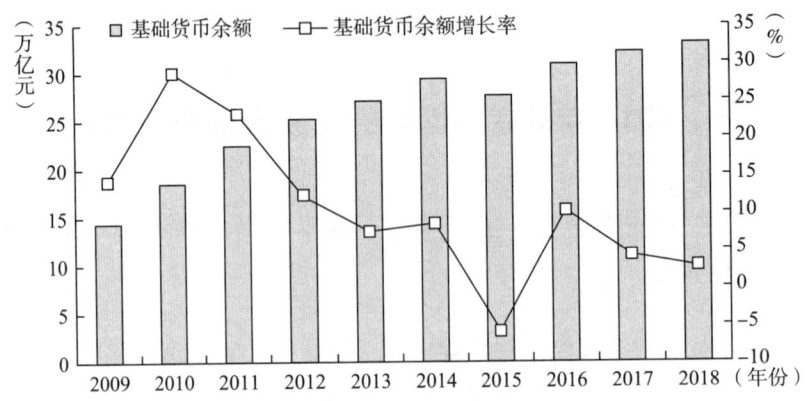

图2　2009~2018年基础货币余额及增长率

资料来源：Wind。

（二）社会融资规模存量增速回落，社会融资规模增量下降

1. 社会融资规模存量

2018年社会融资规模存量为200.8万亿元，同比增长9.8%（见图3）。其中，对实体经济发放的人民币贷款余额为134.7万亿元，同比增长13.2%；对实体经济发放的外币贷款折合人民币余额为2.2万亿元，同比下降10.7%；委托贷款余额为12.4万亿元，同比下降11.5%；信托贷款余额为7.9万亿元，同比下降8%；未贴现的银行承兑汇票余额为3.8万亿元，同比下降14.3%；企业债券余额为20.1万亿元，同比增长9.2%；地方政府专项债券余额为7.3万亿元，同比增长32.6%；非金融企业境内股票余额为7万亿元，同比增长5.4%。

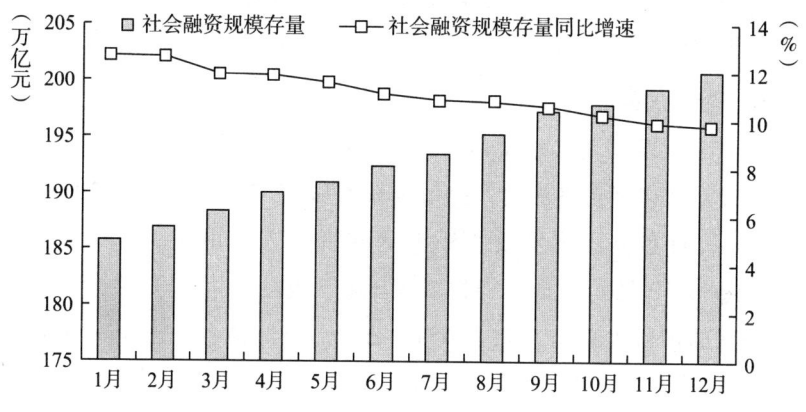

图3　2018年社会融资规模存量及同比增速

资料来源：中国人民银行。

从结构看，2018年对实体经济发放的人民币贷款余额占同期社会融资规模存量的67.1%，同比高2个百分点；对实体经济发放的外币贷款余额占比为1.1%，同比低0.3个百分点；委托贷款余额占比为6.2%，同比低1.4个百分点；信托贷款余额占比为3.9%，同比低0.8个百分点；未贴现银行承兑汇票余额占比为1.9%，同比低0.5个百分点；企业债券余额占比为10%，同比低0.1个百分点；地方政府专项债券占比为3.6%，同比高0.6个百分点；非金融企业境内股票融资余额占比为3.5%，同比低0.1个百分点。

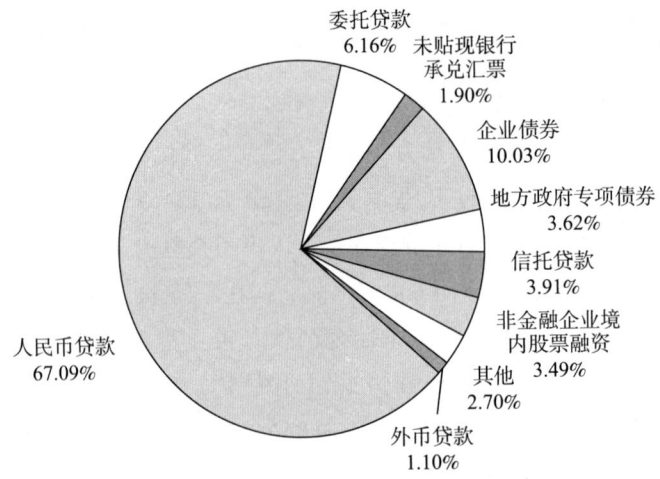

图4　2018年社会融资规模存量结构

资料来源：中国人民银行。

2. 社会融资规模增量

2018年社会融资规模增量累计为19.26万亿元，比上年减少3.14万亿元。其中，对实体经济发放的人民币贷款增加15.7万亿元，比2017年增加1.8万亿元；对实体经济发放的外币贷款折合人民币减少4201亿元，比2017年减少4219亿元；委托贷款减少1.6万亿元；信托贷款减少6901亿元；未贴现的银行承兑汇票减少6343亿元；企业债券净融资2.5万亿元，比2017年增加2万亿元；地方政府专项债券净融资1.8万亿元，同比减少2110亿元；非金融企业境内股票融资3606亿元，同比减少5153亿元。12月社会融资规模增量为1.6万亿元，比上年同期增加33亿元（见图5）。

从结构看，2018年对实体经济发放的人民币贷款占同期社会融资规模的81.4%，同比提高19.6个百分点；对实体经济发放的外币贷款占比为-2.2%，同比降低2.2个百分点；委托贷款占比为-8.3%，同比降低11.8个百分点；信托贷款占比为-3.6%，同比降低13.7个百分点；未贴现的银行承兑汇票占比为-3.3%，同比降低5.7个百分点；企业债券占比为12.9%，同比提高10.9个百分点；地方政府专项债券占比为9.3%，同比提高0.4个百分点；非金融企业境内股票融资占比为1.9%，同比降低2个百分点。

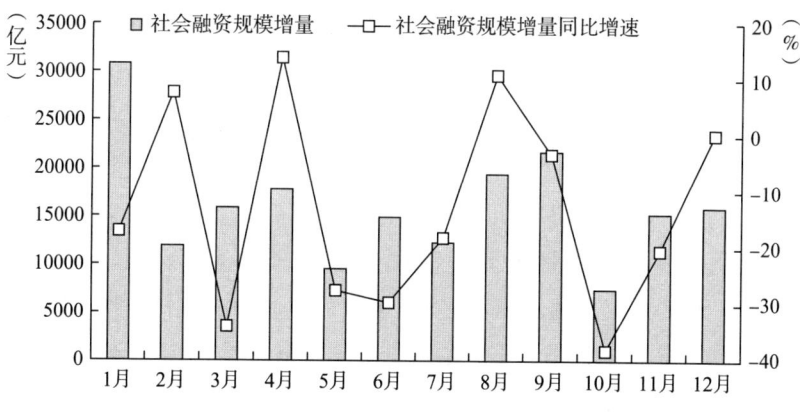

图5 2018年社会融资规模增量及同比增速

资料来源：中国人民银行。

（三）股票市场指数下跌、成交量下降；债券发行量上涨

2018年，上证综指收于2494点，较上年末下跌813点，跌幅为24.6%；深证成分指数收于7240点，较上年末下跌3800点，跌幅为34.4%。创业板指数收于1251点，上年末1753点，较上年下跌502点，跌幅为28.6%（见图6）。

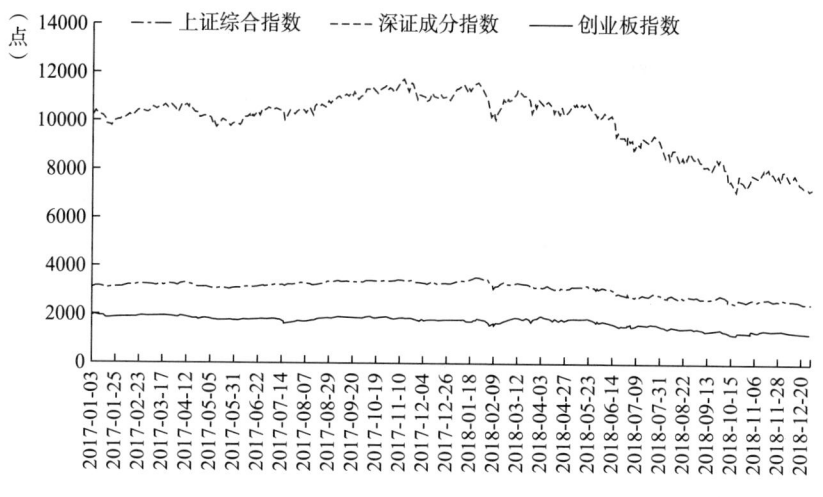

图6 2017~2018年股票市场走势

资料来源：Wind。

2018年，沪、深股市累计成交90.3万亿元，同比减少19.5%；创业板

累计成交15.9万亿元,同比下降4%。2018年末,沪、深股市流通市值为35.4万亿元,同比减少21.3%。

2018年,债券市场共发行各类债券43.6万亿元,较上年增长6.8%(见图7)。其中,银行间债券市场发行债券37.8万亿元,同比增长2.9%。截至2018年12月末,债券市场托管余额为86.4万亿元,其中银行间债券市场托管余额为75.7万亿元。2018年,国债发行3.5万亿元,地方政府债券发行4.2万亿元,金融债券发行5.3万亿元,政府支持机构债券发行2530亿元,资产支持证券发行1.8万亿元,同业存单发行21.1万亿元,公司信用类债券发行7.3万亿元。

2018年,债券收益率曲线整体下移。12月末,1年、3年、5年、7年、10年期国债收益率分别为2.6%、2.9%、3%、3.2%、3.2%,分别较上年同期下行119bp、91bp、87bp、74bp、65bp。

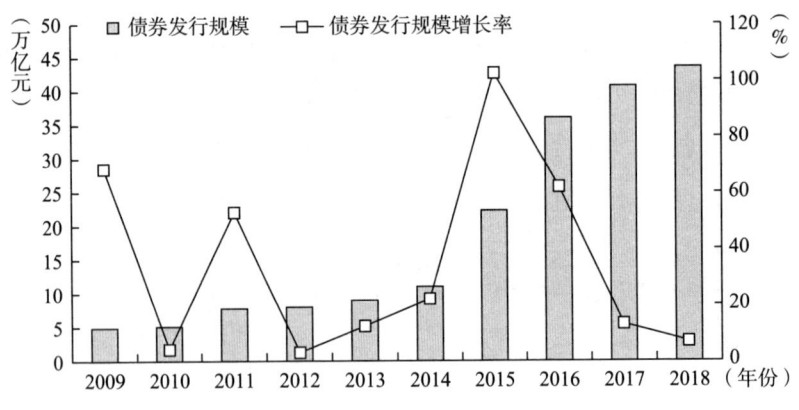

图7 2009~2018年债券发行量及同比增长率

资料来源:中国人民银行。

(四)外汇储备规模小幅下降,人民币汇率基本稳定

受中美经贸摩擦影响,2018年12月末外汇储备为30727.1亿美元,上年末外汇储备31399.5美元,比上年末减少672.4亿美元,与上年同期相比,减少幅度为2.1%(见图8)。

2018年末欧元兑人民币汇率中间价为1欧元兑人民币7.85元,与上年同期相比人民币对欧元贬值0.6%;日元兑人民币汇率中间价为100日元兑

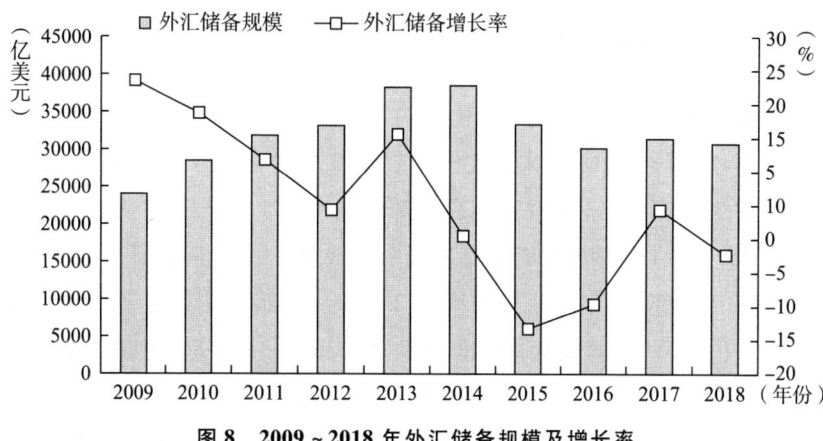

图 8　2009~2018 年外汇储备规模及增长率

资料来源：中国人民银行。

人民币 6.19 元，与上年同期相比人民币对日元贬值 6.9%；美元兑人民币汇率中间价为 1 美元兑人民币 6.86 元，与上年同期相比人民币对美元贬值 5.05%；港元兑人民币期末汇率为 1 港元兑人民币 0.88 元，与上年同期相比人民币对港元贬值 4.8%。

2018 年末，人民币实际有效汇率为 122.9，同比上涨 1.1%，人民币名义有效汇率为 119.2，累计升值 1.2%，结束此前连续两年跌势（见图 9）。综上所述，人民币币值基本保持稳定。

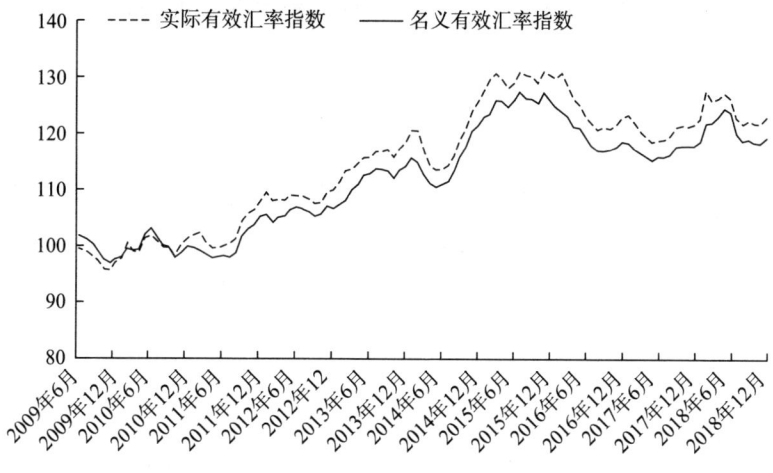

图 9　人民币实际有效汇率指数与名义有效汇率指数

资料来源：Wind。

（五）国家金融宏观政策

1. 存贷款基准利率均未发生变化

2015年10月至2018年末，我国存贷款基准利率均未发生变化。活期存款基准利率为0.35%，3个月定期存款基准利率为1.1%，6个月定期存款基准利率为1.3%，1年期定期存款基准利率为1.5%，2年期定期存款基准利率为2.1%，3年期定期存款基准利率为2.75%，5年期定期存款基准利率为4.75%；6个月至1年短期贷款基准利率为4.35%，1至5年中长期贷款基准利率为4.75%，5年以上长期贷款基准利率为4.9%；5年以下个人住房公积金贷款基准利率为2.75%，5年以上个人住房公积金贷款基准利率为3.25%。

2. 下调存款准备金率，支持实体经济发展

2018年共四次下调金融机构存款准备金率。1月，普惠金融定向降准全面实施，释放资金约4500亿元。普惠金融定向降准是将原有定向降准政策拓展和优化为统一对普惠金融领域贷款达到一定标准的金融机构执行较低的存款准备金率。4月和10月，中国人民银行两次下调大型商业银行、股份制商业银行、城市商业银行、非县域农村商业银行和外资银行人民币存款准备金率各1个百分点，并置换部分中期借贷便利，净释放资金约1.15万亿元。7月，中国人民银行下调大型商业银行、股份制商业银行、城市商业银行、非县域农村商业银行和外资银行人民币存款准备金率0.5个百分点。其中，5家国有商业银行和12家股份制商业银行释放资金约5000亿元，用于支持市场化法治化"债转股"，其他金融机构释放资金约2000亿元。这些降准措施能够增强银行体系资金稳定性，优化流动性结构，增加金融机构支持小微企业、民营企业和市场化法治化"债转股"等重点领域和薄弱环节的资金来源，推动实体经济健康发展。

3. 规范金融行业发展、防范金融风险

为贯彻落实党的十九大精神和全国金融工作会议要求，有效防范化解金融风险，中国人民银行会同有关部门制定出台《关于规范金融机构资产管理业务的指导意见》（银发〔2018〕106号，以下简称《资管新规》）。2018年3月28日，中央全面深化改革委员会第一次会议审议通过了《资管新规》。经国务院同意，4月27日，中国人民银行、银保监会、证监会、外汇局联合发布《资管新规》，按照产品类型统一监管标准，核心在于弥补监管短板、治理市场乱象、防范系统性风险。7月20日，为指导金融机构更好地贯彻落实《资管新规》，确保在中美经贸摩擦等外部冲击因素增多、社会融资规模增速下降的形势下平稳有序实施《资管新规》，中国人民银行发布《关于进一步明确规范金融机构资产管理业务指导意见有关事项的通知》（银办发〔2018〕129号，以下简称《通知》），进一步明确过渡期内的具体操作性问题，向社会传达了支持实体经济融资的积极信号。《通知》发布后，资管产品发行有所加快，机构因观望而暂停的投资得以恢复，市场信心得到提振。同时，中国人民银行与金融监管部门加强沟通协调，推动出台配套细则。2018年9月以来，银行理财、银行理财子公司、证券私募资管等行业细则发布实施，在《资管新规》的总体框架下，进一步明确各行业资管业务监管要求，推动资管业务回归本源，引导资管资金以合法、规范形式进入实体经济和金融市场。

二 2018年北京市金融发展情况

（一）2018年北京市金融市场情况

1. 社会融资规模统计不断完善，社会融资规模增量大幅提高

2018年，北京市社会融资规模增量累计为17784.0亿元，上年同期社会融资规模增量累计为8255.3亿元，同比增加9528.7亿元，增长率为115.4%，为5年来最高的增长率，且为从2015年社会融资规模增量下降以来首次上涨，上年同期增长率为-38.6%（见图10）。

2018年，北京市社会融资规模增量中，人民币贷款新增7573.0亿元，比2017年增加了366.5亿元，同比增长5.1%；发放外币贷款（折合人民币）新增额减少了330.0亿元，比2017年减少98.2亿元；委托贷款减少1784.0亿元，比2017年减少2865.6亿元；信托贷款减少334.0亿元，比2017年减少1904.9亿元；未贴现银行承兑汇票减少503.0亿元，比2017年减少632.6亿元；企业债券净融资7006.0亿元，比2017年增加9753.8亿元；非金融企业境内股票融资387.0亿元，比2017年减少571.7亿元；地

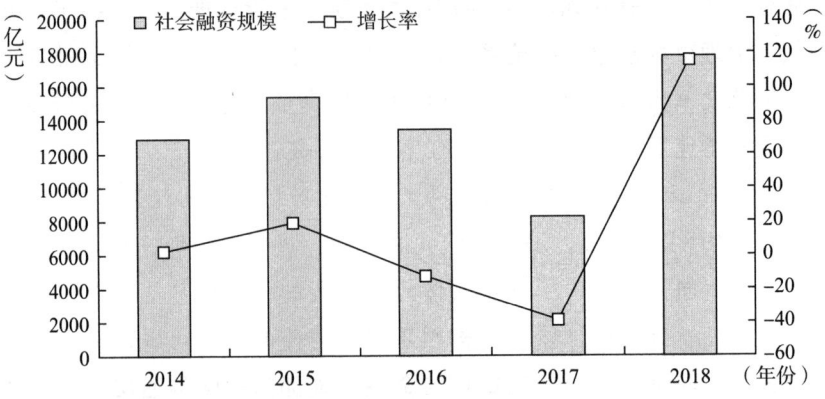

图10 2013～2018年北京地区社会融资规模及增长率

注：自2018年7月起，中国人民银行完善社会融资规模统计方法，将"存款类金融机构资产支持证券"和"贷款核销"纳入社会融资规模统计。自2018年9月起，中国人民银行将"地方政府专项债券"纳入社会融资规模统计。本图的"地方政府专项债券"按照债权债务在托管机构登记日统计。

资料来源：中国人民银行。

方政府专项债券净融资207.0亿元（见表1）。其中，委托贷款、信托贷款、未贴现银行承兑汇票均由上年的净增加转为净减少，而企业债券则由上年的净减少大幅转为净增加，信贷投向结构逐渐优化改善。

表1 2017～2018年北京市社会融资新增规模

单位：亿元，%

项目	2018年	2017年
人民币贷款	7573.00	7206.47
外币贷款（折合人民币）	-330.00	-231.82
委托贷款	-1784.00	1081.63
信托贷款	-334.00	1570.92
未贴现银行承兑汇票	-503.00	129.61
企业债券	7006.00	-2747.84
非金融企业境内股票融资	387.00	958.69
地方政府专项债券	207.00	—
其他	5562.00	287.60
社会融资规模	17784.00	8255.26

资料来源：中国人民银行。

2. 北京市证券市场整体平稳运行

2018年北京市证券市场上证、深证总交易额为911465.7亿元,① 比2017年减少88791.3亿元,增长率为-8.9%。其中,2018年股票交易金额为149887.0亿元,同比降低23.0%;基金交易金额为25144.4亿元,同比增加3038.7亿元,增长率为13.8%,增速由负转正;债券交易金额为737453.7亿元,同比降低6.6%,增速由正转负(见图11)。

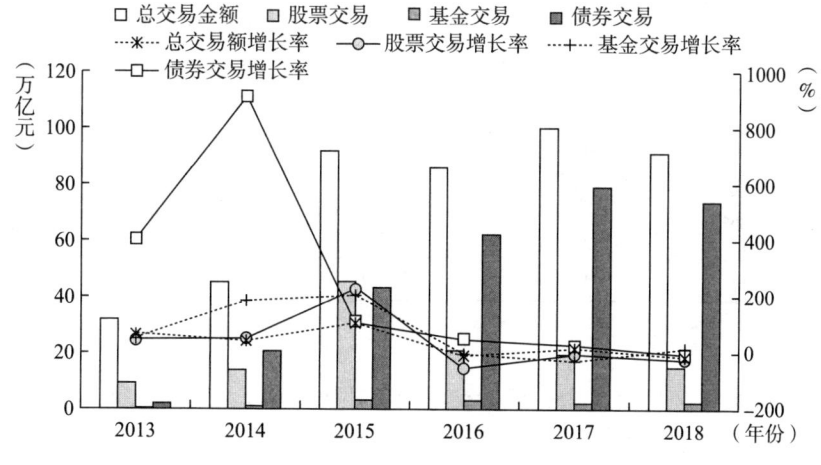

图11 2013~2018年北京市证券市场交易情况

资料来源:Choice。

2018年北京市证券市场上证所、深证所交易总额分别为767800.5亿元、143665.2亿元,同比分别减少73201.6亿元、15589.8亿元(见表2)。

上证所总交易额占证券市场总交易额的84.2%,同比提高0.2个百分点,其中股票交易额为71998.1亿元,占证券市场总交易额的7.9%,同比降低1.6个百分点;基金交易额为17304.4亿元,占比为1.9%,基本与上年持平;债券交易额为679517.4亿元,占比为74.6%,同比提高1.2个百分点。

深证所总交易额占证券市场总交易额的15.8%,同比降低0.2个百分点,其中股票交易额为77888.9亿元,占证券市场总交易额为8.6%,同比降低1.5个百分点;基金交易额为7840.0亿元,占比为0.9%,同比提高

---

① 证券市场交易总额涵盖股票、基金、债券等市场交易及其他交易,图11和表2仅列出了股票、基金、债券这三大主要证券交易情况。

0.5个百分点；债券交易额为57936.3亿元，占比为6.4%，同比提高0.9个百分点。

表2 2017~2018年北京市证券市场交易额

单位：亿元，%

证券交易所	项目	2018年	2017年	增速
上证所	总交易额	767800.46	841002.01	-8.70
	股票交易额	71998.09	94656.24	-23.94
	基金交易额	17304.41	18690.57	-7.42
	债券交易额	679517.37	733696.75	-7.38
深证所	总交易额	143665.23	159254.99	-9.79
	股票交易额	77888.93	100088.50	-22.18
	基金交易额	7840.01	3415.10	129.57
	债券交易额	57936.29	55751.39	3.92

资料来源：Choice。

2018年上证所交易中，股票交易额占比为9.4%，同比降低1.9个百分点；基金交易额占比为2.3%，同比提高0.1个百分点；债券交易额占比为88.5%，同比提高1.3个百分点（见图12）。

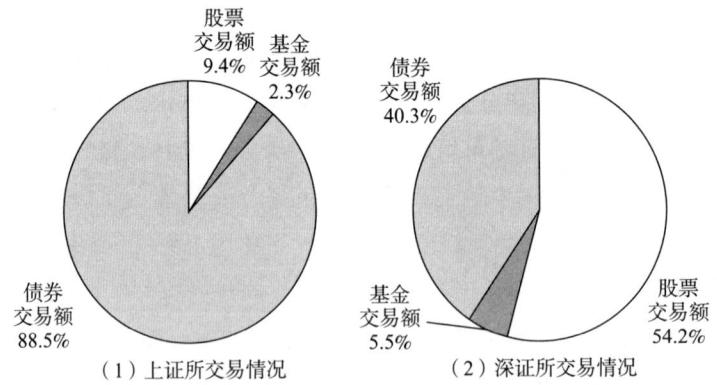

图12 2018年北京市证券市场交易情况

资料来源：Choice。

深证所交易中，股票交易额占比为54.2%，同比降低8.6个百分点；基金交易额占比为5.5%，同比提高3.3个百分点；债券交易额占比为

40.3%,同比提高 5.3 个百分点(见图 12)。

3. 北京市上市公司数量不断增加

2018 年末,北京辖区共有上市公司 316 家,占全国 A 股上市公司 3567 家的 8.9%;上年同期上市公司总数为 306 家,占全国 A 股上市公司 3467 家的 8.8%(见表 3)。截至 2018 年末,北京市上市公司总股本 25600.0 亿股,占 A 股上市公司总股本的 39.4%;总市值为 115833.6 亿元,占 A 股上市公司总市值的 26.6%。

2018 年,在北京 316 家上市公司中,A 股公司共有 285 家,同比增加 7 家,占上市公司总数的 90.2%,同比降低 0.7 个百分点;A+H 股公司共有 30 家,同比增加 3 家,占比为 9.5%,同比提高 0.7 个百分点;A+B 股公司 1 家,与上年持平。

316 家上市公司中,央属公司有 89 家,同比减少 4 家,占上市公司总数的 28.2%,同比降低 2.2 个百分点;市属公司有 37 家,同比增加 3 家,占比为 11.7%,同比提高 0.6 个百分点;民营公司 161 家,同比减少 2 家,占比为 50.9%,同比降低 2.4 个百分点;公众企业为 21 家,占比为 6.7%;其他类别公司有共有 8 家,同比减少 8 家,占比为 2.5%,同比降低 2.7 个百分点。

表 3 2017~2018 年北京市上市公司权属分布情况

单位:家,%

		2018 年	2017 年	增速
上市公司总数		316	306	3.27
板块	A 股公司	285	278	2.52
	A+H 股公司	30	27	11.11
	A+B 股公司	1	1	0.00
所有权性质	央属公司	89	93	-4.30
	市属公司	37	34	8.82
	民营公司	161	163	-1.23
	公众企业	21	—	—
	其他类别公司	8	16	-50.00

资料来源:北京市上市公司协会。

2018年，北京市有主板公司166家、中小板公司52家、创业板公司98家（见表4）。上市公司总股本25600亿股，同比增加1595.5亿股；总市值为115833.6亿元，同比减少21930.6亿元。其中，主板公司总股本24412.3亿股，总市值105613.7亿元，分别占全国主板公司的46.3%和32.6%，占北京上市公司的95.4%和91.2%；中小板公司总股本467.1亿股，总市值4394.3亿元，分别占全国中小板公司的5.7%和6.3%，占北京上市公司的1.8%和3.8%；创业板公司总股本720.5亿股，总市值5825.6亿元，分别占全国创业板公司的19.3%和14.4%，占北京上市公司的2.8%和5.0%。

表4　2017~2018年北京市上市公司板块分布情况

公司类型	项目	2018年	2017年	增速（%）
主板公司	公司数量（家）	166	160	3.75
	总股本（亿股）	24412.34	22907.40	6.57
	总市值（亿元）	105613.74	121963.78	-13.41
中小板公司	公司数量（家）	52	50	4.00
	总股本（亿股）	467.11	441.73	5.75
	总市值（亿元）	4394.26	6644.13	-33.86
创业板公司	公司数量（家）	98	96	2.08
	总股本（亿股）	720.54	655.40	9.94
	总市值（亿元）	5825.63	9156.33	-36.38

资料来源：北京市上市公司协会。

上交所上市公司139家，总股本23584.7亿股，占上交所的52.40%，总市值101480.3亿元，占上交所的37.7%；深交所上市公司177家，总股本2015.3亿股，占深交所的10.1%，总市值14353.3亿元，占深交所的8.7%（见表5）。

表5　2017~2018年北京市上市公司交易所分布情况

证券交易所	项目	2018年	2017年	增速（%）
上交所	公司数量（家）	139	133	4.51
	总股本（亿股）	23584.67	22086.06	6.79
	总市值（亿元）	101480.3	114702.13	-11.53

续表

证券交易所	项目	2018年	2017年	增速（%）
深交所	公司数量（家）	177	173	2.31
	总股本（亿股）	2015.32	1918.48	5.05
	总市值（亿元）	14353.33	23062.11	-37.76

资料来源：北京市上市公司协会。

北京市辖区有沪港通公司85家、深港通公司80家。北京市辖区沪港通公司总股本22880.0亿股、总市值97918.4亿元，分别占全部沪港通公司的61.1%和42.1%；北京市辖区深港通公司总股本1553.0亿股、总市值11183.6亿元，分别占全部深港通公司的11.8%和9.2%（见表6）。

表6　2017~2018年北京市上市公司沪港通、深港通分布情况

股票市场	项目	2018年	2017年	增速（%）
沪港通	公司数量（家）	85	87	-2.30
	总股本（亿股）	22879.97	21746.47	5.21
	总市值（亿元）	97918.44	111190.47	-11.94
深港通	公司数量（家）	80	99	-19.19
	总股本（亿股）	1553.00	1596.98	-2.75
	总市值（亿元）	11183.63	18580.81	-39.81

资料来源：北京市上市公司协会。

截至2018年末，北京市累计筹资额3423.8亿元，上年同期累计筹资额为2156.8亿元，同比增加1267.0亿元。其中，IPO公司9家，上年同期24家，共计募集资金127.3亿元，同比增加0.2亿元；定向增发融资24家，上年同期41家，共计募集资金1963.8亿元，同比增加677.4亿元；配股融资2家，与上年同期持平，共计募集资金10.7亿元，同比增加3.1亿元；发行优先股上市融资1家，上年同期未发行优先股上市融资，募集资金600.0亿元；发行公司债26家，上年同期22家，共计募集资金700.6亿元，同比增加327.3亿元；发行可转债3家，上年同期6家，共计募集资金21.4亿元，同比减少341.0亿元（见表7）。

表7　2017～2018年北京市上市公司融资情况

融资类型	项目	2018年	2017年	增速（%）
IPO	公司数量（家）	9	24	-62.50
	募集资金（亿元）	127.25	127.02	0.18
定向增发	公司数量（家）	24	41	-41.46
	募集资金（亿元）	1963.83	1286.41	52.66
配股融资	公司数量（家）	2	2	0
	募集资金（亿元）	10.73	7.66	40.08
优先股	公司数量（家）	1	—	—
	募集资金（亿元）	600	—	—
公司债	公司数量（家）	26	22	18.18
	募集资金（亿元）	700.59	373.3	87.67
可转债	公司数量（家）	3	6	-50.00
	募集资金（亿元）	21.44	362.40	-94.08

资料来源：北京市上市公司协会。

4. 北京市"新三板"持续健康发展

2018年末全国中小企业股份转让系统挂牌公司总数为10691家，较上年减少939家，增长率为-8.1%，同比降低22.5个百分点；总股本为6324.5亿股，上年同期为6756.7亿股，同比减少432.2亿股，增长率为-6.4%，同比降低21.9个百分点；总市值为34487.3亿元，上年同期为49404.6亿元，同比减少14917.3亿元，增长率为-30.2%，同比降低52.0个百分点（见表8）。

表8　2016～2018年"新三板"市场主要统计指标

单位：家，%

	项目	2018年	2017年	增速（%）
挂牌规模	挂牌公司数量（家）	10691	11630	-8.07
	总股本（亿股）	6324.5	6756.7	-6.40
	总市值（亿元）	34487.26	49404.56	-30.19

续表

	项目	2018年	2017年	增速（%）
股票发行	发行次数	1402	2725	-48.55
	发行股数（亿股）	123.83	239.26	-48.24
	融资金额（亿元）	604.43	1336.25	-54.77
优先股发行	发行次数	9	10	-10.00
	融资金额（亿元）	2.59	1.80	43.89
股票转让	成交金额（亿元）	888.01	2271.80	-60.91
	成交数量（亿股）	236.29	433.22	-45.46
	换手率（）	5.31	13.47	-60.58
	市盈率（倍）	20.86	30.18	-30.88
投资者账户数	机构投资者（万户）	5.63	5.12	9.96
	个人投资者（万户）	37.75	35.74	5.62

资料来源：全国中小企业股份转让系统。

截至2018年末，"新三板"累计发行股票1402次，同比减少1323次，增长率为-48.6%，同比降低41.2个百分点；发行股数123.8亿股，同比减少115.4亿股，增长率为-48.2%，同比降低29.5个百分点；累计共融资604.4亿元，同比减少731.8亿元，增长率为-54.8%，同比降低50.8个百分点。其中优先股发行9次，同比减少1次，融资金额2.6亿元，同比增加0.8亿元。

2018年全年，"新三板"股票转让成交金额累计888.0亿元，成交236.3亿股，同比分别减少1383.8亿元和196.9亿股。换手率为5.3%，同比降低8.2个百分点，市盈率为20.9倍，上年同期为30.2倍。

2018年末，全国中小企业股份转让系统共有机构投资者5.6万户，同比增加0.5万户，增长率为10.0%，同比降低23.0个百分点；个人投资者37.8万户，同比增加2.0万户，增长率为5.6%，同比降低15.2个百分点。

2018年末，北京市"新三板"挂牌公司共计1440家，占全国挂牌公司13.5%，在全国省份中排名第二，与上年持平，较上年减少178家，前五名排位顺序两年间无变化（见表9）。

表9　2017~2018年"新三板"挂牌前5名省份情况

单位：家，%

省份	2018年末		2017年末	
	公司数量	占比	公司数量	占比
广东	1637	15.31	1878	16.15
北京	1440	13.47	1618	13.91
江苏	1273	11.91	1390	11.95
浙江	933	8.73	1032	8.87
上海	903	8.45	989	8.50
全国	10691	100.00	11630	100.00

资料来源：全国中小企业股份转让系统。

2018年末，北京市"新三板"挂牌公司累计发行股票186次，发行金额83.0亿元，分别占全国的13.3%和13.7%，同比分别减少233次和193.1亿元。北京市"新三板"挂牌公司股票发行金额在全国省份中排名第一，与上年一样（见表10）。

表10　2017~2018年"新三板"股票发行前5名省份情况

省份	2018年末		2017年末	
	金额（亿元）	次数	金额（亿元）	次数
北京	83.01	186	276.10	419
广东	76.36	253	203.54	523
江苏	76.24	171	120.81	308
上海	47.06	110	97.91	240
浙江	38.28	105	97.05	207
全国	604.43	1402	1336.25	2725

资料来源：全国中小企业股份转让系统。

5. 互联网金融市场健康发展

截至2018年末，北京有互联网金融机构39家，占全国互联网金融机构（103家）的37.9%。这39家互联网金融机构累计借贷金额为15032亿元，2017年累计借贷金额为12074亿元，同比增长24.5%。其中，因部分机构在2017年和2018年运营信息披露有出入,排除2018年新增贷款金额为负值的5家,剩下34家互联网金融机构累计借贷金额为14159亿元,2017年累计借贷金额为10673亿元,同比增长32.7%;在这34家互联网金融机构中,2018年最大新增借贷金额为1337亿元,最小为0.1亿元,第一四分位数为6.3亿元,第二四分位数为25.0亿元,第三四分位数为96.8亿元。①

(二)2018年北京市金融机构情况

1. 金融机构存贷款总量持续增加

2018年,北京市存贷款总量持续增加,金融对实体经济支持力度进一步加大,信贷投向结构进一步优化,对实体经济重点领域、薄弱环节和高精尖产业支持力度明显增大,有力推动了北京市经济高质量发展。

(1) 本外币各项存贷款

2018年北京市本外币各项存款余额为157092.2亿元,同比增长9.0%;本外币各项贷款余额为70483.7亿元,同比增加927.4亿元(见图12)。

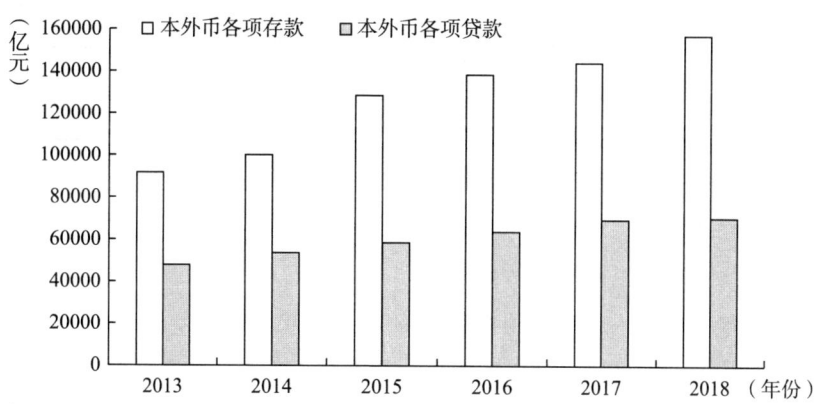

图13 2013~2018年北京市本外币各项存贷款余额

资料来源:Choice。

---

① 注:部分互联网金融机构缺少相关月份统计信息,以相近月份数值替代。因2017年和2018年运营信息披露发生变更,部分机构两年数据有出入,故均采用当年披露的数据,未做调整。

2018年北京市本外币各项贷款均保持良好发展态势，其中本外币境内贷款为68354.4亿元，同比增长2389.7亿元；本外币境外贷款2129.3亿元，同比减少1462.3亿元（见表11）。

表11　2013~2018年北京市本外币各项贷款情况

单位：亿元

贷款类型	2013年	2014年	2015年	2016年	2017年	2018年
境内贷款	45052.16	50576.49	54707.05	59589.17	65964.71	68354.41
短期贷款	15693.80	17639.01	17907.00	18693.83	21471.33	22225.04
中长期贷款	28171.72	30882.27	33671.34	37471.28	42001.69	42948.88
融资租赁	43.97	140.77	2378.98	223.56	297.75	421.33
票据融资	1137.25	1882.18	252.65	2061.27	1500.93	2237.33
各项垫款	5.42	32.27	54.22	31.14	15.84	77.87
境外贷款	2828.77	3074.07	3852.35	4150.27	3591.53	2129.27

资料来源：Choice。

在本外币境内贷款中，短期贷款为22225.0亿元，占比为32.5%，同比增长753.7亿元，增速放缓为3.5%；中长期贷款为42948.9亿元，占比为62.8%，同比增长947.2亿元，增速放缓为2.3%；融资租赁为421.3亿元，同比增长123.6亿元，持续保持较高增长态势；票据融资为2237.3亿元，同比增长736.4亿元，增速由负转正；各项垫款大幅提高为77.9亿元，同比增长62.0亿元。

（2）北京市人民币存贷款情况

2018年北京市人民币各项存款余额为150430.4亿元，同比增长9.1%；人民币各项贷款余额为66767.0亿元，同比增长5.3%（见图14）。

2018年北京市人民币贷款中，境内贷款为66669.8亿元，同比增长3369.1亿元，增速放缓为5.3%；境外贷款为97.2亿元，同比增长15.4亿元，增速由负转正为18.8%（见表12）。

在人民币境内贷款中，短期贷款为21170.8亿元，占比为31.8%，同比增长825.7亿元，增速放缓为4.1%；中长期贷款为42320.0亿元，占比为63.5%，同比增长1855.8亿元，增速放缓为4.6%；融资租赁为421.3

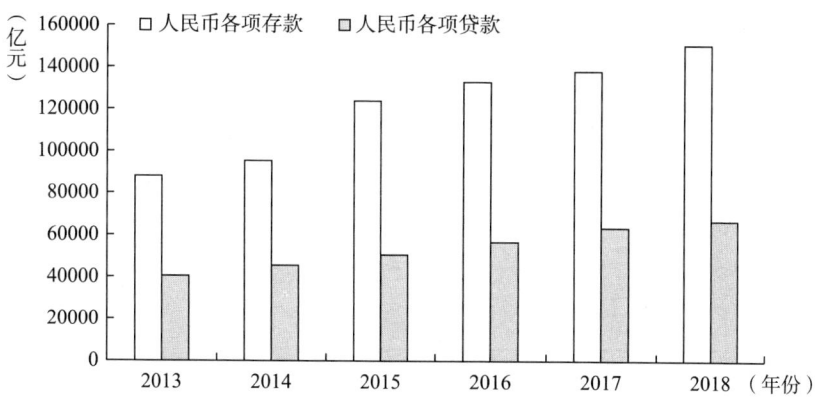

图 14　2013～2018 年北京市人民币存贷款情况

资料来源：Choice。

亿元，同比增长 123.6 亿元，增长率为 41.5%，保持高速增长态势；票据融资为 2237.3 亿元，同比大幅增长 736.4 亿元，增长率由负转正为 49.1%；各项垫款为 76.4 亿元，同比大幅增长 60.8 亿元。

表 12　2013～2018 年北京市人民币各项贷款情况

单位：亿元

项目	2013 年	2014 年	2015 年	2016 年	2017 年	2018 年
境内贷款	40463.87	45412.37	50465.75	56518.40	63300.74	66669.82
短期贷款	13630.03	15053.37	16391.95	17758.90	20345.07	21170.75
中长期贷款	25647.25	28304.98	30946.69	35340.03	40464.20	42320.03
融资租赁	43.97	140.77	2378.98	223.56	297.75	421.33
票据融资	1137.20	1882.18	252.65	2061.27	1500.93	2237.33
各项垫款	5.42	31.08	52.62	26.55	15.61	76.42
境外贷款	42.82	46.34	93.76	100.47	81.81	97.16

资料来源：Choice。

(3) 北京市外汇存贷款情况

2018 年北京市外汇各项存款余额为 970.7 亿美元，同比增加 31.9 亿美元，增速放缓为 3.4%；外汇各项贷款余额大幅降低至 541.5 亿美元，同比减少 403.3 亿美元（见图 15）。

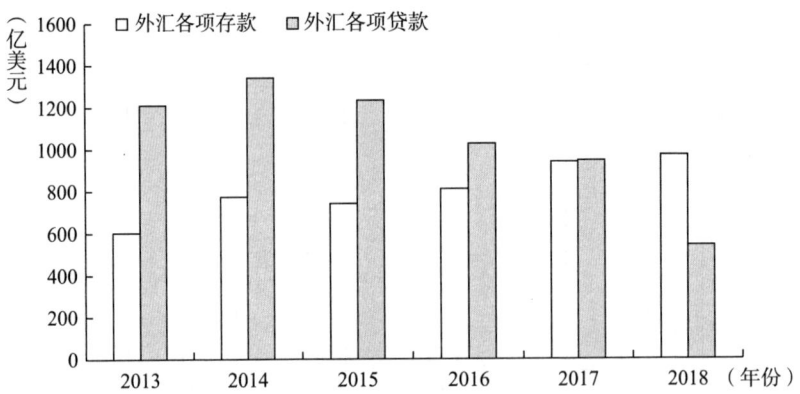

图15　2013~2018年北京市外汇各项存贷款情况

资料来源：Choice。

2018年北京市外汇贷款大部分呈下降趋势，境内贷款为245.5亿美元，同比减少162.3亿美元；境外贷款为296.1亿美元，同比减少241.0亿美元（见表13）。

表13　2013~2018年北京市外汇各项贷款情况

单位：亿美元

项目	2013年	2014年	2015年	2016年	2017年	2018年
境内贷款	752.56	843.95	653.15	442.67	407.70	245.45
短期贷款	338.49	422.56	233.31	134.77	172.36	153.61
中长期贷款	414.06	421.19	419.59	307.23	235.30	91.63
票据融资	0.01	—	—	—	—	—
各项垫款	—	0.19	0.25	0.66	0.03	0.21
境外贷款	456.94	494.81	578.81	583.80	537.13	296.09

资料来源：Choice。

在外汇境内贷款中，短期贷款为153.6亿美元，占比为62.6%，同比减少18.8亿美元；中长期贷款为91.6亿美元，占比为37.3%，同比减少143.7亿美元；各项垫款为0.2亿美元。

2. 银行机构情况

（1）银行业金融机构经营基本情况

截至2018年末，北京辖内银行业金融机构资产总额24.2万亿元，同比增加2万亿元,增长率为9.0%,同比提高6.2个百分点;负债总额23.0万亿元,同比增加1.8万亿元,增长率为8.5%,同比提高6.1个百分点;各项贷款余额9.5万亿元,同比增加1万亿元,增长率为11.2%;各项存款余额17.0万亿元,同比增加1.6万亿元,增长率为10.1%;不良贷款余额319.0亿元,同比增加1.6亿元,增长率为0.5%,同比提高30.5个百分点(见表14)。

表14 2017~2018年北京市银行业金融机构经营基本情况

项目	2018年	2017年	增速(%)
资产总额(万亿元)	24.20	22.20	9.01
负债总额(万亿元)	23.00	21.20	8.49
各项贷款余额(万亿元)	9.45	8.50	11.18
各项存款余额(万亿元)	16.95	15.40	10.06
不良贷款余额(亿元)	319.00	317.40	0.50

资料来源:中国银行业监督管理委员会北京监管局。

北京市银行业服务实体经济力度持续增强。一是支持京津冀协同发展。截至2018年末,中资银行支持京津冀协同发展项目融资余额首次突破万亿元大关,上年同期北京市银行业支持京津冀协同发展表内外融资余额8228.9亿元。二是继续支持重点工程建设。截至2018年末,中资银行支持北京市2018年重点工程项目融资余额1432.8亿元,上年同期为2137.5亿元。三是助力北京全国科技创新中心与文化中心建设。截至2018年末,银行业科技型企业贷款余额5900.5亿元,文化创意贷款余额1793.6亿元,上年同期分别为4401.2亿元和1637.1亿元,分别提高1499.3亿元和156.5亿元。[①]

(2)村镇银行

截至2018年末,全国共有1603家村镇银行,其中北京市有11家,占比为0.7%。在11家村镇银行中大部分开业集中在2013年以前,注册资金为7000万~10亿元不等(见表15)。

---

① 资料来源:中国银行业监督管理委员会北京监管局网站,http://www.cbrc.gov.cn/sj/beijing/index.html。

表 15 北京市村镇银行注册情况

单位：万元

银行名称	发起银行	注册资金	开业时间
北京平谷新华村镇银行	马鞍山农商行	20000	2016 年 10 月 16 日
北京房山沪农商村镇银行	上海农商银行	100000	2013 年 1 月 21 日
北京门头沟珠江村镇银行	广州农商行	10000	2012 年 3 月 1 日
北京通州国开村镇银行	国开行	100000	2011 年 12 月 28 日
北京顺义银座村镇银行	台州银行	10000	2011 年 1 月 10 日
北京大兴华夏村镇银行	华夏银行	12500	2010 年 12 月 6 日
北京昌平包商村镇银行	包商银行	7000	2010 年 11 月 25 日
北京大兴九银村镇银行	九江银行	10000	2010 年 6 月 28 日
北京怀柔融兴村镇银行	哈尔滨银行	20000	2009 年 12 月 30 日
北京密云汇丰村镇银行	汇丰银行	5000	2009 年 2 月 12 日
北京延庆村镇银行	北京银行	10000	2008 年 11 月 25 日

资料来源：村银网。

截至 2018 年末，全国四个直辖市中，北京有 11 家村镇银行，上海有 14 家，天津有 13 家，重庆有 38 家。与其他直辖市相比来看，北京与上海、天津差距不大，相比重庆较少。

3. 证券基金机构

截至 2018 年末，在北京证券业协会登记备案的证券营业部会员共计 534 家，上年同期为 516 家，增加 18 家，增长率为 3.5%，同比下降 13.3 个百分点；登记备案经纪类证券分公司 59 家，上年同期为 57 家，增加 2 家，增长率为 3.5%；登记备案分支机构总和为 593 家，上年同期为 567 家，增加 26 家，增长率为 4.6%。在职营销人员为 8228 人，上年同期为 8510 人，减少 282 人，增长率为 -3.3%，同比下降 7.6 个百分点；在职投顾人员为 1894 人，上年同期为 1638 人，增加 256 人，增长率为 15.6%，同比提高 3.0 个百分点（见表 16）。

截至 2018 年末，客户资产总额为 119816.3 亿元，上年同期为 139589.9 亿元，同比减少 19773.6 亿元，增长率为 -14.2%，同比下降 39.3 个百分点；托管市值总额为 98572.9 亿元，上年同期为 115849.7 亿元，同比减少

17276.8亿元,增长率为14.9%,同比下降43.6个百分点;证券营业部整体净利润为6.1亿元,上年同期为96.6亿元,同比减少90.6亿元,增长率为-93.7%,同比下降70.3个百分点。

表16 2017~2018年北京市证券机构情况

项目	2018年	2017年	增速(%)
登记备案证券营业部会员(家)	534	516	3.49
登记备案经纪类证券分公司(家)	59	57	3.51
登记备案分支机构总和(家)	593	567	4.59
在职营销人员(人)	8228	8510	-3.31
在职投顾人员(人)	1894	1638	15.63
客户资产总额(亿元)	119816.31	139589.94	-14.17
托管市值总额(亿元)	98572.91	115849.74	-14.91
证券营业部净利润(亿元)	6.06	96.64	-93.73

资料来源:首都证券之窗。

4. 保险机构

2018年,北京市保险机构收入整体趋于稳定,增速回落。2018年末北京市原保险保费收入为1793.3亿元,同比减少179.8亿元,增长率为-9.1%,同比降低16.4个百分点,为七年来首次负增长(见图16)。

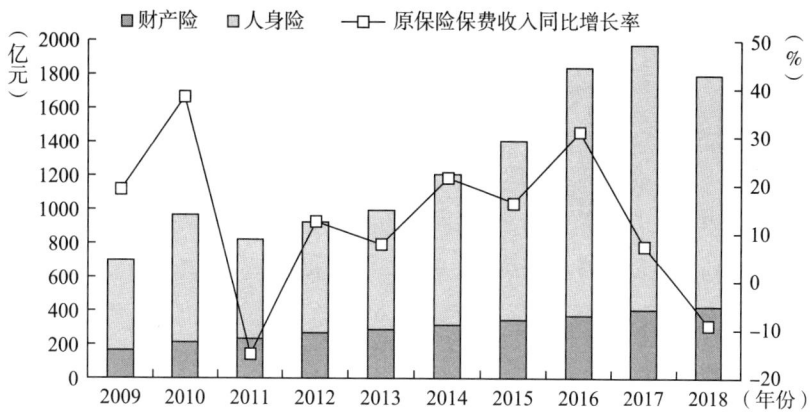

图16 2009~2018年北京市原保险保费收入增速及财产险、人身险收入情况

资料来源:Choice。

原保费收入中，财产险收入为422.7亿元，占比为23.6%，同比增加18.3亿元，增长率为4.5%，同比降低5.0个百分点；人身险收入为1370.7亿元，占比为76.4%，同比减少198.1亿元，增长率为-12.6%，同比降低19.4个百分点。

截至2018年末，人身险收入中，寿险收入为990.3亿元，占人身险收入的72.3%，同比减少218.1亿元，增长率为-18.1%，同比降低27.7个百分点；健康险收入为315.9亿元，占人身险收入的23.1%，同比增加14.1亿元，增长率为4.7%，同比提高11.3个百分点；人身意外伤害险收入为64.5亿元，占人身险收入的4.7%，同比增加5.9亿元，增长率为10.1%，同比降低20.3个百分点（见图17）。

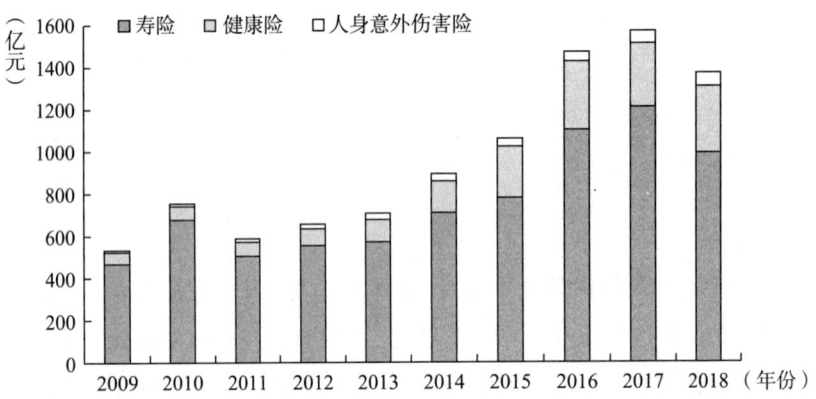

图17 2009~2018年北京市寿险、健康险、人身意外伤害险收入情况

资料来源：Choice。

2018年末北京市原保险保费支出为629.4亿元，同比增加51.6亿元，增长率为8.9%，同比提高12.1个百分点，为2014年来增长率首次提高。在保费支出中，财产险支出为245.9亿元，占原保险保费支出的39.1%，同比增加33.4亿元，增长率为15.7%，同比提高23.0个百分点；人身险支出为383.5亿元，占原保险保费支出的60.9%，同比增加18.3亿元，增长率为5%，同比提高5.6个百分点（见图18）。

截至2018年末，人身险支出中，寿险支出为273.4亿元，占人身险支出的71.3%，同比增加2.0亿元，增长率为0.7%，同比提高4.1个百分点；健康险支出为93.6亿元，占人身险支出的24.4%，同比增加14.0亿元,增长率为17.6%,同比提高8.0个百分点;人身意外伤害险支出为16.5亿元,占人身险支出的4.3%,同比增加2.4亿元,增长率为17.02%,同比提高13.4个百分点(见图19)。

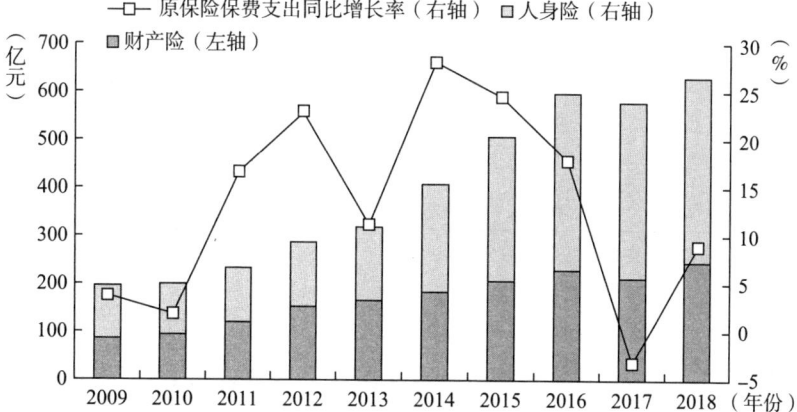

图18 2009~2018年北京市原保险保费支出增长率及财产险、人身险支出情况

资料来源:Choice。

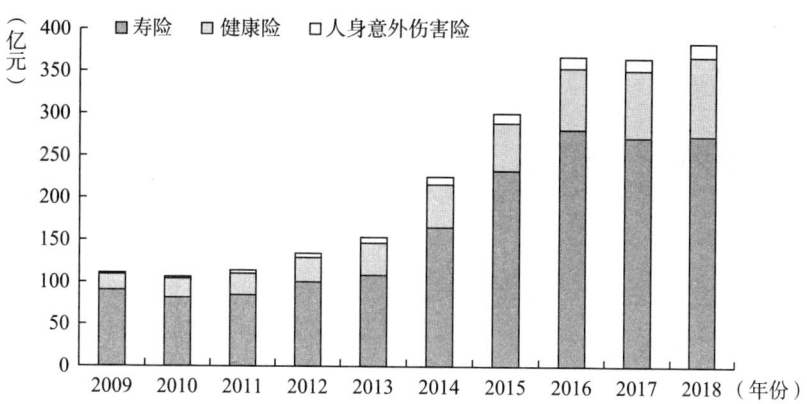

图19 2009~2018年北京市寿险、健康险、人身意外伤害险支出情况

资料来源:Choice。

5.私募基金

截至2018年末,全国共有私募基金管理人24448家,同比增加2002家,其中北京有4356家,占全国私募基金管理人数的17.8%,同比增加248家。全国共管理74642只基金,同比增加8224只基金,其中北京为

13561 只基金，占全国基金总数目的 18.2%，同比增加 1079 只基金；全国管理基金规模 127783 亿元，同比增加 16780 亿元，其中北京为 29938 亿元，占全国基金规模的 23.4%，同比增加 3927 亿元（见表 17）。

表 17　2017~2018 年私募基金情况

区域	私募基金管理人数量（家）		管理基金数量（只）		管理基金规模（亿元）	
	2018 年	2017 年	2018 年	2017 年	2018 年	2017 年
北京	4356	4108	13561	12482	29938	26011
全国	24448	22446	74642	66418	127783	111003

资料来源：中国证券投资基金业协会。

2018 年末，全国合伙型、公司型私募基金共有 27178 只，基金规模为 84675.0 亿元，除去 70 只未标明基金注册地的基金，北京有 2066 只，占全国总数的 7.6%，基金规模为 12330.5 亿元，占全国的 14.6%。

三　2018 年北京市金融调控与改革

（一）金融市场

为了推动证券市场发展，北京市政府印发了《关于进一步支持企业上市发展的意见》（京政办发〔2018〕21 号），并出台了《北京市企业上市市级补贴资金管理办法》，建立全市支持企业上市政策体系。

为了健全和完善要素市场体系建设，持续促进股权投资基金规范健康发展，北京市积极促进交易场所平稳发展，加强京津冀产权市场发展联盟建设，积极推动区域环境交易市场合作，促进京津冀体育和文化旅游资源交易。修订了《北京市交易场所管理办法（试行）》，健全交易场所退出机制和长效监管机制。

为了打好防范化解重大风险攻坚战，北京市主要从强化风险处置、提升行业服务创新能力和不断完善区域金融风险防范机制等方面进行。北京市金融监管局建立了重大风险应急处置机制，积极协调化解高风险事件，并加强金融安全基础设施建设和人才队伍培养，推动金融科技与专业服务示范发展，加大金融消费者权益保护力度。在推进制度建设和规范化管理上，积极引导行业自律规范发展，探索区域金融信用体系建设，并通过协调相关部门多渠道做好防范非法集资宣传教育工作。

在新三板基础上，北京市规范发展四板市场，推动五板市场创新发展。大力支持本市企业通过三个市场开展融资、规范发展。建立北京地区挂牌企业后备资源储备库，组织券商、北京股权交易中心、中证报价公司对企业进行针对性服务。

（二）金融机构

对于外资金融机构而言，北京市金融监管局成立了外资金融工作专班，积极与"一行两会"相关部门的沟通，及时掌握外资机构申请设立信息，针对美国、日本、欧洲等国家和地区开展专场推介会，大力吸引外资机构落户。

针对保险机构，北京市积极推动商业医保发展，不断完善多层次社会保障体系，推进医养结合，深化政策性长期护理保险试点。

对于农村金融机构，北京市强调完善监管方式，在加强风险防范的基础上，稳妥推进小额贷款公司发展，切实增强服务"三农"能力，同时加大涉农资金投放力度，加快发展直接融资，推动农村金融领域实现创新发展。

（三）金融科技

北京市积极推动金融业高质量发展，鼓励并引导服务实体经济的金融创新。在推进国家科技金融创新中心建设工作上，北京市积极健全科技金融统筹发展工作机制，出台关于支持发展现代金融服务业相关政策，并做好市政协关于优化北京科技金融生态体系重点提案的办理工作。在与"三城一区"紧密衔接的基础上，大力发展天使投资、创业投资、股权投资，办好中关村银行。

在推动金融机构聚集城市副中心上，北京市持续推动在京金融管理部门和重点金融机构在城市副中心设立分支机构，通过引领示范作用带动更多金融资源向城市副中心聚集，鼓励金融科技、财富管理等金融业态在城市副中心发展。

（四）其他方面

在加强金融人才队伍建设工作上，北京市加强金融人才工作的顶层设计，紧扣首都金融发展主题，加强金融人力资源开发建设，加大金融人才服务协调力度，不断优化金融人才发展环境，落实"京津冀协同发展"要求，探索金融人才发展协同工作。

在文化金融上，北京市积极在文化、版权、旅游、体育等领域打造一批文化金融品牌。

在绿色金融上，北京市大力发展绿色信贷、绿色债券、绿色基金和绿色金融交易场所。

在普惠金融上，北京市努力在扶贫、健康、教育、养老等方面加强金融供给，深化金融供给侧结构性改革，切实解决民营企业、小微企业融资难、融资贵问题。①

四 2019年北京市金融发展形势展望

2018年，我国积极加强金融监管协调，补齐监管短板，并将"打好防范化解重大风险攻坚战"作为重任，在推动了金融改革开放、维护金融市场流动性合理充裕、发挥好市场机制在资源配置中的决定性作用中积极施策。目前，资本市场的风险已经得到了较为充分的释放，已具备了长期的投资价值，并且改革也面临更好的有利时机。

2018年底，中央经济工作会议明确指出2019年七项重点工作任务，并将资本市场放在了更加重要的位置上，同时在金融体系中将扮演更重要角色、发挥更重要作用。要提高直接融资比重，解决好民营企业和小微企业融资难、融资贵问题。推动在上交所设立科创板并试点注册制尽快落地，化解中小企业融资难、融资贵问题。未来资本市场改革主要从以下几个方面进行：新股发行以及科创板全面拥抱新经济，提升上市公司质量；严格

---

① 资料来源：《北京市地方金融监督管理局2018年度绩效管理工作自查报告》。

执行退市制度，退市步入常态化；强化信息披露，保护投资者；提升市场活跃度，较少交易干预；增加长期资金供给；等等。

在未来的一段时期内，我国资本市场的改革将会更加注重提升上市公司质量，强化上市公司治理，严格退市制度；更加注重信息披露制度，能够切实做好投资者保护；坚决落实市场化原则，减少对交易的行政干预；积极培育中长期投资者，畅通各类资管产品规范进入资本市场的渠道；各类监管部门也会加强与市场沟通，更为积极地倾听市场声音。[①] 北京市的金融发展趋势也将紧密地同中央保持高度一致，加快资本市场开放的步伐，推动外资金融机构在京落户，同时促进金融科技发展。

（一）金融市场

2018年，北京市围绕服务实体经济、防控金融风险、深化金融改革这条主线，取得了显著成效，但未来仍有一段较长的路需要走。

在推动解决民营小微企业融资难、融资贵、融资慢的问题上，北京市于2018年11月下发了《关于进一步深化北京民营和小微企业金融服务的实施意见》，该实施意见指出，要加大货币政策支持力度，为民营和小微企业融资创造良好货币信贷环境，强化再贴现政策导向作用并发挥再贷款政策工具效应，同时鼓励金融机构利用金融市场工具增强服务小微企业能力。另外，要进一步优化营商环境，加快完善融资担保体系，推进企业网上金融服务，支持小微企业票据业务发展，推动减少小微企业税费，支持小微企业票据业务发展，完善小微企业信用信息共享机制。

同时，北京市也将继续积极拓宽债券融资、股权投资、企业上市等融资渠道，加快形成完整的融资服务链条；完善全国中小企业股份转让系统、北京股权交易中心、机构间私募产品报价与服务系统的金融市场体系；丰富银行、证券、保险、信托、资产管理等金融业态，加大金融产品供给；在用好人民币资金的同时，继续用好外币资源，完善金融服务基础设施，

[①] 资料来源：《明年资本市场改革空间打开 五大要点清晰可见》，北京市地方金融监督管理局网站，http://jrj.beijing.gov.cn/gzdt/c12-a3083.html，2018年12月24日；《国务院金融委七天内三度发声释放哪些信号》，http://jrj.beijing.gov.cn/gzdt/c12-a3092.html，2018年12月27日。

完善知识产权登记、评估、交易体系，促进知识产权等无形资产融资和动产抵押融资发展。①

（二）金融机构

2018年北京市积极推动外资金融机构在京发展工作。作为国家金融管理中心，北京市凭借这一优势大力推动本市服务业扩大开放综合试点金融领域开放工作向纵深发展。在发挥北京发展外资金融的创新优势、市场优势、资源优势的同时，支持外资金融机构参与首都发展建设和民生保障，参与资本市场建设，为外资金融机构在京落地并参与首都经济社会发展提供更多便利。

未来，北京将会进一步提高金融业的开放与国际化水平，在国家新一轮金融开放中发挥引领作用；更加积极地采取措施积极优化营商环境，服务好外资金融机构、内资金融机构，为国内外金融机构在京发展提供高效便捷的服务；大力引进服务"高精尖"产业发展所需的金融人才，为金融机构的持续健康发展奠定坚实的基础。②

（三）金融科技

2018年，北京市积极推动金融科技地层技术创新和应用，为金融科技产业的健康发展创造除了良好的环境条件。11月，北京市发布《北京市促进金融科技发展规划（2018年—2022年）》，提出在发展金融科技上，努力把北京建设成为具有全球影响力的国家金融科技创新与服务中心，形成"首都特色、全国辐射、国内示范、国际标准"的金融科技创新示范体系。力争到2022年底，涌现5~10家国际知名的金融科技领军企业，形成3~5个具有国际影响力的创新集群，开展10~15个重大示范应用项目，形成良好产业生态，为首都"四个中心"建设提供重要支撑，有效助推京津冀协同发展。

---

① 资料来源：《北京"6+1"举措改善融资环境》，首都之窗，http://www.beijing.gov.cn/fuwu/lqfw/gggs/t1578412.htm，2019年2月25日。

② 资料来源：《北京将引领新一轮金融开放》，首都之窗，http://www.beijing.gov.cn/fuwu/lqfw/gggs/t1589255.htm，2019年5月30日。

为了推进金融科技基础设施和服务平台的建设以及高端技术人才的引进和培养，在未来的一段时间内，北京市将大力支持高校院所加大金融科技领域的基础研究投入，积极构建多元化、多层次、多渠道的金融科技服务体系，加快科技成果转化，加强创新设施建设和研发投入，大力发展现代金融服务体系，为金融科技的高质量发展营造出更好的生态环境。[①]

[①] 资料来源：《关于印发〈北京市促进金融科技发展规划（2018年—2022年）〉的通知》，首都之窗，http://www.beijing.gov.cn/zfxxgk/1100411/ghjh32/2019-06/18/content_8994a1df876543948c75717f0b161ab4.shtml，2018年10月25日。

专题报告

高质量推进京津冀世界级城市群建设的路径研究

赵浚竹　徐鹏程[*]

摘　要　本文通过对国内外经济形势及京津冀协同发展趋势的判断，分析了高质量推进京津冀世界级城市群建设的必然性。京津冀协同发展五年来，区域内特别是各城市间不协调问题依然突出，城市群内各城市目前所承载的功能与面临的诸多问题抑制了京津冀的高质量发展，主要表现在：现有功能与高质量发展定位不协调，城市规模等级体系不完善，区域深度融合机制不健全，地区产业结构不合理，城市间产业协同不明确，空间经济联系不紧密，基础设施和公共服务发展不平衡，生态资源环境矛盾较突出等。针对这些问题，从全局性、战略性、前瞻性角度提出了高质量推进京津冀世界级城市群建设的路径建议：一是构建网络空间结构，合理完善城镇体系；二是将北京打造为全球中心城市，高标准建设雄安新区与北京城市副中心"两翼"；三是创新区域协调机制，强化功能分工互补；四是建设智慧型城市群，畅通要素流动渠道。

关键词　世界级城市群；高质量；京津冀

---

[*] 赵浚竹，助理研究员，中央财经大学财经研究院，北京市哲学社会科学北京财经研究基地，研究方向为区域与城市经济、经济地理。徐鹏程，中央财经大学财经研究院研究生。

城市群是城市和区域发展到一定阶段的重要标志和必然趋势。党的十九大报告指出，我国经济已经由高速增长阶段转向高质量发展阶段，实施区域协调发展战略是新时代国家重大战略，要以城市群为主体构建大中小城市和小城镇协调发展的城镇格局。作为我国经济最具活力、开放程度最高、创新能力最强、吸纳人口最多的地区之一，京津冀的整体定位是"以首都为核心的世界级城市群、区域整体协同发展改革引领区、全国创新驱动经济增长新引擎、生态修复环境改善示范区"。自2014年2月京津冀协同发展战略上升为国家重大战略以来，京津冀在打造新首都经济圈的基础上，不断探索和完善城市群空间布局与形态，推进区域发展的体制机制创新，为高质量推进世界级城市群建设，实现优势互补，促进环渤海经济区发展和带动北方腹地发展开创了良好局面。

一 高质量推进世界级城市群建设的必然性

（一）世界经济格局重塑的必然趋势

当前，世界正处于百年未有之大变局，全球化4.0时代的到来预示着国际经济格局正孕育着大调整。生产力的快速发展带来生产方式的革命性变化，全球治理体系遭遇逆全球化思潮和贸易保护主义抬头，新兴大国与守成大国的博弈等使未来国际经济格局存在诸多复杂性和不确定性。[①] 以中国为代表的新兴大国将在国际经济和全球治理体系中扮演越来越重要的角色。据渣打银行最新预测，到2030年，中国GDP总量（以调整后购买力平价计算）将超越美国成为世界第一大经济体，印度、印度尼西亚等7个新兴经济体也将登上全球经济前十名的阶梯，世界经济版图将被重塑。

城市群是支撑世界各主要经济体发展的核心区和增长极，世界级城市群已成为一些国家参与全球竞争和世界经济重心转移的重要载体。[②] 世界级城市群是以至少一个特大城市为核心，至少三个大城市构成基本单元的城

---

① 国务院发展研究中心课题组：《未来15年国际经济格局变化和中国战略选择》，《管理世界》2019年第1期。
② 方创琳：《中国城市群研究取得的重要进展与未来发展方向》，《地理学报》2014年第8期。

市体系。与一般城市群相比，世界级城市群的主要特征在于：具有国际影响力的世界都市；城市群体系中大、中、小城市之间的相互联系和交换非常密切，且拥有国际大型港口为依托；整个城市群人口规模非常大，国内外经济影响力也非常强。目前全球公认的世界级城市群有6个，包括中国的长三角城市群（见表1）。

表1 世界级城市群概况

城市群	包含城市	所属国家或区域
美国东北部大西洋沿岸城市群	波士顿、纽约、费城、巴尔的摩、华盛顿等	美国
北美五大湖城市群	芝加哥、底特律、克利夫兰、匹兹堡、多伦多、蒙特利尔、魁北克等	美国、加拿大
日本太平洋沿岸城市群	东京、横滨、静冈、名古屋、大阪、神户、长崎等	日本
欧洲西北部城市群	巴黎、布鲁塞尔、安特卫普、阿姆斯特丹、鹿特丹、海牙、埃森、科隆、多特蒙德、波恩、法兰克福、斯图加特等	法国、荷兰、比利时、卢森堡、德国
英国中南部城市群	伦敦、利物浦、曼彻斯特、利兹、伯明翰、谢菲尔德等	英国
中国长三角城市群	上海、南京、无锡、常州、苏州、南通、盐城、扬州、镇江、泰州、杭州、宁波、嘉兴、湖州、绍兴、金华、舟山、台州、合肥、芜湖、马鞍山、铜陵、安庆、滁州、池州、宣城	中国

资料来源：笔者收集整理所得。

世界级城市群是全球经济的主要贡献区，其经济产出相当于发展靠前的国家经济总量，甚至超过其他国家的经济总量。2014年的数据显示，世界级城市群占其所在国家或区域经济的比重都很大。例如，美国东北部大西洋沿岸城市群GDP总量为40320亿美元，占整个美国经济总量的23.1%；北美五大湖城市群GDP总量为33600亿美元，占美国和加拿大两国经济总量的17.5%；日本太平洋沿岸城市群GDP总量为33820亿美元，占日本经济总量的69.7%（见表2）。反观京津冀城市群，2018年GDP总量为85139亿元人民币（按全年平均汇率计算为12866亿美元），仅占全国的9.5%；同期的长三角城市群GDP总量占全国的比重为19.8%，接近1/5。

表2 2014年中国三大城市群与世界级城市群的比较

城市群	面积（万平方公里）	人口（万人）	GDP（亿美元）	人均GDP（美元/人）	地均GDP（万美元/km²）	人口占比（%）	GDP占比（%）
长三角	21.2	15033	20652	13737	974	11.0	19.7
珠三角	18.1	5763	8869	15390	490	4.2	8.5
京津冀	18.3	9079	10154	11184	554	6.6	9.7
美国东北部大西洋沿岸	13.8	6500	40320	62030	2920	20.4	23.1
北美五大湖	24.5	5000	33600	67200	1370	14.1	17.5
日本太平洋沿岸	3.5	7000	33820	48315	9662	55.1	69.7
欧洲西北部	14.5	4600	21000	45652	1448	49.0	58.2
英国中南部	4.5	3650	20186	55305	4485	56.7	78.3

注：中国三大国家级城市群数据均为2014年国家统计局数据；北美五大湖城市群人口占比和GDP占比数据分别以2014年美国和加拿大两国总人口及GDP总和为基数；欧洲西北部城市群人口占比和GDP占比数据分别是以2014年法国、荷兰、比利时、卢森堡和德国五国总人口及GDP总和为基数。

资料来源：Wind数据库、《长江三角洲城市群发展规划》、维基百科。

这些公认的世界级城市群除北美五大湖城市群之外均是以世界城市为核心的城市群。据联合国经济和社会事务部（UN DESA）预计，未来三十年，全球城市化趋势将加速发展，超大城市数量将不断激增。到2030年，全球会有43座人口超1000万的超大型城市（2018年为33个），其中有32个来自亚洲和非洲，中国将占到8个。

以超大型城市为核心的京津冀城市群、长三角城市群、珠三角城市群将成为中国世界级城市群的代表。尤其是以首都北京为核心的京津冀城市群，作为我国最重要的政治、经济、文化与科技中心，不仅拥有完整齐备的现代产业体系，而且是国家自主创新战略的重要承载地，最能够体现中国特色，也是向全世界展示中国的重要窗口和具有国际影响力的世界级城市群。高质量推进京津冀世界级城市群的建设，不仅是中国作为全球政治经济体系核心大国的内在要求，而且是进一步凸显国家地位、释放国际影响力的必然趋势。

（二）京津冀协同发展深化的必然目标

高质量推进世界级城市群建设是京津冀协同发展的同期声。自2014年

2月上升为重大国家战略伊始，建设"以首都为核心的世界级城市群"多次作为京津冀协同发展的主要目标被提及。2014年3月发布的《国家新型城镇化规划（2014—2020年）》将京津冀、长三角和珠三角建设成为世界级城市群作为我国未来城镇化发展的重要内容，2015年4月中央审议通过的《京津冀协同发展规划纲要》（以下简称《纲要》）对京津冀整体的首要定位就是"以首都为核心的世界级城市群"，2016年3月公布的《"十三五"规划纲要》也提出，"建设以首都为核心的世界级城市群，辐射带动环渤海地区和北方腹地发展"。随着京津冀协同发展的不断推进，2017年9月公布的《北京城市总体规划（2016年—2035年）》明确到2035年基本形成以首都为核心的京津冀世界级城市群架构。2019年，中央经济工作会议提出要推动京津冀、长三角、粤港澳大湾区城市群成为引领高质量发展的重要动力源。

世界级城市群是比一般城市群发展水平更高、区位优势更显著、城市间协同关系更紧密、综合竞争力更强的城市区域。高质量发展的世界级城市群可以优化区域发展格局，带动区域整体经济高质量发展。① 当前，我国经济已进入高质量发展阶段，京津冀城市群是推动京津冀协同发展的载体，② 京津冀协同发展的顶层设计和战略规划更加明晰。高质量推进京津冀世界级城市群建设，就是要优化提升首都功能，高标准建设雄安新区和北京市副中心，集聚和利用高端创新资源，发挥高质量发展重要动力源的引领作用，实现区域内各城市功能互补、错位发展、相辅相成，推进区域经济、社会、生态、文化等方面的高质量协调发展。五年来，随着京津冀协同发展的不断深化，区域分割思维定式逐步被打破，工作整体性越来越强，战略布局基本完成，正在形成"目标同向、措施一体、优势互补、互利共赢"的协同发展新格局，为高质量推进世界级城市群建设开创了良好局面。

（三）区域协调机制创新的必然选择

面对当前不断变化的国际形势，我国经济发展仍处于并将长期处于重

---

① 沈坤荣：《建设世界级城市群 优化区域发展格局推动经济高质量发展》，《财经界》2018年第9期。
② 王立国、蔡玉胜：《世界级城市群视阈下的天津发展》，社会科学文献出版社，2017。

要战略机遇期，高质量发展要求我们要加快转变经济发展方式，优化经济结构，建设现代化经济体系。这不仅适用于全局，也需要局部具有改革基础的区域进行"先行先试"的探索实践。2015年出台的《关于在部分区域系统推进全面创新改革试验的总体方案》特别将京津冀列为国内唯一的一个着眼于区域协同发展的跨省级创新改革试验区。2018年11月国务院出台的《关于建立更加有效的区域协调发展新机制的意见》明确要在京津冀等加快探索建立规划制度统一、发展模式共推、治理方式一致、区域市场联动的区域市场一体化发展新机制。京津冀协同发展战略实施5年来，在体制机制建设、产业融合发展、创新协同推进、基础设施互联互通、生态环境问题联防联控等方面取得了重要进展，[1] 归根结底在于体制机制的不断探索与创新。

京津冀区域协同发展中体制机制方面的创新突破，迫切需要在高质量推进世界级城市群建设的目标框架下进行探索引领。高质量推进京津冀世界级城市群建设，不同于一般意义上的世界级城市群建设，既会参考以往世界级城市群形成发展的历史经验和内在规律，还会结合国际经济形势，从中国特殊国情和京津冀的特殊地位出发，在国家顶层设计和地方竞合过程中产生新的模式，形成新的机制。高质量推进世界级城市群建设最突出的特点在于高质量、高标准、整体观、系统观，即将京津冀视作一个具有创新活力和内生动力的整体，旨在以京津冀整体定位和各地功能定位为依据：一方面，注重发挥市场在资源配置中的主体作用，采取市场化、法治化手段，不断提高全要素生产率，集聚高端创新资源，发挥引领带动作用；另一方面，不断破除制约协同发展的行政壁垒和体制机制障碍，制定有针对性的地区间协调政策和机制，构建促进协同发展、高质量发展的制度保障，能够让各类要素在京津冀大中小城市间和行业间自由流动，形成合理配置，开创适合京津冀区域自身融合发展的新机制。

---

[1] 侯永志：《协同发展 影响深远》，《光明日报》2019年3月10日。

二 世界级城市群建设存在的主要问题

京津冀城市群包括北京、天津以及河北的石家庄、张家口、秦皇岛、唐山、保定、廊坊、邢台、邯郸、衡水、沧州、承德共13个城市，区域面积占国土面积的2.3%，2018年常住人口为1.13亿，占全国总人口的8.1%，其与长三角城市群、珠三角城市群并称为我国三大城市群。但无论从总体经济实力还是人均产出水平来看，京津冀城市群与其他世界级城市群相比都悬殊，与长三角城市群、珠三角城市群也存在不小差距。早在1989年，美籍法国地理学家J.戈特曼就依据人口规模和密度将以上海为中心的城市密集区列为世界第六大都市带。2011年中国科学院地理科学与资源研究所发布《2010年中国城市群发展报告》，认为长三角城市群已跻身国际公认的六大世界级城市群。世界银行2015年发布的《东亚变化中的都市景观》报告显示，珠三角地区超越日本东京，成为世界人口和面积最大的都市带之一，中共中央国务院2019年2月联合印发的《粤港澳大湾区发展规划纲要》也明确以泛珠三角为腹地的粤港澳大湾区"已具备建成国际一流湾区和世界级城市群的基础条件"。

按照国际公认的标准，京津冀城市群距离世界级城市群尚有不小差距，城市群中大、中、小城市之间的互动与联系不够密切，缺少国际大港口，城市群人口规模和国内外经济影响力还不够，总体经济影响力未达到占全国20%以上的程度。①《纲要》中也明确指出，京津冀区域内城镇体系结构失衡，或过大，或过小，不同规模城市间没有形成合理的分工布局；交通网络发展不平衡，存在大量的"断头路"和"瓶颈路段"，各种交通衔接、协同不足，运输不畅、成本过高；没有形成相互衔接的产业发展链条，产业布局同构化问题突出、同质竞争严重等突出问题。

要建设成为高质量发展的世界级城市群，对标公认世界级城市群，结合京津冀协同发展战略实施以来的情况，本文认为京津冀城市群还面临许

---

① 文魁：《北京新使命——关于把北京建设成世界级城市群核心的理论思考》，当代中国出版社，2016。

多问题与挑战,主要体现在八个方面:一是当前功能与高质量发展要求不协调,二是城市规模等级体系不完善,三是区域深度融合机制不健全,四是地区产业结构不合理,五是区域协同分工不明确,六是城市间经济联系不紧密,七是基础设施和公共服务发展不平衡,八是生态资源环境矛盾较突出。下面将就这些问题现状及其原因依次进行分析。

(一)当前功能与高质量发展要求不协调

《纲要》对京津冀的整体定位是"以首都为核心的世界级城市群、区域整体协同发展改革引领区、全国创新驱动经济增长新引擎、生态修复环境改善示范区"。北京市被概括为"四个中心",即全国政治中心、文化中心、国际交往中心、科技创新中心。天津市则被定位为全国先进制造研发基地、北方国际航运核心区、金融创新运营示范区、改革开放先行区。河北省的功能定位是全国现代商贸物流重要基地、产业转型升级试验区、新型城镇化与城乡统筹示范区、京津冀生态环境支撑区。这些定位既是对京津冀城市群功能的明确与强化,也是高质量推进世界级城市群的目标所在。

然而长久以来,在北京和天津的"虹吸效应"及其附生的"马太效应"下,河北与京津两地的差距非常显著。区域内城市之间较大的差距使京津冀城市群的整体发展潜能一直得不到充分释放。北京由于聚集了过多的非首都功能,长期受人口过度膨胀、交通日益拥堵、大气污染严重、房价持续高涨、社会管理难度大等"大城市病"的困扰,优势竞争力得不到充分发挥,对周边城市的辐射带动比较弱。天津历来存在民营经济发展不充分、服务业发展滞后、产业结构及发展水平与其直辖市地位不相称等问题,特别是近几年来出现经济增速下滑,发展动能不足,对其未来发展形成严峻挑战。河北省内各城市产业层次低,创新能力弱,发展方式粗放,长期积累深层次矛盾和问题,加之经济下行,压产能治理污染使传统产业拉动能力下降,新兴产业还未形成有效支撑。[①] 京津冀协同发展五年来,区域内特

---

① 中国科技发展战略研究小组:《中国区域创新能力评价报告2016》,科学技术文献出版社,2017。

别是各城市间不协调问题依然突出,有序疏解和精准承接迫在眉睫,城市群内各城市目前所承载的功能与面临的诸多问题是掣肘《纲要》中各地功能定位高质量发展的关键。

(二)城市规模等级体系不完善

受河北省发展滞后的限制,京津冀城市群内部城镇化率水平还有待提高。2018年全国城镇化率平均水平为59.58%,河北省仅达到56.53%,同期的北京和天津分别为86.5%和83.15%,京津冀城市群整体城镇化率为65.88%。长三角城市群中上海已达到88.10%,全国最高。江苏和浙江分别为69.61%和68.90%,安徽省发展较滞后,仅为54.69%,长三角城市群整体城市化率为67.23%。京津冀城市群各等级城市规模分布极化严重,人口主要集中在北京和天津,大型城市和中等城市数量较少,且存在严重断层,小城市居多(21个小城市中有13个人口在20万以下),这种"哑铃"型的城市规模等级结构不仅限制了辐射带动功能的发挥,而且会造成经济要素进一步向核心城市的过度集聚,不利于京津冀城市群各城市间的协同发展,也可能会导致"大城市病"、贫富差距拉大等问题。[①] 而同期的长三角城市群拥有1个超大城市(上海)、2个特大城市(杭州和南京)、11个大城市、14个中等城市和37个小城市,其城市体系主要以人口为20万~100万的Ⅰ型小城市和中等城市为主(见表3)。

表3 京津冀城市群规模体系

城市等级		城市规模 (城区常住人口)	城市名称	数量
超大城市		1000万人以上	北京	1
特大城市		500万~1000万人	天津	1
大城市	Ⅰ型大城市	300万~500万人		
	Ⅱ型大城市	100万~300万人	石家庄、唐山、邯郸、保定、秦皇岛、张家口	6
中等城市		50万~100万人	邢台、衡水、沧州、承德、廊坊	5

---

① 肖金成等:《京津冀世界级城市群发展研究》,《经济研究参考》2018年第15期。

续表

城市等级	城市规模 （城区常住人口）	城市名称	数量
小城市	Ⅰ型小城市　20万~50万人	定州、任丘、涿州、迁安、武安、遵化、三河、黄骅	8
	Ⅱ型小城市　20万人以下	辛集、深州、河间、泊头、平泉、霸州、南宫、高碑店市、晋州、安国、沙河、新乐、白沟新城	13

注：《国务院关于调整城市规模划分标准的通知》（国发〔2014〕51号，以下简称《通知》）界定，城市规模等级以城区常住人口为统计口径，将城市划分为五类七档。其中，城区是指在市辖区和不设区的市、区、市政府驻地的实际建设连接到的居民委员会所辖区域和其他区域。常住人口包括：居住在本乡镇街道，且户口在本乡镇街道或户口待定的人；居住在本乡镇街道，且离开户口登记地所在的乡镇街道半年以上的人；户口在本乡镇街道，且外出不满半年或在境外工作学习的人。《2017年中国城市建设统计年鉴》城市人口的定义为，按照公安部门的户籍统计为准，划定的城区范围的人口数。城区暂住人口为，按公安部门的暂住人口统计为准，指离开常住户口地的市区或乡、镇，到本市居住半年以上的人员。该年鉴中城区人口与城区暂住人口的总和与《通知》中的城区常住人口统计口径最为接近。

资料来源：《2017年中国城市建设统计年鉴》。

北京和天津两座超大和特大城市聚集了京津冀城市群59.58%的人口，占比远高于其他大城市（23.60%）、中等城市（7.44%）、小城市（9.39%）的比例（见图1），这一现象使京津冀城市群的人口分布结构呈现"倒金字塔"形。[①] 北京和天津的人口规模和经济实力明显高于其他城市，表现出更强的集聚能力，成为人才和创新高地。尤其是首都北京因人口与产业过度集中，人口膨胀、交通拥挤、资源紧张、环境恶化等城市病尚未完全治理。河北省各城市发展缓慢，石家庄作为城市群的"第三极"，长期以来发展滞后，辐射带动能力弱。[②] 与此同时，城市群内部人口分布还存在"过密"与"过疏"并存的现象。研究显示，京津冀城市群东部和南部人口密度较高，而西部和北部人口密度过低，人口的空间分布存在明显南北、东西差异，即北部和西部人口密度较低，而东部和南部人口密度较高。人口过度集中在北京、天津两个超大型城市，而河北的部分中小城市人口密度非常低，

[①] 鲁继通、祝尔娟：《促进京津冀城市群空间优化与质量提升的战略思考》，《首都经济贸易大学学报》2014年第4期。

[②] 方创琳、鲍超、马海涛：《2016中国城市群发展报告》，科学出版社，2016。

人口集聚力非常弱,集聚力严重缺乏。① 受北京控制人口规模以及政策的影响,2018年京津冀城市群人口大幅增长区主要分布在廊坊、石家庄、唐山、保定、沧州、天津等东北部城市,进一步加剧了区域人口不平衡的格局。

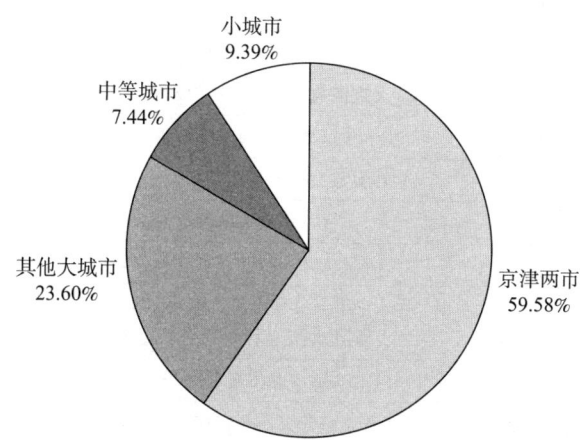

图1 京津冀城市群各等级城市城区常住人口占比情况

资料来源:《2017年中国城市建设统计年鉴》。

(三)区域深度融合机制不健全

总体而言,京津冀城市群内各地区存在不同程度的行政壁垒和体制机制障碍,利益分配依然是很大的难题,生产要素还没有实现完全自由流动,公共服务尚未实现一体化,"分灶吃饭"的财政体制影响区域协同发展,"强政府、弱市场"的运行机制不协调,生态补偿机制尚未有效建立,区域互助机制和区际利益补偿机制也还不完善。

当前,京津冀城市群协同发展已经由顶层设计转入全面实施阶段,京津冀三地针对《纲要》进行了相应的部署和落实,并在大气污染联防联治、地区交通一体化、文化旅游产业发展以及科技创新和产业合作示范区建设方面开展了一些必要且有益的探索与合作工作(见表4)。但是相对于协同发展的复杂性、目标实现的紧迫性以及建设高质量世界级城市群的定位而言,协同发展的广度和深度以及融合方式与体制机制的确立与深化还都需

---

① 陈功、王瑜:《协调京津冀人口一体化的路径选择》,《中国城市报》2015年3月9日。

要进一步强化与完善。

表4 京津冀协同发展中的重要融合机制

时间	融合机制
2015年4月	《京津冀协同发展规划纲要》
2015年11月	《京津冀民政事业协同发展合作框架协议》
2015年12月	《京津冀协同发展交通一体化规划》
2016年10月	《京津冀旅游协同发展行动计划（2016—2018年）》
2016年11月	《京津冀地区城际铁路网规划》
2017年7月	《京津冀人才一体化发展规划（2017—2030年）》
2017年8月	《北京市人民政府河北省人民政府关于共同推进河北雄安新区规划建设战略合作协议》
2017年9月	《北京城市总体规划（2016年—2035年）》
2017年12月	《关于加强京津冀产业转移承接重点平台建设的意见》
2018年7月	《关于成立京津冀及周边地区大气污染防治领导小组的通知》
2018年12月	《河北雄安新区总体规划（2018—2035）》
2019年1月	《北京城市副中心控制性详细规划（街区层面）（2016年—2035年）》
2019年1月	《京津冀教育协同发展行动计划（2018—2020年）》

资料来源：笔者收集整理所得。

首先，地区间合作机制有待完善。北京、天津和河北省的直辖市与省级层面的高层对话和工作对接机制已经初步建立，但下一级的河北省各地级市之间乃至各市、县（区）政府与北京和天津各对应部门之间的制度化、常态化工作推进机制和对话机制尚不完善，缺乏精准有效对接。[①] 其次，缺少常态化的协调组织和专业化的工作沟通部门。虽然包括国家层面以及京津冀三地都相继成立了京津冀协同发展领导小组，但主要是政府各部门的"大集合"，分工不够科学合理，缺少专门的协调决策机构，跨部门的一体化综合协调推进机制尚不健全。在区域招商引资、公共服务对接等方面还缺少常态化的合作机制。再次，各城市间统筹协作与专业化分工的规划与

---

① 河北省发改委宏观经济研究课题组：《河北省推进京津冀协同发展研究》，《经济研究参考》2018年第15期。

机制不够健全。虽然出台了国家层面的协同发展规划纲要，但北京、天津和河北省在制订各自的实施方案时仍存在"各自为政"的问题，导致一些领域的合作不够顺畅，进展缓慢。最后，缺少执行监督以及专业评价机制。此外，京津冀城市群协同发展过程中还存在各地区方案执行不够有力、缺少统一的统计数据共建共享平台以及民间自发专业性支撑力量不足等问题。

（四）地区产业结构不合理

习近平总书记明确指出"产业一体化是京津冀协同发展的实体内容和关键支撑"。然而，京津冀城市群内产业融合难度较大，产业转移过程中面临着局部利益博弈，产业结构趋同，技术、人才、资本等要素流动不合理等困境。

从2017年的地区生产总值情况来看，京津冀存在较大的差距，河北省整体GDP总量最大，其次是北京市，天津市最低，且河北省和北京市的GDP增长率同为6.7%，而天津仅为3.6%。河北省内各地级市的差距同样明显，排名第一和第二的唐山和石家庄GDP总量均不足天津的一半，排名第三的沧州只有唐山的53.7%，剩下的只有邯郸、保定GDP达到了3000亿元，最低的秦皇岛只有唐山的21.2%。从各城市三次产业的增加值及增长率方面来看，北京的第三产业产值居城市群首位，是排名第二位的天津的2.09倍，是居末位的承德的36.41倍；天津的第二产业产值是最高的，北京次之，秦皇岛最低；此外，除唐山外，其他京津冀城市第一产业增加值都在500亿元以下。

如图2所示，2017年，第三产业已经成为我国的主导产业，且经济结构比重超过50%，高出第二产业11.1个百分点，全国产业结构呈现"三、二、一"的结构模式。但京津冀城市群内13个地级以上城市中，有一半以上城市仍以第二产业为主导。此外，与全国平均水平比较，京津冀城市群中只有北京、天津和秦皇岛的第三产业比重高于全国平均水平，其余9个城市第一产业比重均高于全国平均水平。总体而言，京津冀城市群的第一产业比重过高，而第二产业尤其是第三产业比重过低，需进一步提高。①

---

① 张学良、刘乃全：《2016中国区域经济发展报告》，人民出版社，2017。

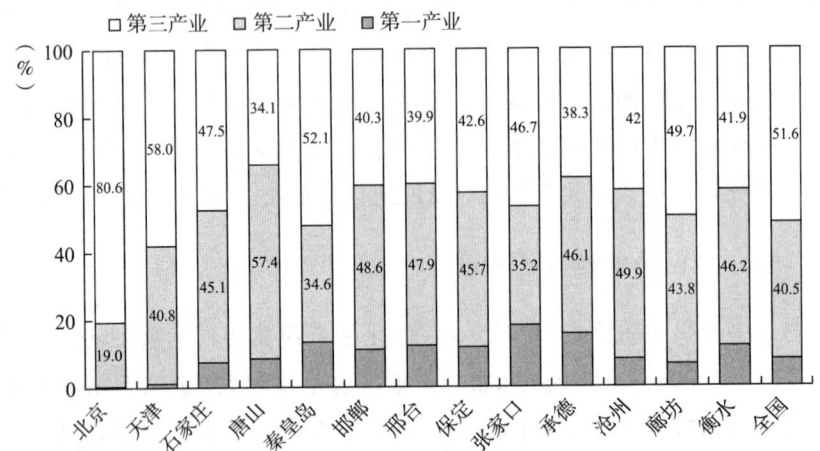

图 2　2017 年京津冀城市群各城市及全国产业结构对比

资料来源：北京、天津和河北 11 个地级市的《2017 年国民经济和社会发展统计公报》。

如表 5 所示，北京的批发和零售业、建筑业以及部分工业的增加值依然过高，不利于北京的产业转型升级和功能定位，应该进行有序疏解。天津的金融业、建筑业、其他类中的信息传输、软件和信息技术服务业以及科学研究和技术服务业的增加值所占比重依然不高，还需进一步加大比重。河北省在工业、建筑业以及交通运输、仓储和邮政业等行业上具有优势，但是未能做大做强，做好非首都功能的承接工作，且金融业和高新技术产业发展滞后，金融行业增加值占生产总值比重排名全国第 22 位，远低于全国 7.97% 的平均水平，不利于地区经济的高质量发展。

表 5　2017 年京津冀城市群各地区经济分行业增加值情况

单位：亿元

省份	农林牧渔业	工业	建筑业	批发和零售业	交通运输、仓储和邮政业	住宿和餐饮业	金融业	房地产业	其他
北京	122.82	4274.00	1140.76	2486.80	1208.40	413.81	4655.37	1766.20	11946.78
天津	174.00	6863.98	745.66	2306.98	780.40	309.10	1951.75	783.27	4634.05
河北	3297.76	13757.84	2109.03	2833.01	2497.88	492.66	2053.44	1690.31	5284.39

资料来源：《中国统计年鉴》(2018)。

（五）区域产业协同分工不明确

区位熵，又称专业化率，对于衡量某一区域要素的空间分布情况、反映某一产业部门的专业化程度以及某一区域在高层次区域的地位和作用方面，是一个很有价值的指标。区位熵大于1，可以认为该产业是该地区的专业化部门；区位熵越大，专业化水平越高；如果区位熵小于或等于1，则认为该产业是自给性部门。

区位熵的计算公式如下：

$$LQ_{ij} = (G_{ij}/G_i)/(G_j/G)$$

$$(i=1,2,3,\cdots,n; j=1,2,3,\cdots,m)$$

其中，LQ_{ij} 为 i 城市 j 部门的区位熵；G_{ij} 为 i 城市 j 部门从业人员数量；G_i 为 i 城市从业人员总数；G_j 为全国（或上级区域）j 部门从业人员数量；G 为全国（或上级区域）从业人员总数（张学良，刘乃全，2017）。[①]

表6　2016年京津冀城市群各城市主要部门区位熵

部门	北京	天津	石家庄	唐山	秦皇岛	邯郸	邢台	保定	张家口	承德	沧州	廊坊	衡水
制造业	0.38	1.25	0.79	0.97	0.80	0.70	0.77	0.77	0.47	0.51	0.55	1.08	0.56
电力、热力、燃气及水生产和供应业	0.62	0.85	1.25	1.68	1.76	2.04	2.40	1.03	2.25	1.54	1.51	1.71	2.27
建筑业	0.37	0.64	0.50	0.53	0.46	1.13	0.63	1.76	0.38	0.71	0.77	0.59	0.81
批发和零售业	1.70	1.13	1.02	0.94	0.50	0.56	0.70	0.54	0.83	0.51	0.72	0.55	1.04
交通运输、仓储和邮政业	1.59	1.14	1.58	1.40	1.94	0.93	0.48	0.46	1.02	0.81	0.82	0.45	0.93
住宿和餐饮业	1.97	0.97	0.61	0.29	0.69	0.39	0.40	0.36	0.89	0.52	0.38	0.45	0.41

[①] 张学良、刘乃全：《2016中国区域经济发展报告》，人民出版社，2017。

续表

部门	北京	天津	石家庄	唐山	秦皇岛	邯郸	邢台	保定	张家口	承德	沧州	廊坊	衡水
信息传输、计算机服务和软件业	4.00	0.80	0.99	0.45	0.74	0.32	0.44	0.37	0.66	0.69	0.43	1.31	0.63
金融业	1.73	1.54	1.46	1.53	1.80	1.09	1.18	1.04	1.39	2.64	1.59	0.90	1.65
房地产业	2.21	1.14	0.75	0.84	1.03	0.51	0.78	0.53	1.10	0.50	0.66	1.63	0.64
租赁和商业服务业	3.43	1.13	1.23	0.75	0.57	0.72	0.30	0.35	0.66	0.68	0.74	0.77	0.29
科学研究、技术服务和地质勘查业	3.61	1.72	1.61	0.44	0.71	0.66	0.52	1.72	0.94	0.83	1.81	1.14	0.41
水利、环境和公共设施管理业	0.88	1.07	1.40	1.41	1.50	1.46	1.64	0.55	2.34	1.52	1.25	0.95	0.95
教育	0.66	0.69	1.39	1.25	1.29	1.66	1.83	1.28	1.73	1.68	1.83	1.32	1.95
卫生、社会保障和社会福利业	0.76	0.76	1.23	1.22	1.38	1.30	1.48	0.98	1.53	1.57	1.49	0.93	1.47
文化、体育、娱乐用房屋	2.61	0.85	1.71	0.83	1.91	0.78	0.50	0.51	1.11	1.41	0.98	0.47	0.86
公共管理和社会组织	0.67	0.71	1.25	1.53	1.63	1.53	2.02	1.26	2.41	2.04	1.84	1.61	1.73

资料来源：笔者根据《中国城市统计年鉴》(2017) 计算所得。

以全国为参照计算得出2016年京津冀城市群各城市主要部门的区位熵，从城市层面来看，石家庄有11个部门的区位熵大于1，但基本都是略大于1，表明石家庄具有一定对外辐射作用，但不够强。北京有9个部门的区位熵大于1，全部集中在第三产业，且有5个部门的区位熵大于2，这表明北京的第三产业具有很强的对外辐射作用。秦皇岛和张家口也均有9个部门的区位熵大于1，反映出这两个城市对外也具有较大的辐射效应。天津作为京津冀城市群的双核之一，有8个部门的区位熵大于1，但基本都集中在制造业，且基本都是略大于1，对外辐射的广度和深度都远远不够。从部门层面来看，京津冀城市群的第三产业部门的专业化具有优势，但是各城市部门之间专业化分布不够均匀，制造业部门仅有天津和廊坊的区位熵大于1，建筑业部门只有邯郸和保定大于1，住宿和餐饮部门只有北京1个城市大于1，信息传输、计算机服务和软件业部门只有北京和廊坊大于1，租赁和商业服务业部门只有北京、天津和石家庄大于1，可见京津冀城市群的产业分工协同性不够，部门专业化分布不明确，外向功能不强。

按照同样的计算方法得出2013年京津冀各城市主要部门的区位熵，用来比较京津冀协同发展以来各城市主要部门区位熵变化情况（见表7）。

表7　2013年京津冀城市群各城市主要部门区位熵

部门	北京	天津	石家庄	唐山	秦皇岛	邯郸	邢台	保定	张家口	承德	沧州	廊坊	衡水
制造业	0.46	1.37	0.78	1.02	0.77	0.73	0.74	0.73	0.57	0.59	0.58	1.03	0.59
电力、热力、燃气及水生产和供应业	0.62	0.81	1.33	1.63	1.92	1.90	2.29	1.19	2.20	1.38	1.63	1.39	2.02
建筑业	0.35	0.64	0.54	0.62	0.61	1.13	0.73	1.66	0.40	0.70	0.79	0.70	0.78
批发和零售业	1.62	1.03	1.03	1.19	0.59	0.73	0.70	0.56	1.04	0.59	0.61	0.45	0.89
交通运输、仓储和邮政业	1.81	1.12	1.57	1.16	2.24	0.88	0.63	0.54	0.80	1.00	0.78	0.37	1.01
住宿和餐饮业	1.76	0.95	0.67	0.39	0.63	0.38	0.45	0.35	0.78	0.53	0.34	0.48	0.35
信息传输、计算机服务和软件业	3.58	0.56	0.96	0.43	0.72	0.39	0.46	0.37	0.68	0.99	0.44	1.27	0.66
金融业	1.77	0.94	1.57	1.29	1.61	1.25	1.28	1.08	1.32	1.84	1.67	0.99	1.70
房地产业	2.48	1.42	0.63	0.72	0.69	0.47	0.64	0.50	1.46	0.54	0.50	0.97	0.49
租赁和商业服务业	3.55	0.79	1.11	0.98	0.57	0.30	0.26	0.28	0.59	0.64	1.98	0.81	0.29

续表

部门	北京	天津	石家庄	唐山	秦皇岛	邯郸	邢台	保定	张家口	承德	沧州	廊坊	衡水
科学研究、技术服务和地质勘查业	3.71	1.71	1.57	0.46	0.77	0.65	0.51	2.01	0.88	0.93	0.46	1.27	0.44
水利、环境和公共设施管理业	0.95	1.03	1.41	1.50	1.37	1.46	1.53	0.61	2.19	1.89	1.25	1.05	0.95
教育	0.69	0.72	1.46	1.22	1.32	1.66	1.84	1.34	1.75	1.72	1.99	1.45	2.20
卫生、社会保障和社会福利业	0.80	0.77	1.27	1.17	1.43	1.20	1.41	1.05	1.52	1.56	1.48	1.00	1.53
文化、体育、娱乐用房屋	2.87	0.92	1.88	0.76	1.69	0.73	0.70	0.49	1.08	1.52	0.98	0.50	0.86
公共管理和社会组织	0.75	0.65	1.37	1.41	1.58	1.63	2.08	1.29	2.40	2.15	1.93	1.76	1.78

资料来源：笔者根据《中国城市统计年鉴》（2014）计算所得。

通过表8可以看出，北京疏解"非首都功能"的效果尚不明显。原本应该进行疏解的批发和零售业的区位熵反而上升，而未来需着力发展的科学研究、技术服务和地质勘查业以及文化、体育和娱乐业的区位熵反而下降。此外，北京在京津冀协同发展前后区位熵上升的部门要少于下降的部门，这无疑会影响当前北京的财政税收和经济发展，需要引起重视，做好产业的有序转移。天津则是"喜忧参半"，"喜"在于批发和零售业、信息传输、计算机服务和软件业以及金融业的区位熵不断上升，这主要得益于京津两市近年来一直致力于共建产业园区和切实推动人才技术的创新与合作。"忧"在于天津的制造业区位熵出现下降，这与《纲要》中天津的战略定位是相背离的，也明显不利于天津的经济发展，亟须找出原因，明确对策，重振和优化制造业。河北省总体来看产业结构出现了进一步优化的趋向，很多地级市第三产业一些部门的区位熵出现了上升，这有利于河北省产业结构转型和经济社会的长远发展。但是，不少地级市的一些重要部门的区位熵出现了下降，如建筑业、批发和零售业。同时，很多地级市区位熵下降的部门竟然比上升的要多，这是否符合当前预期，又是否会影响河北省未来的发展以及京津冀协同发展的大局，值得深究。

表8 京津冀城市群各城市主要部门区位熵变化情况（2016~2013年）

城市	区位熵上升的部门（仅列出≥0.09）	区位熵下降的部门（仅列出≥0.09）
北京	批发和零售业；住宿和餐饮业；信息传输、计算机服务和软件业	交通运输、仓储和邮政业；房地产业；租赁和商业服务业；科学研究、技术服务和地质勘查业；文化、体育和娱乐业
天津	批发和零售业；信息传输、计算机服务和软件业；金融业	制造业；房地产业
石家庄	房地产业；租赁和商业服务业	金融业；文化、体育和娱乐业；公共管理和社会组织
唐山	交通运输、仓储和邮政业；金融业；房地产业；公共管理和社会组织	建筑业；批发和零售业；住宿和餐饮业；租赁和商业服务业；水利、环境和公共设施管理业
秦皇岛	金融业；房地产业；水利、环境和公共设施管理业；文化、体育和娱乐业	电力、热力、燃气及水生产和供应业；建筑业；批发和零售业；交通运输、仓储和邮政业
邯郸	电力、热力、燃气及水生产和供应业；租赁和商业服务业；卫生、社会保障和社会福利业	批发和零售业；金融业；公共管理和社会组织
邢台	电力、热力、燃气及水生产和供应业；房地产业；水利、环境和公共设施管理业	建筑业；交通运输、仓储和邮政业；金融业；文化、体育和娱乐业
保定	建筑业	电力、热力、燃气及水生产和供应业；交通运输、仓储和邮政业；科学研究、技术服务和地质勘查业
张家口	交通运输、仓储和邮政业；住宿和餐饮业；水利、环境和公共设施管理业	制造业；批发和零售业；房地产业
承德	电力、热力、燃气及水生产和供应业；金融业	批发和零售业；交通运输、仓储和邮政业；信息传输、计算机服务和软件业；科学研究、技术服务和地质勘查业；水利、环境和公共设施管理业；文化、体育和娱乐业；公共管理和社会组织
沧州	批发和零售业；房地产业；科学研究、技术服务和地质勘查业	电力、热力、燃气及水生产和供应业；租赁和商业服务业；教育；公共管理和社会组织

续表

城市	区位熵上升的部门（仅列出≥0.09）	区位熵下降的部门（仅列出≥0.09）
廊坊	电力、热力、燃气及水生产和供应业；批发和零售业；房地产业	建筑业；金融业；科学研究、技术服务和地质勘查业；水利、环境和公共设施管理业；教育；公共管理和社会组织
衡水	电力、热力、燃气及水生产和供应业；批发和零售业；房地产业	教育

资料来源：笔者通过比较和整理所得。

（六）城市空间经济联系不紧密

引力模型主要用来测度城市间相互作用的强度，即城市间相互吸引、相互联系的强度，本文采用改进的引力模型来衡量城市间相互作用强度，计算公式如下：

$$E = \frac{\sqrt{P_1 V_1 \cdot P_2 V_2}}{R_2}$$

其中，E 为城市间联系强度，P_1 和 P_2 分别为两城市人口数，这里用该城市当年年末总人口来表示，V_1 和 V_2 分别为两城市地区生产总值，R 为两城市之间的距离，由于这里主要考虑的是经济一体化和区域协同发展，因此用经济距离即时间距离来代替空间距离比较合理，R 采用百度地图中两城市之间驾车所需最短时间衡量。①

笔者运用改进的引力模型计算了2017年京津冀城市群内各城市间经济联系强度值（见表9）。在京津冀城市群内，北京与其他12个城市的相互作用强度都比较高，说明北京的资源优势非常集中，虹吸效应显著。城市间联系强度最高的当属北京和天津，高达1048.70；其次是北京和廊坊，为649.92，这源于两市间距离较短，通行时间较少。除此之外，与北京经济联系紧密的城市还有唐山、保定和沧州。与秦皇岛和邢台之间的相互作用强度最低，分别是38.35和47.24。天津和其他城市的相互作用也较强，与唐山、沧州以及廊坊的强度值超过或接近300，与保定、石家庄的联系强度较

---

① 肖金成等：《京津冀世界级城市群发展研究》，《经济研究参考》2018年第15期。

弱，与秦皇岛、承德等邻近城市的联系非常弱。河北省内各城市间相互联系强度最高的是邯郸和邢台以及石家庄和邯郸，分别达到282.9和112.3，其他城市间均低于100，这表明河北省各城市间相互联系强度普遍不够高，经济联系紧密度比较低且存在很大的区域差距，亟须提高和改善。

表9 2017年京津冀城市群各城市间经济联系强度

城市	北京	天津	石家庄	唐山	秦皇岛	邯郸	邢台	保定	张家口	承德	沧州	廊坊	衡水
北京	*												
天津	1048.7	*											
石家庄	139.5	82.0	*										
唐山	334.4	353.1	22.5	*									
秦皇岛	38.4	32.8	4.2	36.8	*								
邯郸	61.9	41.9	112.3	11.0	2.4	*							
邢台	47.2	31.9	99.3	8.0	1.8	282.9	*						
保定	212.0	124.4	89.8	28.6	4.7	32.9	26.2	*					
张家口	60.6	22.1	11.4	8.5	1.6	4.5	3.4	9.7	*				
承德	65.8	31.3	4.4	27.2	6.0	2.4	1.7	5.4	2.9	*			
沧州	203.6	323.7	51.7	42.7	5.5	23.4	18.6	68.8	4.4	5.2	*		
廊坊	649.9	285.1	23.4	44.0	6.6	9.9	7.6	45.3	5.7	5.7	39.6	*	
衡水	60.3	46.6	50.0	9.7	1.7	30.7	26.7	37.1	2.5	1.6	38.3	10.9	*

资料来源：北京、天津和河北11个地级市的《2017年国民经济和社会发展统计公报》。

社会网络分析（SNA）作为网络组织结果分析的一项重要研究方法，近年来被广泛应用于城市群的空间组织结构分析。为了进一步刻画京津冀城市群之间的空间经济联系强度情况，本文引入社会网络分析（SNA），应用中心度分析对京津冀城市群内部的空间组织结构进行刻画与分析。

根据改进引力模型测算的2017年京津冀城市群各城市间经济联系强度结果，并借助社会网络分析软件UCINET6绘制出2017年京津冀城市群空间联系网络图（如图3所示）。线的粗细反映各城市间空间联系的强弱，越粗表示空间联系越紧密。由图3可知，北京和天津、北京和廊坊、北京和唐山、北京和保定、北京和石家庄、天津和唐山、天津和沧州、天津和廊坊、邯郸和邢台、邯郸和石家庄的空间联系都相对比较紧密，而剩下的城市空间联系则比较薄弱。中心度情况的分析则是以某一城市与京津冀其他所有城市的经济联系强度之和来衡量其中心度大小，借助于UCINET6软件测算并绘制出各城市的中心度结果（见图3）。节点的大小刻画该城市在京津冀城市群的中心度大小，在一定程度上也能进一步反映出该城市在京津冀城市群的经济地位。北京的中心度最大，其次是天津，然后是廊坊、唐山、石家庄和沧州。这也从一定程度上反映出在京津冀城市群中，北京和天津是毋庸置疑的"双核"，并对其他城市有着重要的辐射带动作用。而京津冀城市群的其他城市如石家庄、唐山、廊坊和张家口，目前来看都不足以承担起京津冀城市群的第三极或重要的节点城市的作用，亟须尽快发展壮大，以支撑京津冀城市群整体的高质量发展。

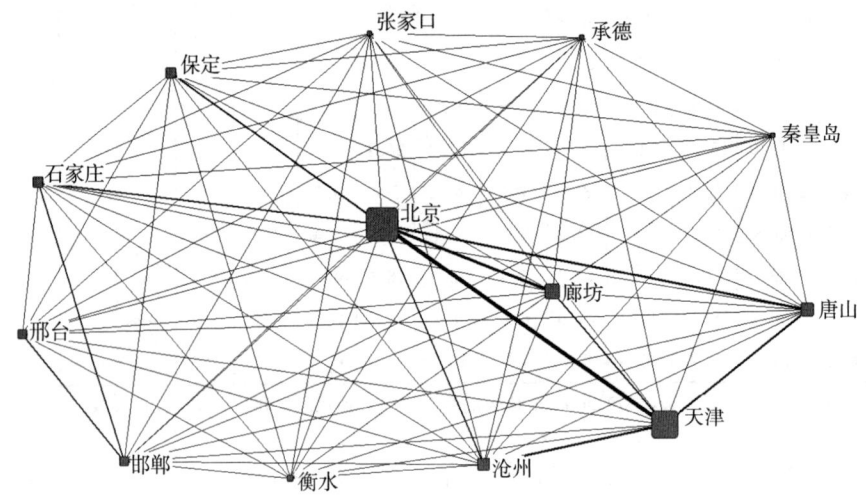

图3　2017年京津冀城市群空间联系网络

资料来源：笔者根据改进引力模型测算结果运用UCINET软件绘制所得。

总之，京津冀城市群各城市间经济联系和空间联系不够紧密，北京与其他城市的经济联系虽然比较紧密，但也存在较大差距，与河北一些城市的经济联系还有待加强。天津相比北京，与其他城市的经济联系紧密度要次之，而且同样存在经济联系强度不同、城市间差距大且与部分城市联系强度亟须加大的问题。河北省内各城市之间经济联系强度普遍较小，这严重影响了河北省的产业转型升级和区域一体化发展，需要统一谋划，形成产业布局合理、部门专业化分工、经济相互联系紧密的经济格局。除此之外，京津冀城市群缺乏京津以外的第三或更多的足以支撑和带动京津冀城市群发展的核心城市和重要节点城市，尤其是河北的各城市总体实力都不够强，未来要加快发展，尽快形成有效支撑，以服务于京津冀城市群整体空间联系布局需要和高质量经济发展的需要。

（七）基础设施和公共服务发展不均衡

"北京吃不完，天津吃不饱，河北吃不着"。流传多年的这句话折射出京津冀长久以来的区域内部不均衡、不协调，最突出的表现就是基础设施和公共服务发展的不平衡。河北无论在交通通信、科研经费投入和科技产出、城市建设，还是在教育、医疗卫生、就业和社会保障等方面的发展均滞后于京津冀总体甚至是全国水平。

基础设施方面，京津冀城市群发展不均衡，地区差距大。北京市人均民用航空旅客运输量稳居全国第三名，为3.62人，而河北省机场建设仍然相对滞后，人均旅客运输量不足0.1人，远低于0.32的全国平均水平，在全国31个省份中排名最末。移动互联网普及率和电话普及率（包括移动电话）方面，北京市分别达到213.7%和202.8部每百人，移动互联网用户和电话用户大幅超过常住人口，而天津和河北则低于91.5%和115.9%的全国平均水平。

公共服务方面，京津冀城市群各地区发展不平衡，差异比较明显。河北省仅有4所央属高校，北京有37所，天津也仅有3所；北京本科高校占比达到72.5%，而天津和河北仅为54.5%和50.8%；北京每十万人口高等教育学校平均在校生数达到5300人，天津仅为4072人，而河北仅有2328人，低于全国平均水平（2576人）。北京和天津人均拥有公共图书馆藏量分别为1.27册和1.07册，高于全国0.7册的平均水平，但河北省仅有0.34册，不足全国水平的一半，教育资源明显不足；天津和河北的每万人拥有卫生技术人员数也只有北京的一半；京津冀地区每万人医疗机构床位数和每万人拥有公共交通车辆数都比较低，需要进一步提高；天津和河北的国内专利申请授权数也不足北京的一半，科技成果转化水平和技术创新能力亟待提高。作为反映未来经济发展潜力和产业持续竞争力的一项重要投入，京津冀城市群的 R&D 经费投入仍然不足且差距明显（见图4）。

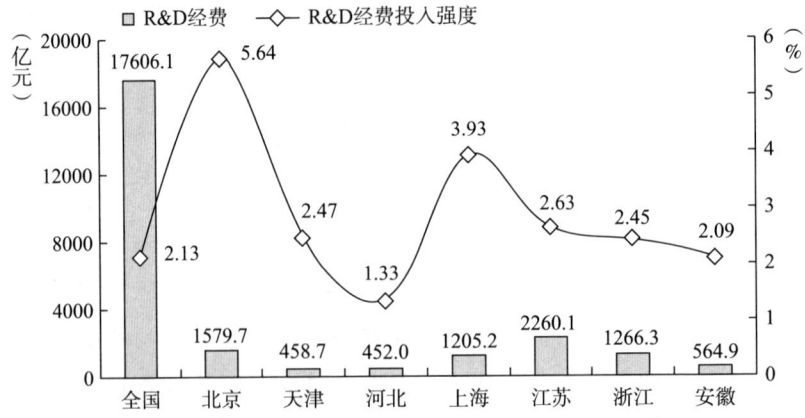

图4　2017年京津冀和长三角城市群各地区研究与试验发展（R&D）经费情况

资料来源：《2017年全国科技经费投入统计公报》。

总之，京津冀城市群内各地区基础设施发展水平总体比较滞后，城市与乡村、中心城区和郊区的基础设施水平差距还比较大，亟须加大投入，加快推进基本公共服务均等化、基础设施水平完善化，进一步提升京津冀地区各城市间沟通联系的便利化水平，切实解决一些制约经济发展的痛点和难点，打通断头路，建设网络化交通体系，实现基础设施互联互通。

（八）生态资源环境矛盾较突出

近年来，生态环境尤其是空气质量状况日益成为国内外关注的焦点。京津冀城市群与世界级城市群相比差距较大，PM2.5浓度值远高于欧美日等发达国家。京津冀地区水资源匮乏，水质污染严重，资源型缺水和水质性缺水同时存在。根据国家统计局的统计数据，2017年北京、天津和河北的用水人口分别为1876.6万、846.9万和1830.45万，人均用水量分别为181.88立方米、176.33立方米和242.3立方米。除了短缺，京津冀地区水质量还在恶化。

京津冀协同发展五年来，生态环境保护方面取得了一些实实在在看得见的成效和突破。PM2.5平均浓度比2013年下降约40%。京津风沙源治理二期工程建设任务共计122万亩。但与长三角城市群和其他世界级城市群相比，状况依然严峻。2017年河北省单位GDP一般工业固体废物产生量在全国31个省份中排名第六，产生量是全国平均水平0.40吨/万元的2倍多。河北省单位GDP电力消费量同样在全国排名第八，高于全国平均水平。

中国生态环境部发布的《2017中国生态环境状况公报》显示，按照环境空气质量综合评价指数评价，2017年环境空气质量相对较差的10个城市中，京津冀城市群占据六席（石家庄、邯郸、邢台、保定、唐山、衡水）。2017年，京津冀城市群优良天数比例范围为38.9%~79.7%，平均为56.0%，比2016年下降0.8个百分点；平均超标天数比例为44.0%，仅有8个城市优良天数比例为50%~80%，京津冀城市群6项污染物浓度要明显高于长三角城市群。

表10 2017年京津冀和长三角地区污染物浓度对比及变化

指标	京津冀		长三角	
	浓度（CO：mg/m³，其他：μg/m³）	与2016年变化（%）	浓度（CO：mg/m³，其他：μg/m³）	与2016年变化（%）
PM2.5	64	-9.9	44	-4.3
PM10	113	-4.2	71	-5.3
O₃	193	12.2	170	6.9
SO₂	25	-19.4	14	-17.6
NO₂	47	-4.1	37	2.8
CO	2.8	-12.5	1.3	-13.3

资料来源：《2017中国生态环境状况公报》。

总之，在生态资源环境方面，京津冀城市群面临着生态建设投入缺口仍然较大、资源总量不足而耗费量急剧增加、环境总体质量水平还有待提升、生态保护区域管理体制尚不完善、跨区生态补偿机制推进缓慢等问题，经济转型和社会高质量发展需要与生态资源环境有机协调的矛盾不断尖锐，亟须寻找突破口，实现均衡可持续发展。

三 推进京津冀世界级城市群高质量发展的路径

已有经验表明，世界级城市群在优化区域空间格局的同时，能够带动整个城市群经济的高质量发展。高质量推进京津冀世界级城市群建设虽然面临着诸多难题与挑战，以问题为导向，构建一套具有较强针对性、战略性、前瞻性和多维度的高质量发展路径较为可行。

（一）构建网络空间结构，合理完善城镇体系

众所周知，城市群是指以中心城市为核心向周围辐射构成的多个城市的集合体，是具有经济联系密切、功能分工互补、交通一体等特点的社会生活空间网络。[①] 世界级城市群的形成和发展是区域经济分工合作不断扩大和增强的过程，在此期间的空间分布和功能体系及产业结构的演变具有鲜明的空间组织和阶段性特征。当前经济全球化和区域一体化形势下，世界级城市群内部经济已形成"扁平化"的多中心网络结构。城市群内部中心城市变得日益重要，区域中心城市彼此的吸引与辐射，围绕各个城市的功能性区域的相互交织，以及经济流、信息流、人流和物流等相互作用，实现了对区域内资源的有效整合和协调，经济发展水平差异不断缩小，城乡经济融为一体。进一步，随着高铁导致的地理空间收缩现象，将极大地增强世界级城市群空间人流、物流、信息流等"流动空间"的流动频率和强度，同时改变城市群的空间组织形态，使各个城市和功能性区域沿着高铁走廊呈现"节点—走廊—功能区"式的轴向发展模式。

前文分析表明，京津冀城市群当前最突出的问题在于核心城市和中心城市的集聚力过强而承载能力过度开发，中小城市吸纳人口能力较弱而承载能力尚未完全开发，这种不合理的城市群人口分布结构，最终会导致城市群整体发展缺乏足够的支撑力，核心城市面临"大城市病"，而中小城市则面临"城市收缩"。为了避免或缓解这些问题的发生，除了通过规划政策等手段进一步优化调整城市群内城镇等级体系外，还要按照《纲要》提出的"功能互补、区域联动、轴向集聚、节点支撑"的思路，在京津冀城市群构建由一核（北京首都发展核）、双城（北京、天津两大核心城市）、三轴（京津发展主轴、秦京保石发展次轴、秦唐津沧沿海发展次轴）、四区（中部核心功能区、东部滨海发展区、南部功能拓展区、西北部生态涵养

---

① 顾朝林：《城市群研究进展与展望》，《地理研究》2011年第5期。

区)、多节点(石家庄、唐山、保定、邯郸等区域性中心城市,以及张家口、承德、廊坊、秦皇岛、沧州、邢台、衡水等节点城市)组成的城市群布局的基础上,一方面提高节点城市的综合承载能力和服务能力,有序推动产业和人口聚集,另一方面选择若干中小城市,以高起点、高标准建设雄安新区和北京城市副中心等若干定位明确、特色鲜明、职住合一、规模适度、专业化发展的"反磁力中心"或"微中心",发挥比较优势,[1] 结合市场与政府的双重作用,促进要素资源在地区间的自由流动,推动非功能的有序转移,改善"过密"与"过疏"并存的格局,促进人口空间结构的均衡可持续发展。

(二)打造全球中心城市,高标准建设"两翼"

世界级城市群可谓世界城市的标准形态,作为主导全球经济社会发展趋势的重要区域,世界级城市群日益成为大国参与全球竞争与合作的主要空间。换句话说,未来全球国家的竞争,将是少数一些大城市和都市圈之间的竞争。世界级城市群的世界与世界城市的世界有相同的内涵,所有世界城市都表现为城市群形态。[2] 世界城市在世界级城市群中处于支配地位,是高等级基础设施交汇的枢纽节点,是高等级功能的集聚体,主宰着城市群内交通、经济、文化、信息、贸易和公共服务等方面的主要活动和政策的制定。不仅是世界级城市群网络中的核心,还承担有枢纽和孵化器的作用,是世界级城市群成长过程中的核心引擎。全球化与世界城市研究小组与网络(GaWC)编制的《世界城市名册2018》全球城市分级排名中,北京仅次于香港,在 Alpha + 的 8 个城市中位列第 2 名,首次进入全球城市 4 强,天津也从 Beta - 升至 Beta。

作为京津冀城市群和都市圈的核心,将北京打造成为全球中心城市是高质量推进世界级城市群建设的基础。在世界级城市群网络体系中,世界城市或全球中心城市所代表的城市群核心与周边城市联系非常密切。这些

---

[1] 文魁:《北京新使命——关于把北京建设成世界级城市群核心的理论思考》,当代中国出版社,2016。

[2] 文魁:《北京新使命——关于把北京建设成世界级城市群核心的理论思考》,当代中国出版社,2016。

城市在空间上集聚各种要素，与区域内其他城市产生高强度的相互作用，各种新思想、新技术被创造出来，成为对城市群体系中其他地区具有导向意义的孵化器。① 世界级城市群具有完整的城市等级体系，在其内部，中心城市的要素集聚度远远高于周边城市，是整个体系人口和产业的集聚中心，各个城市基于自身资源和优势形成分工互补与合作，实现资源的合理分配和效益最大化。如日本太平洋沿岸城市群，东京作为核心城市，集中有政治、文化、金融、工业、商业、中心诸多功能，被认为类似于集"纽约+华盛顿+硅谷+底特律"多种功能于一体的世界级大城市。城市体系中分工相对明确，如千叶港口负责原料输入，东京港集中国内贸易，横滨港以对外贸易为主，而川崎港则输送原材料和制成品。世界级城市群内这种分工也会随着城市之间关系的变化而变化，当中心城市的功能过于集中，负担过重，大城市病凸显时，中心城市过多的资源、市场、劳动力、信息、金融等要素会依照市场经济规律流动，也要借助于政府的协同和治理，从而形成各个城市间的合理分工。

高质量推进以首都北京为核心的世界级城市群，是京津冀未来发展的总体目标。高标准高质量构建完善以中央政务区、北京城市副中心、雄安新区为标志的北京"一核两翼"城市新骨架，紧紧抓住疏解北京非首都功能这个"牛鼻子"，进一步优化城市功能和空间结构布局，奠定京津冀世界级城市群的首都核心地位，将雄安新区既建设成为非首都功能集中疏解的承接地，也建设成为周边城市经济社会发展的增长极。② 此外，配合北京疏解非首都功能要求，推动北京、天津的同城化与一体化进程，将京津建设成为全国经济发展新引擎，共同服务、辐射周边城市，突出北京在科技方面的高端、原创特点，以天津为创新转化的主阵地，以河北各城市为推广应用的大市场，实现京津冀城市群内部的优势互补。

（三）创新区域协调机制，强化功能分工互补

无论是以纽约都市圈为中心的美国东北部海岸城市群，还是以东京都

---

① Gottmann, J., 1957, "Megalopolis: or the Urbanization of the Northeastern Seaboard", *Economic Geography*, Vol. 33 (1).

② 李国平、宋昌耀：《京津冀区域空间结构优化策略研究》，《河北学刊》2019年第1期。

市圈为核心的日本太平洋沿岸城市群,这些世界级城市的发展经验表明,政府的规划引导以及治理正在成为巨型区域协调发展的重要组成部分。例如,美国以建立大都市区政府、县市合并的方式,设立地方政府议会、城市协调会和特设机构等就区域内重大设施建设、社会治安及环境等领域签订地方间专项协议。美国2050战略规划将巨型区域视为美国未来繁荣发展的引擎,统一编制巨型区域尺度的战略规划,并通过协调机制实现区域内城市之间的竞争。英国建立了以大伦敦城市群行政架构的一体化协调模式。日本倡导以东京中心城市超级综合实力来主导城市群一体化发展,利用产业政策、区域功能分工、大交通、自然环境等专项规划与政策协调建立了核心城市主导的协调发展模式,并从国家层面给予强有力的法律保障。

随着时代和城市群发育程度的变化,京津冀区域合作的协调机制经历了一系列变迁。从早期松散的网络协作治理模式(20世纪80年代的环京经济协作区),到后来的契约治理模式(2004年达成的加强区域合作的"廊坊共识",开始启动京津冀区域发展总体规划工作),再到京津冀协同发展战略实施以来,逐渐打破政治地位不等、横向协商话语权不平衡的束缚,建立了高位协调的科层治理模式(由国务院组建京津冀协同发展领导小组和专家咨询委员会)。建立了由中央政府牵头,搭建议事协调机制,将京津冀三方纳入进来,共同制定《京津冀协同发展规划纲要》,通过高位协调,促使有关各方突破行政壁垒,来加快推进重大项目的实施落地。[①] 然而,与长三角城市群相比,京津冀城市群的区域协调与融合程度还需要下功夫健全与完善。例如,长三角地区已经形成了"决策层、协调层和执行层"三级运作合作机制,主要表现在决策和协调机制、合作机制,其中合作机制又包括合作联盟、合作协议、合作基金、专业论坛、专题合作等几个方面。2018年1月召开的长三角地区主要领导座谈会精神,形成了交通、能源、科技、人社、信用、金融、商务、产业、食品安全、城市经济等10个专题领域的合作,切实保障了长三角城市群的协同发展。[②] 长三角城市群在深度

---

① 杨宏山:《以重大项目为抓手推进京津冀协同发展》,《群言》2019年第3期。
② 党倩娜:《长三角地区一体化的合作机制与主要措施》,http://www.istis.sh.cn.html,2018年5月31日。

融合方面的体制机制保障切实促进了区域融合发展。

京津冀城市群要实现城市群内部各城市的协同高质量发展,科学高效的制度安排是推进区域协同发展的根本保障,需要不断深化和创新区域协调机制,建立长效化、常态化、动态化、立体式京津冀协同发展体制机制。首先,加强顶层设计,完善区域协调机制,突破区域协同发展的行政边界制约,建立横向协商(各城市地方政府联席会议)、纵向协调(超越地方行政区划组织架构,针对区域内重大事项)相结合的协调机制。[①] 推动资本、技术、产权、人才、劳动力等生产要素在区域内自由流动和优化配置。其次,调整城市群生产力布局,结合税收共享、成本分摊、生态补偿等相关配套协调机制,建立特殊财政政策、横向的财政转移支付、投融资体制创新、共同发展基金、碳汇市场等,加快产业对接协作,推动各城市差异化发展。再次,优化城市群空间结构,找准和凝练城市群内各中小城市的功能定位,建立常态化的城市间沟通协调机制,促进各城市分工合作,实现资源互补与功能融合,提高城市综合承载能力。最后,世界公认世界级城市群均已进入区域协同创新的发展阶段,京津冀协同发展的根本动力和优势在于创新驱动,协同创新是实现城市群高质量协同发展的核心,因此,推进京津冀世界级城市群的高质量发展需要加快建设区域协同创新共同体,这不仅有利于弥补京津冀地区之间的差距和短板,促进各城市之间的资源得到协同和共享,加快人才、资本等要素跨区域自由流动,而且能够从跨区域创新制度的建立和认同、人才流动制度、知识产权制度、科技创新基础设施的共享等方面促进制度和政策的创新,是创新区域协调机制的重要补充。

(四)建设智慧型城市群,畅通要素流动渠道

一般认为世界级城市群的成长大致要经历四个阶段,即内部各城市竞争发展阶段、培育阶段、形成与扩张阶段、创新发展阶段,[②] 京津冀城市群已处于第三阶段,正向创新发展阶段迈进。党的十九大报告中明确指出推

---

① 祝尔娟、文魁:《推进京津冀区域协同发展的战略思考》,《前线》2015年第5期。
② 曾宪植:《世界城市与全球城市区域》,知识产权出版社,2012。

动高质量发展,需要加强创新引领,为建设"智慧社会"提供有力支撑。世界级城市群的共同特点是对内联系紧密、对外高度开放,区域内生产要素实现自由流动,① 这就需要一套覆盖交通、能源以及公共服务的互联互通基础设施网络,畅通要素流动渠道。

要提升京津冀城市群基础设施和公共服务水平,畅通要素的流动渠道,需要结合新一代科学技术,建设智慧型城市群。智慧城市群是智慧城市成长至某一程度的高水平空间布局形式,它是指在特定区域范围内依托物联网、云计算、空间信息手段、通信网络手段等,以一个或多个特大城市为核心,汇合一定数目不同类别、不同等级范畴的城市,由信息技术创新与应用驱动而组成的智慧城市联合体。② 当前,新型智慧城市建设已进入第三次浪潮,呈现标准规范体系从建立走向健全、城市新型智能化基础设施加快建设、人工智能技术广泛应用、产业生态更加繁荣等特点。智慧城市群建设至少涉及科学、技术、应用和管理四个层面。③ 高质量推进京津冀世界级城市群建设,可以参考国外世界级城市群的建设模式与经验,如纽约智慧城市群、伦敦智慧城市群、东京智慧城市群、首尔智慧城市群,并结合京津冀城市群自身特点,加强顶层设计,通过科学规划,加强智能化、信息化建设,推进大规模信息基础设施建设,普及信息基础设施,缩小数字鸿沟。建立公共信息平台,把各个城市间的公安、交通、邮电、通信、排水、能源、医疗、教育等最基础的公共设施与服务的信息汇集组合形成立体式交叉网络体系,提升智慧基础设施与服务的共建共享和互联互通水平,形成以智能化服务城市生活、给城市居民带来便利为最终目的的新型城市群形态,为各类要素创造高效、科学、人性化的流动渠道和平台。

---

① 沈坤荣:《建设世界级城市群 优化区域发展格局推动经济高质量发展》,《财经界》2018年第9期。
② 张协奎等:《国内外智慧城市群研究与建设评述》,《工业技术经济》2016年第8期。
③ 陈博:《我国智慧城市群的系统架构、建设战略与路径研究》,《管理学现代化》2014年第4期。

参考文献

[1] 曾宪植：《世界城市与全球城市区域》，知识产权出版社，2012。

[2] 陈博：《我国智慧城市群的系统架构、建设战略与路径研究》，《管理学现代化》2014年第4期。

[3] 陈功、王瑜：《协调京津冀人口一体化的路径选择》，《中国城市报》2015年3月9日。

[4] 党倩娜：《长三角地区一体化的合作机制与主要措施》，http://www.istis.sh.cn.html，2018年5月31日。

[5] 方创琳、鲍超、马海涛：《2016中国城市群发展报告》，科学出版社，2016。

[6] 方创琳：《中国城市群研究取得的重要进展与未来发展方向》，《地理学报》2014年第8期。

[7] 顾朝林：《城市群研究进展与展望》，《地理研究》2011年第5期。

[8] 国务院发展研究中心课题组：《未来15年国际经济格局变化和中国战略选择》，《管理世界》2019年第1期。

[9] 河北省发改委宏观经济研究课题组：《河北省推进京津冀协同发展研究》，《经济研究参考》2018年第15期。

[10] 李国平、宋昌耀：《京津冀区域空间结构优化策略研究》，《河北学刊》2019年第1期。

[11] 鲁继通、祝尔娟：《促进京津冀城市群空间优化与质量提升的战略思考》，《首都经济贸易大学学报》2014年第4期。

[12] 沈坤荣：《建设世界级城市群 优化区域发展格局推动经济高质量发展》，《财经界》2018年第9期。

[13] 王立国、蔡玉胜：《世界级城市群视阈下的天津发展》，社会科学文献出版社，2017。

[14] 王瑞军、李建平、李闽榕：《中国城市创新竞争力发展报告（2018）》，社会科学文献出版社，2018。

[15] 文魁：《北京新使命——关于把北京建设成世界级城市群核心的理论思考》，当代中国出版社，2016。

[16] 肖金成等：《京津冀世界级城市群发展研究》，《经济研究参考》2018年第15期。

[17] 亚洲开发银行技术援助项目9042咨询专家组：《京津冀协同发展研究》，中国

财政经济出版社,2018。

[18] 杨宏山:《以重大项目为抓手推进京津冀协同发展》,《群言》2019 年第 3 期。

[19] 张协奎等:《国内外智慧城市群研究与建设评述》,《工业技术经济》2016 年第 8 期。

[20] 张学良、刘乃全:《2016 中国区域经济发展报告》,人民出版社,2017。

[21] 中国科技发展战略研究小组、中国科学院大学中国创新创业管理研究中心:《中国区域创新能力评价报告 2016》,科学技术文献出版社,2017。

[22] 中国科技发展战略研究小组:《中国区域创新能力评价报告 2016》,科学技术文献出版社,2017。

[23] 祝尔娟、文魁:《推进京津冀区域协同发展的战略思考》,《前线》2015 年第 5 期。

[24] Gottmann, J., 1957, "Megalopolis: or the Urbanization of the Northeastern Seaboard", *Economic Geography*, Vol. 33 (1).

[25] The Population Division of the Department of Economic and Social Affairs of the United Nationsm, "World Urbanization Prospects 2018", United Nations, https://population.un.org/wup/.

北京市智库产业的发展思路和路径研究

李姗姗　任　亮[*]

摘　要	智库是国家治理能力现代化的智力载体，智库既是专业知识库及高级人才库，亦是科学知识与公共政策之间的重要桥梁。与北京作为国家政治经济决策中心地位相匹配的是，北京地区智库机构最为集中，是智库机构规模最大、质量最好、影响力最强的地区。在推进首都减量发展、创新发展、高质量发展的多重要求下，应将培育和发展知识资本密集型、空间集约型的智库产业，作为北京新的经济增长点之一。
关键词	智库产业；思想市场；畅销产业化机制

　　智库是国家治理能力现代化的智力载体，智库既是专业知识库及高级人才库，亦是科学知识与公共政策之间的重要桥梁。2013年4月，习近平总书记首次提出建设"中国特色新型智库"的目标，表明党和国家将智库的学术研究和实务发展纳入国家软实力建设体系之中，并提升到国家战略的高度。2013年11月，党的十八届三中全会审议通过的《中共中央关于全面深化改革若干重大问题的决定》再次提出"加强中国特色新型智库建设，建立健全决策咨询制度"的重要目标，进一步推动了建设"中国特色新型智库"的步伐。2015年初中共中央办公厅、国务院办公厅印发《关于加强中国特色新型智库建设的意见》，为各层级政府及部门"建设中国特色新型

---

[*] 李姗姗，助理研究员，中央财经大学财经研究院，北京市哲学社会科学北京财经研究基地，研究方向为区域与城市经济。任亮，中国人民大学应用经济学院，研究方向为区域政策、区域规划。

智库"提供了理论层面上的指导,这一系列的制度供给为建设中国特色新型智库的发展提供了黄金良机。

与北京作为国家政治经济决策中心地位相匹配的是,北京地区智库机构最为集中,是智库机构规模最大、质量最好、影响力最强的地区。北京市是首都功能的承载区,使北京市具备政策优势。北京市汇聚了20家国家高端智库,集合了国内顶尖社会学术团体,集聚了两院院士、千人计划专家等高端人才,以及高素质的政策专家队伍,使北京市具备优越的人力资本、智力资本。金融街、北京金融科技创新示范区为北京市提供了极强的资本支持。疏解腾退非首都功能,为北京市提供了空间资源。政策优势、人才高地、资本支持、空间资源使北京市具备发展智库产业的优越条件。

一 智库及智库产业化发展

智库产业是在经济全球化背景下产生的,以政策咨询、管理咨询、技术服务为主要研究内容,高度智力化劳动和富有创造力的新兴产业。政策研究和咨询是智库发展的起点,也是其基本定位。智库本身是具有非营利性和相对独立性的,但是在资源投入、资金来源、绩效考核等方面需要通过市场化的方式,由专门的规划与政策对长期的智库产业化发展进行配套保障。

(一)智库的定义与内涵

1. 什么是智库

智库产业是在经济全球化背景下产生的,以政策咨询、管理咨询、技术服务为主要研究内容,高度智力化劳动和富有创造力的新兴产业。其目标是对国家战略的制定、地区经济发展的谋划、企业重大决策的研判进行系统的研究、归纳和总结,提出一揽子解决方案,在国家、地区和企业的发展中起着先锋引领作用的战略性产业。智库研究需要哲学、公共政策、区域经济学、发展经济学、管理学、政治学、社会学等不同学科的知识和方法,具有跨学科、交叉性、综合性的特点。通过在高价值区位集聚高端人才,提出一系列具有引领性、前瞻性、指导性的战略和方案,进一步助推国家战略的提出、区域产业的升级、企业创新的发展，从而引领我国经济高质量发展，是我国迈向现代化和国民经济发展的"大脑"。

智库的基本定位是政策研究和咨询。这是智库本身发展的起点，也是其最基本的功能定位。智库作为政府决策的"外脑"，因政策研究的需要而诞生，也因政策研究的需要而不断发展。智库的产品具有信息产品、经验产品、定制产品的特点，通常由富有经验的研究人员，根据理论知识和工作经验，为某个部门或地区研究定制化的产品，最终的产品研发成本高，边际成本低，容易大量复制。

2. 国家高端智库的内涵与目标

2015年11月9日中央深改组第十八次会议审议通过了《国家高端智库建设试点工作方案》，高端智库建设试点单位向着"国家亟须、特色鲜明、制度创新、引领发展"的目标集中发力，致力于为中国智库建设引航开路、树立标杆，在事关中国经济改革、对外开放和现代化建设的重大目标方向和举措等方面，积极开展全局性、综合性、战略性、长期性和前瞻性问题研究，为实现中华民族伟大复兴的中国梦提供智力支撑。

（二）智库评价标准

首先，决策影响力是智库的核心，也是智库直接发挥作用与功能的有效途径。智库组织专家群体将专业知识转化为政策语言，通过与决策机构之间建立各种正式和非正式渠道，把对政策的分析、观点和主张传递给政策制定者，以专题调研报告、内部研究报告、决策咨询活动等方式使研究方案成为政策现实，在公共政策形成的不同阶段影响决策过程。

其次，学术影响力、社会影响力是智库发挥作用的重要方面。智库专家通过发行专著、撰写报纸文章、建立博客网站等形式，影响学界同仁、媒体与公众对公共问题的看法，牵引社会热点、引发公众热议、主导社会舆论，把潜在的公共问题转化为公共政策需求，从而间接影响决策层。

最后，国际影响力是智库发展的关键。随着中国对外开放的逐步深入，中国与世界的交流日益频繁，一些综合性的致力于国际问题研究的智库，在讨论某些涉及国际双边或多边利益的重大问题时，扮演着相互了解、加强互信、沟通交流的重要角色，发挥着第二轨道的独特作用，是我国对外沟通和阐述政策的重要窗口。

（三）智库产业化发展的模式与特征

1. 智库产业化的概念

在中共中央办公厅、国务院办公厅发布的《关于加强中国特色新型智库建设的意见》中明确指出，中国特色新型智库是非营利性研究咨询机构，同时，智库是独立于政府部门之外的第三方机构，因此，智库本身具有"独立性"和"非营利性"。而"产业化"则是以市场为导向，以获取最大收益为目的的。因此，从表面看来，智库"产业化"与其本质属性貌似是冲突的。

首先，应明确这一冲突的根源，"产业化"本身并非只包括利益最大化的市场行为。这里提到的智库产业，是在保持智库"独立性"与"非营利性"的基础上，借用"产业化"发展的模式，推进智库的发展。其次，应注意到智库"以服务党和政府科学民主依法决策为宗旨"的社会性特征表明，智库产业是以满足党和政府需求的为导向的、追求社会效益最大化的产业。最后，智库产业市场化运行的重点应该在资源投入、资金来源、绩效考核等方面，同时需要由专门的规划与政策对长期的智库产业化发展进行配套保障。

2. 智库产业区发展模式

产业区发展模式是结合本地区的资源禀赋和基础条件，以提升核心竞争力和可持续发展能力为目标，为特定产业在特定的片区形成具有目标导向的创新产业联盟。因此，产业集聚区式的发展模式，是智库产业高效率、规模化发展的必然选择。

智库产业区应该包括三个圈层。第一圈层即核心区，是高端智库专家、研究者，他们是智库产业区的灵魂。第二圈层是高端智库专家、研究者进行研究咨询活动的载体，即智库实体组织，包括咨询机构、策划设计机构等。第三圈层是服务于智库的行业总和，包括下一级咨询及策划设计机构、技术支持机构、金融服务机构等。在这三个圈层的有效衔接下，完成智库产业链的构建，并有效整合智库碎片，形成以点带面的智库产业区发展。

3. 智库产业区发展特征

首先，智库产业区是思想聚集地。智库的基本构成就是思想，思想发展的程度决定了智库级别的高低。智库产业区不仅包含了纯粹的智库机构，而且会吸引高校、研究院所向智库产业区集聚，也使越来越多的思想向产业区聚拢。尤其随着新一轮科技革命的到来，先进的科学技术是促进智库发展程度的决定性因素。与智库发展历史不同，现在的智库产业区，不仅需要集聚社会人文思想，而且需要集聚自然科学思想，使社会人文与自然科学在智库产业区内产生激烈碰撞、相互促进。

其次，智库产业区是高密度资本集群。高端智慧集群的智库产业区离不开资本支撑，思想是灵魂，资本是血液，二者紧密融合园区才能发展。智库一方面要为政府提供政策建议，另一方面还要链接资本，使政策建议变成现实。智库产业应该是思想和资本的集群：一方面要在思想中引入资本，促进新型产业，寻找新的经济增长点；另一方面要在资本中融入思想，改造传统产业。

二 北京智库产业的发展基础

智库是党政机关决策科学化民主化的"外脑"，是公众与政府沟通的纽带，也是我国对外国际关系的第二轨道。北京是全国智库的集聚地，尤其是国家高端智库资源非常丰富，智库在空间的分布上呈现类型集聚的态势，就北京市级层面的智库建设来看，是以问题导向来推动智库建设的。但是，北京智库产业的发展缺乏战略性，对属地在北京的高端智库缺乏管理权，系统内智库缺乏市场化的横向联系，这是北京智库产业发展面临的突出矛盾。

（一）首都智库发展现状分析

从北京市智库资源来看，主要有四类：一是市委、市政府及各部委办局、区县和市人大、政协等各级机关的研究室，如市委与市政府的研究室、附属研究所等；二是市属社科研究单位，如社会科学院、党校（行政学院）、社会科学界联合会、社会科学规划办公室、科学技术委员会等单位，以及市属高校；三是中央在京科研院所和部属高校，这些机构以学科建设和学术研究为主业，近年来服务地方发展的意识不断增强；四是北京民间咨询机构，随着市场化的提升，一批有实力的民间咨询机构脱颖而出，如北京思源研究所、零点调查研究集团、北京视野咨询研究中心等。日益复杂的发展环境和社会变化，直接导致各个层面、各个领域对决策咨询的巨大需求，众多的智库、研究机构越来越多地通过联合研究、委托研究等形式参与北京市各项决策研究，为相关工作和决策提供意见建议于政策参考方案。

1. 高端智库资源丰富

作为首都所在地，北京的智库多脱胎于政府决策部门，其核心业务是为政府服务、为政府决策提供支撑，这就要求这些智库的研究必须是高质量的，能够满足国家政策和战略需求。因此，2015年12月国家高端智库建设试点工作会议上公布的25家首批国家高端智库建设试点单位，其中驻地在北京的智库有20家，占比达80%（见表1）。此外，还有众多中央、国务院、各部委的研究室和研究院等服务于政府部门的智库机构，这些单位虽然没有被列入高端智库试点，但其研究质量、成果转化率和政策影响力都是极高的。首都优势使北京拥有高质量智库资源，成为北京发展智库产业的重要支撑。

表1 首批25家国家高端智库名录及机构驻地

智库属性	智库名称	机构驻地
综合性智库	国务院发展研究中心	北京市东城区
	中国社会科学院	北京市东城区
	中国科学院	北京市西城区
	中国工程院	北京市西城区
	中央党校	北京市海淀区
	国家行政学院	北京市海淀区
	中央编译局	北京市西城区
	新华社	北京市西城区
	军事科学院	北京市海淀区
	国防大学	北京市海淀区
专业性智库	中国社会科学院国家金融与发展实验室	北京市朝阳区
	中国社会科学院国家全球战略智库	北京市东城区

续表

智库属性	智库名称	机构驻地
	中国现代关系研究院	北京市海淀区
	国家发改委宏观经济研究院	北京市西城区
	商务部国际贸易经济合作研究院	北京市东城区
	北京大学国家发展研究院	北京市海淀区
	清华大学国情研究院	北京市海淀区
	中国人民大学国家发展与战略研究院	北京市海淀区
	复旦大学中国研究院	上海市
	武汉大学国际法研究院	武汉市
	中山大学粤港澳发展研究院	广州市
	上海社会科学院	上海市
企业智库	中国石油经济技术研究院	北京市西城区
社会智库	中国国际经济交流中心	北京市西城区
	综合开发研究院（中国·深圳）	深圳市

资料来源：《国家高端智库建设试点工作方案》，2015。

2. 智库在空间分布上呈现类型集聚

北京各类型智库的空间分布与各区特征相符。中共中央、国务院直属的综合性智库多分布于首都功能核心区（西城区和东城区），依托高校和科研机构的专业性智库和科技型智库多分布于海淀区，企业智库和国外智库多分布于朝阳区（见本文附录）。这种集聚态势体现了智库的产生与发展并非空穴来风，而是由经济与社会发展孕育而来的。

3. 问题导向推动智库建设

如表2所示，2017年确立的14家首批首都高端智库建设试点单位，研究重点领域涵盖了首都城市战略定位、京津冀协同发展、有序疏解非首都功能、城市副中心建设等重大战略问题和公共政策。

表2 14家首批首都高端智库建设试点单位

智库属性	智库名称
地方智库	北京市社会科学院
	北京市委党校（北京行政学院）

续表

智库属性	智库名称
专业性智库	北京市经济信息中心
	北京大学首都发展研究院
	清华大学城市治理与可持续发展研究院
	中国人民大学首都发展与战略研究院
	首都文化创新与文化传播工程研究院
	对外经济贸易大学北京对外开放研究院
	北京交通大学北京综合交通发展研究院
	首都经济贸易大学特大城市经济社会发展研究院
	北京科技战略决策咨询中心
企业智库	千龙智库
社会智库	北京市中国特色社会主义理论体系研究中心（社科联）
	北京市党建研究会党建智库

4. 地方智库的系统影响力较弱

在2018年部委直属事业单位智库系统影响力排名中，排在前十位的智库均位于北京。与此形成对比的是，2018年北京地方性智库的排名较其他同等级城市（省份）相对靠后。如在地方党校（行政学院）系统影响力排名中，中共北京市委党校（行政学院）落后于上海（见表3）；在地方政研智库系统影响力排名中，北京市经济信息中心和北京经济与社会发展研究所分别排在第8位和第10位，落后于上海、深圳、浙江、广东、福建各省份的政研智库（见表4）；在地方社科院系统影响力排名中，北京市社会科学院排在第7位，且较2017年的排名下降了3位（见表5）。

表3 地方党校（行政学院）系统影响力前10名

2018年排名	智库名称	2017年排名
1	中共上海市委党校（行政学院）	1
2	中共北京市委党校（行政学院）	2
3	中共广东省委党校（行政学院）	4
4	中共浙江省委党校（行政学院）	3
5	中共江苏省委党校（行政学院）	5

续表

2018年排名	智库名称	2017年排名
6	中共江西省委党校（行政学院）	9
7	中共山东省委党校	8
8	中共山西省委党校（行政学院）	6
9	中共四川省委党校（行政学院）	10
10	中共河南省委党校（行政学院）	7

资料来源：上海社会科学院智研究中心：《2018年中国智库报告——影响力排名与政策建议》。

表4　地方政研智库系统影响力前10名

2018年排名	智库名称	2017年排名
1	上海国际问题研究院	1
2	上海市人民政府发展研究中心	2
3	深圳市人民政府发展研究中心	3
4	浙江省人民政府发展研究中心	5
5	广东省人民政府发展研究中心	4
6	上海市发展改革研究院	7
7	福建省人民政府发展研究中心	10
8	北京市经济信息中心	6
9	安徽省人民政府发展研究中心	9
10	北京市经济与社会发展研究所	

资料来源：上海社会科学院智研究中心：《2018年中国智库报告——影响力排名与政策建议》。

表5　地方社科院系统影响力前10名

2018年排名	智库名称	2017年排名
1	广东省社会科学院	2
2	江苏省社会科学院	3
3	四川省社会科学院	1
4	山东社会科学院	5
5	湖南省社会科学院	7
6	湖北省社会科学院	6
7	北京市社会科学院	4

续表

2018 年排名	智库名称	2017 年排名
8	黑龙江省社会科学院	
9	重庆市社会科学院（发展研究中心）	8
10	天津社会科学院	

资料来源：上海社会科学院智研究中心：《2018 年中国智库报告——影响力排名与政策建议》。

（二）北京市智库产业发展的突出矛盾

1. 智库产业发展定位缺乏战略性

北京市智库的发展主要是立足于市级官方机构智库建设、成立市内智库工作领导小组、对接北京市有关高端智库等，更多的是立足于北京市属智库的建设。但北京作为国家首都，拥有巨大优势，仅仅考虑自身的发展是不够的，必须提高自身的政治站位，将落实首都功能、服务好党中央国务院作为首要任务。打造智库产业的目的更多的是服务党中央、国务院更好的决策，同时也为地方经济发展出谋划策，从而在中央和地方两个层面承担沟通与联系的功能。将智库产业区作为落实首都功能核心功能的重要战略功能区，把习近平总书记对北京的指示落在实处。

2. 对市内高端智库智缺乏管理权

北京市内高端智库数量多，质量高，均是数一数二的国家级智库。由于我国实行条块分离的管理模式，众多的高端智库虽然在北京市的辖区内，但是高端智库与北京市并没有行政上的隶属关系，而是隶属于党中央、国务院或者各部委，北京市只能去协调、对接有关智库，这是北京市发展智库产业的巨大障碍，并且在短时间内我国的行政体制无法做出较大的调整，北京市只能在现有的状况下，充分发挥自身的主观能动性。

3. 系统内智库缺乏市场化的横向联系

从智库所属性质来看，多是系统内部的研究院，一般以系统内部的研究为主，较少涉及其他领域。这些研究院在自身的领域内均是全国的顶尖机构，但是随着我国经济的不断发展，在做精自身领域的同时，还更加注重与其他领域的跨界与交流，将不同领域的理论、实践和方法整合起来，创造出新的理论和实践。但是由于我国固有体制的束缚，系统内部的研究院缺乏与其他领域的研究院沟通与交流，研究更加封闭，进一步约束了各研究院的创新能力。

（三）北京市发展智库产业的重大意义

1. 智库是党政机关决策科学化民主化的"外脑"

智库及政策科学的发展，反映了人类处理日益复杂的社会问题的需要。大科学、大企业、大工程的出现，全球化与信息化的加速，社会问题的日益复杂化，使个人或小集团（决断子系统）难以独揽决策。面对一系列错综复杂的社会事务和重大决策，信息量大、牵涉面广、影响因素多、变化快，靠决策者个人或小集团的智慧或以往的经验已经难以胜任，必须靠参谋咨询团体来辅助。决策者往往忙于日常事务，无时间思考、研究一些长远、全面性问题，政府就转向各个领域的专家学者，寻求智力支持，辅助决策者正确决策，增强应变能力。科技进步、信息量急剧增加，知识更新加快，要求有专门信息处理组织。领导者要正确决策，需要获取大量信息资料，并认真筛选、加工、处理和制作，这不能只依靠领导者个人来做，只有依靠智库这样的决策咨询机构作为信息储存库，充分发挥多学科专家、学者的配合作用，才能弥补决策者个人知识能力不足。智库产业将社会及其利益团体的意志，通过专家运用科学工具和广泛论证、归纳，而变成具体政策方案，源源不断地输向政府及决策者。通过辩论形成主流政策建议。它们常常会在同一问题上提出不同甚至对立侧方案，进行政策大辩论，起到互相补充和制约的作用。这种辩论有助于政府制订政策方案的衡量和选择，有助于在社会达成共识或主流看法。

2. 智库是公众与政府沟通的纽带

智库产业可以连接公众与政府，为两者的互动提供有效沟通的纽带和平台。智库产业通过举办研讨会、论坛等形式，为社会公众、智库专家、政府官员之间建立一个直接沟通的平台，既可加深公众对公共政策的理解，又为公众发表自己的意见提供了一种渠道。

3. 智库是我国对外国际关系的第二轨道

所谓"第二轨道"外交，是指介于官方外交（"第一轨道"）与纯民间交流（"第三轨道"）之间的一种特殊渠道，其突出特征是为官方和非官方提供一个非正式交流的平台，从而进一步加强我国与他国的沟通与互信。以中美关系为例，美国政府高层官员在访华之前，通常都会选择一家与中国政府关系密切的智库进行前期的演讲，并且选择一家智库。智库则带着访华的一些议题与中国各方面进行接触，试探中国的态度，在掌握了各方情况后，为美国政府的决策做充分准备。这样一方面减少了双方政策的分歧和误判，另一方面也为双方的沟通与交流提供了新渠道。

三 国外智库发展进程及国内外智库发展对比

（一）美国智库

提及智库，人们首先联想到的一定是兰德公司或者布鲁金斯学会。毫无疑问，美国智库代表了当今世界智库的最高水平，无论在数量上还是质量上，都遥遥领先于其他国家。它们取得的成就是如此耀眼，以至于谈及智库必会从美国谈起。

根据《全球智库报告2018》的统计数据，2018年美国共有1871家智库，其中有90%以上成立于1951年之后，有397家智库（超过1/5）的智库位于华盛顿特区。从全球智库排行榜来看，前10名中美国独占5家，并且有15家美国智库跻身全球前100名，此外，布鲁金斯学会全球排名第一。以上数据足见美国智库水平之高。纵观美国智库发展历史，它所走过的每一段历程都体现了时代发展的要求，都与美国政治、经济、社会的发展息息相关。美国的智库产业发展较为成熟，已经形成了非常健全的智库体系，并且在跟美国政治、经济、文化深度融合的过程中呈现一些显著的特点。

1. 美国智库保持着相当程度的独立性

美国智库既依托又独立于政府。智库运作具有相对独立性，不隶属于政府组织，也不受党派、企业、基金会等控制。换句话说，智库与政府之间不是隶属关系，而是一种合作关系。政府给予智库一定的经费支持，智库为政府提供各种"思想产品"，使政府的各项决策更加科学合理。但需要指出的是，智库资金大部分来自企业和基金会捐赠以及投资收益，政府资助仅占很小一部分，而且主要是通过委托研究的形式获取资金支持。智库中的研究人员凭借自己所掌握的知识和信息资料独立开展研究，其过程、方法、结论均不受外界干扰，始终保持客观公正的立场。

2. "旋转门"机制

"旋转门"是美国智库与世界其他各国智库相比最显著的特征，也是保证美国智库长久保持较高研究能力和较强影响力的重要保证。在美国的政治体制下，多党轮流竞选执政，四年一度的总统选举后，一般都伴随着大量政府官员的轮换，为美国智库提供了源源不断的高水平智库研究人才。同时，新当选的总统也会在全国范围内重新物色优秀人才充任政府职务，美国智库体系内又有一大批高素质人才进入政府部门出任重要职务。这种政府部门与智库之间人才的双向流动机制给双方都提供了充足的人才储备。长远来看，"旋转门"机制为美国智库直接渗入美国政府政策决策核心、提升智库影响力提供了快捷通道，成为美国智库持续发展的不竭动力。

3. 行业管理措施规范

为了便于对智库等咨询行业进行管理，美国设立了咨询委员会。咨询委员会不仅可以与政府等机构进行沟通协调来维护各个咨询机构的利益，而且可以制定自己的行业规范并凭借相关规范对其成员进行管理，这种规范不能违反国家法律、法规和行政规章的相关规定。咨询委员会的组成人员主要是智库行业的专家学者，他们对智库的管理会更加科学和专业，也能更好地促进对整个智库行业发展。

4. 重视成果的传播与推广

美国智库在性质上多为非营利性独立法人，它们虽然不以营利为目的，但是为了在激烈的市场竞争中生存，智库就必须不断扩大自身的竞争力与影响力。因此，美国智库特别重视成果的传播与推广，以扩大其在政界、商界、社会公众中的影响。

5. 具有良好的社会经济基础与人才优势

作为发达国家，经济的快速发展必然会引起竞争加剧，社会主体在发展中必然会面临各种各样的抉择，所以对智库的需求越来越旺盛。同时，在人才需求方面美国智库的门槛很高，智库的工作人员主要是由各领域的硕士、博士、专家学者组成。美国的教育高度发达，世界排名靠前的高校有很多出自美国，这些高校为美国社会培养了很多优秀高端的人才，这就为美国智库提供了充足的人才储备。

（二）欧洲智库

在欧洲，智库发展起步较早，但智库在欧洲真正获得足够重视大约在近40年，随着欧洲福利国家的难以为继和欧洲一体化进程的不断加快，各种复杂问题和突出矛盾并不能由单一国家妥善解决，各国开始寻求外部力量协助，尤其是欧盟成立以后，智库在各国内政外交政策决策过程中的重要作用得以显现，欧洲智库迎来了新的发展契机。根据《全球智库报告2018》的统计数据，截止到2018年，欧洲共有2219家智库，数量位居全球第一，其中，中欧、东欧共有智库702家，西欧则有1523家，并且全球智库排行榜前10名中入围的4家欧洲智库均属于西欧，智库排行榜前100名中入围的欧洲智库中也是以西欧智库居多，在智库的数量上呈现"西多东少"，在智库的质量上呈现"西高东低"的分布态势。在目前的欧洲智库中，英国、德国和法国智库的发展较为突出，截止到2018年，英国智库总数已经达到321家，居全球智库数量第三位，并形成了一个规模相对庞大、行业发展较为成熟的智库体系。

梳理欧洲智库的发展历程可以发现，欧洲各国智库发展并不同步，英国、德国相对较早，法国稍后，其他国家智库起步都比较晚。欧盟成立后，欧洲国家智库数量出现猛增态势，且产生了一些较具国际影响力的大型智库。

以英国为例，经过一百多年的发展，英国的智库产业在服务于社会生产生活的过程中，逐渐形成了智库的产业集聚与规模效应，英国的智库产业在发展过程中呈现以下特点。

1. 以国际化视野布局全球研究

英国著名智库一般具有国际化视野，关注全球发展问题，极其重视国际合作与交流，延揽全球智库人才，配置全球智力资源，搭建全球研究网络。

2. 以前瞻性、战略性研究为主要导向

英国著名智库常常以前瞻性、预判性研究为己任，制定相应的战略任务。英国智库的超前意识不仅体现在军事防务领域，也充分反映在涉及国计民生的公共政策领域。

3. 注重跨学科交叉研究与专业化分工

英国著名智库研究范围广泛，覆盖国际事务、军事安全、能源与环境、科学技术、国家安全与公共安全、人口与老龄化、医疗健康与保健等诸多研究领域。但是，英国智库一般都会从自身优势出发，选择某些细分领域开展交叉学科研究，而不是一哄而起、扎堆研究。这不仅避免了研究资源的浪费，也有助于不断拓宽和深化研究领域，形成专业化优势。

4. 高度重视智库产品的宣传推广

不论是左翼还是右翼，英国著名智库都重视智库产品的宣传，同媒体保持密切关系。英国智库通过开展项目研究，公开出版杂志刊物，以提升学术影响力；或者频繁地在社交媒体上出镜、发声，在数字网络上宣传推介，形成全方位的宣传推广攻势，以提升社会影响力。

5. 具有规范有序的组织构架与运作管理模式

英国著名智库均建有较为完备的组织框架，组织化程度较高，理事会为智库的发展方向掌舵，各委员会各司其职，确保智库内部的高效运行与权力平衡。

6. 资金来源渠道多元化和严格的使用限制

英国智库研究资金主要来自政府资助、欧盟资助、企业（含慈善机构）和个人捐赠、信贷支持，以及研究委托等五大渠道。此外，也通过出版专著、收取会费、召开收费论坛或会议、提供有偿培训和咨询服务等方式获取资金。一些具有政府背景或者政治倾向性的智库，政府资助在其资金来源中的占比较高。同时，英国智库对于资金的使用也有严格限制。智库的财务收支、捐赠明细、董事信息等均公开公布，接受公众质疑和监督。

（三）日本智库

日本智库与欧美智库相比较而言起步较晚，但在亚洲范围内则处于领先地位。根据《全球智库报告2018》，2018年，日本共有智库128家，智库数量排名全球第8位，在亚洲范围内排名第3位，日本国际事务研究所排名全球智库第14位，是亚洲智库在全球智库强排行榜中的最佳排名，成为代表亚洲智库最高水平的国际知名智库组织。由此可见，日本的智库数量虽然不多，但质量较高。日本智库产业的发展呈现如下特点。

1. 智库法制化程度高

为保证日本智库咨询业健康发展，1973年，日本国会通过《综合研究开发机构法》，从国家法律层面明确了智库存在和发展的法律地位。日本政府部门专门设立智库行业管理机构，出台智库从业相关政策措施，加强对各类智库行为的规范和引导。如1975年，日本成立了全国智库协会；1985年，又成立地方智库协会，这两个协会作为全国智库和地方智库发展的协调性机构，在避免智库重复建设和恶性竞争方面发挥了重要作用，为日本智库建设营造了良好的发展环境。

2. 智库组织形态多元

日本智库主要有三种组织形态，分别为官方智库、半官方智库、民间智库。官方智库又可以分为两种：一种是直接隶属于政府某个部门的智库，如日本科学技术振兴机构等；另一种是独立的行政法人型智库，它们是政府机构的派生组织，其运营经费全部来自国家财政预算。如情报通信研究机构、经济产业研究所等都属于独立的行政法人型智库。而民间智库大致可以分为三种类型：第一种是营利性智库，如野村综合研究所、日本系统开发研究所等；第二种是非营利性智库，包括公益社团法人、公益财团法人和特定非营利活动法人；第三种是既非公益又非营利性质的"中间法人型"智库。由此可见，日本智库表现出多元化的组织形态特征。

3. 政府与各类智库之间有畅通的渠道

日本政府与企业、民间智库之间有畅通的互动渠道。日本政府在做出重大决策之前，通常会通过"咨询会议""委员会"等形式，组织各类智库进行论证和调研，并将相关的重要课题委托给这些智库。日本政府会将同样的课题交给不同的智库，以使最终能够获得比较全面和平衡的论证结果。此外，很多官方人士在退休之后也会进入各种智库，他们成为连接智库与政府之间的桥梁。

4. 日本的智库产业注重发挥社会作用

通过发布成果、媒体推介、举办社会活动、高层公关等形式，日本智库广泛地参与到日本的社会事务中，充分发挥自身对社会的引领作用，促进智库产业发展进入良性循环轨道。不少日本财团和企业下属的智库是集研究、商业咨询和公共关系于一体的综合性机构，其各项功能之间是有机结合、相互促进的。

5. 智库具有特殊的组织形式

日本智库采取独特的"派出研究员"制度，即政府、大学、企业、研究所向智库派出研究员，工作2～3年，工资由原单位承担，工作2～3年后回原单位工作。

美、英、德、法、日五国智库的主要特点及与政府的关系见表6。

表6 美、英、德、法、日五国智库的主要特点及与政府的关系

国别	代表性智库	特点	与政府的关系
美国	➢ 布鲁金斯研究所 ➢ 兰德公司 ➢ 城市研究所	➢ 具有很强的独立性 ➢ 独特的旋转门制度 ➢ 重视成果的传播与推销	与政府关系密切，拥有独特的旋转门机制
英国	➢ 费边社 ➢ 公共政策研究会 ➢ 欧洲改革中心	➢ 具有较强的意识形态倾向 ➢ 重视对公众舆论的影响 ➢ 智库人员的流动渠道较广	智库具有较强的政治倾向，智库与政府互为补充
德国	➢ 应用政治研究中心 ➢ 科学与政治基金会	➢ 学术型智库和政治基金会是主体 ➢ 智库接受定期评估 ➢ 智库与大学交流密切	政府极其重视智库发展，绝大部智库依靠公共财政运转
法国	➢ 法国国际关系研究所 ➢ 欧盟安全研究所	➢ 独立智库实力较强 ➢ 注重实用性研究	智库与政府关系密切，智库在法国行政体系中占有重要地位，在政府决策过程中发挥重要作用
日本	➢ 综合研究开发机构 ➢ 野村综合研究所	➢ 智库与财团、政府的关系密切 ➢ 管理制度健全，有针对智库专门制定的法律 ➢ 实行定期轮岗和外派研修制度	政府是智库的坚强后盾，智库为政府提供智力支持

资料来源：《领袖的外脑——世界著名思想库》、Nira's World directory of Think Tanks、《国外智库的建设经验及启示》。

（四）国外智库发展特征及借鉴意义

1. 按照产业链完善上下游相关配套

智库产业是一项知识密集型的战略性产业，它的发展离不开产业链上下游的配套和支持。智库产业需要政府课题的经费支持、需要高校为智库

源源不断地输送人才,而传媒、出版等下游行业的良好发展则可以将智库产业的产品以更好的形式生产包装出来,进行广泛的推广。此外,智库产业可以带动餐饮、会议、出版等一系列相关产业实现共同发展,共同繁荣。因此,发展智库产业不只是建立和发展智库,而且以建立和发展智库为核心,充分借助外部资源优势进行产业链上下游的整合,进一步完善相关配套服务,打造产业集群。

2. 智库产业在公共政策决策区域集聚发展

从国际经验来看,智库产业在地理分布上呈现以下三个特征:一是在公共政策决策区域集群化发展,在空间上集聚形成溢出效应。从西方国家的经验来看,智库产业在空间布局上靠近政府决策者,尽最大可能获取信息。号称"智库一条街"的美国华盛顿K街,有许多重要的智库如布鲁金斯学会、卡内基和平基金会、国际经济研究所等,K街成了智库产业横向联动、互动合作的重要空间载体。二是智库产业的布局带动城市功能提升。作为现代知识密集型的服务产业,智库产业的发展直接带动了城市内部与外部之间的联系,强化了城市的辐射带动作用,对区域和全国的经济发展具有引领带动作用,进一步推动区域高质量发展。三是智库产业作为与政府具有特殊关系的知识密集型服务产业,在地理空间分布上更加靠近知识源,容易获得最新的研究进展。

3. 营造良好的智政关系,政府资助与市场化发展相结合

处理好政府与智库之间的关系是国外智库产业发展的关键环节。在发达国家,政府部门与智库机构之间相互独立但在业务上紧密联系,保证了智库研究的独立性,为智库产业提供了体制上的保障,进而促进了智库产业的蓬勃发展。发达国家政府对智库的资助普遍运用淘汰激励机制,只有研究能力强、政策建议有价值的智库才能获得资助,这虽然在一定程度上加剧了智库之间竞争,但提高了智库的质量与水平,政府也能获得更有价值的政策咨询。

发达国家的智库产业还善于将市场化的运作机制引入科研领域当中,发挥市场对智库产业的拉动作用,这主要表现在两个方面。一是多样化的筹款机制。发达国家智库除了依靠政府进行资金支持之外,还有多种多样的经费来源,如大基金、项目招标、捐助、自身产业化运作收入等。智库不仅为政府提供决策服务，也为企业提供咨询。二是内部制定严格的绩效评估制度和考核聘任制度，并建立良好的成果外部评定系统，以保证研究成果的质量和水平。

4. 出台配套扶持政策，促进产业持续发展

欧美等发达国家高度重视智库产业在经济发展、社会发展中的决策咨询作用，并通过多方面的扶持政策，帮助智库产业不断发展壮大。国外政府对智库产业的扶持主要体现在以下几个方面。一是财税支持，政府在财政、税收政策上给予智库产业极大的支持，有的政府直接通过财政拨款支持智库产业。二是需求支持，发达国家从政府层面主动创造智库产品的需求市场，为智库产业创新创造与持续发展提供不竭动力。三是法律支持，发达国家往往颁布法令为智库发展提供法律上的保障。四是信息支持，发达国家十分重视给予其国内智库信息上的扶助，英法政府通过驻外使馆、贸易部、联合国等国际机构取得有关国外咨询业务或项目的情报，再通过国内相关部门传递给国内智库。此外，发达国家还注重建立各种数据库和联机检索系统为智库获取信息提供便利。

5. 完善智库产业管理体制机制，加强智库专业化建设

思想产品是智库发展的立身之本，结合国际经验可以看出，智库产业的专业化发展成为重要的趋势。智库产业的专业化体现在两个方面：一是人才的专业化，欧洲智库产业在发展中建立了有利于人才充分发展的激励机制，吸收了各国全国范围内的大学教授和研究人员参与项目，有较强的学术权威；二是管理体制的专业化，借鉴国际经验可以看到，发达国家的智库产业管理机制比较成熟。我国政府在发展智库产业时，要借鉴国际经验，加强机制体制创新，完善智库产业管理体制机制，探索适合我国特点的智库管理模式，加强智库专业化建设。

四 北京智库产业的发展思路

（一）指导思想

在习近平新时代中国特色社会主义思想的指引下，坚定智库发展的政治方向，旗帜鲜明地坚持党对智库工作的领导，坚持党管智库原则。以服务党和政府决策为宗旨，以减量发展和高质量发展为抓手，以政策研究咨询为方向，以改革创新为动力，以科技进步为引领，努力建设世界领先、全国一流、首都特色的高端智库产业集聚区。

（二）基本原则

1. 坚持党的领导，把握正确导向

把坚持正确的政治方向摆在首要位置，要切实加强党对各类智库建设的组织领导，确保智库从事的各项活动符合党的路线方针政策，坚决反对打着"智慧自由""思想自由"旗号，弱化、虚化党的领导。

2. 坚持"两高一低"，推进集约发展

严格落实"一疏二控三减四降"，整合政策空间资源，优化智库空间布局。优化市场主体结构，培育智力资源交易市场。推进智库建设高端引领、高质量发展、低密度集聚的"两高一低"集约发展。

3. 坚持前沿引领，服务核心工作

围绕首都核心功能、北京市高质量发展，坚持问题导向，开展前沿性、针对性政策研究，提出专业化、可操作的政策建议，提升北京市党政机关决策的综合水平和规划能力。

4. 坚持机制创新，规范有序发展

加强分类指导，科学推进不同类型、不同性质智库差异化发展。加强规划布局，建立高端智库产业化长效机制，增强政府政策保障，引导各类智库有序发展。

（三）战略定位

1. 世界一流智库产业集聚区

智库是国家软实力的重要体现，也是国家外交和文化传播的重要力量。北京是国家首都，是政治中心、文化中心、国际交往中心和科技创新中心，是彰显国家形象的重要窗口。需要集聚一批世界一流的高端智库，更加注重对国际政治经济形势的分析和研判，尽早识别风险、危机，做出预警。围绕全球治理中的热点问题，在事关国家重大核心利益的战略决策上主动设置问题,积极发声;围绕国家战略,提出易于为国际社会所理解和接受的新概念、新范畴、新表述,以世界一流智库为载体,传播中华文化、发出中国声音,塑造"世界和平的建设者、全球发展的贡献者、国际秩序的维护者"的良好形象。

2. 国家重大决策保障服务区

智库的使命在于服务党和国家工作大局、服务党委政府决策。进入新时代,发展任务更加艰巨繁重,决策信息瞬息万变,党和国家的科学决策越来越需要高端智库提供高质量的智力支撑。北京是国家级高端智库的集聚区之一,应从培育智力资源交易市场、搭建多元智库交流平台、完善配套服务和政策保障等多方面入手,将其建设成国家高端智库政策咨询的保障服务区。

3. 北京市高质量发展的重要组成

高质量发展是国家作为大国首都的国家责任和历史担当,在减量约束下实现高质量发展,必须提高发展质量、效益和可持续性。高质量发展的理论内涵、任务要求和发展路径,需要高质量研究成果的科学研究、精准判断;高质量发展的极端进展、效果评估、监察督察,需要第三方的客观分析、持续关注。高端智库一方面进行资政献策,另一方面进行评估监督,为北京市高质量发展贡献力量。

五 北京智库产业发展的路径选择

首先,北京智库产业的发展应从培育政策市场入手,建立高端智力资源交易市场、搭建多元智库交流合作平台,完善智库产业配套服务。其次,应通过推动服务贸易双向流动,提升智库国际化水平,着重扩大智库的国际影响力。最后,建立智库产业化长效机制,制定长效的智库产业发展规划,构建科学的智库产业评价体系,实施创新的智库内部管理机制,建立高效的智库成果转化机制。

(一)培育政策思想市场

1. 建立高端智力资源交易市场

引入市场机制,构建多元化智库体系。首先,北京市需建立政府重大决策咨询项目公开招标机制，坚持多个主体参与原则，平等对待官方、企业、高校科研院所、社会民间等各种类型智库。其次，鼓励社会智库发展，保障社会智库依法参与智库产品供给，拓宽社会智库参与决策咨询服务的有效途径。最后，北京市需制定高端智库产业发展规范，鼓励各类型智库打造和增强核心竞争力，进行有序竞争，降低行业壁垒，提升北京市高端智库的影响力。建立智力资源交易市场，打通官方智库、企业智库和民间智库的竞争与合作。

2. 搭建多元智库交流合作平台

搭建北京市多元智库交流合作平台，破解北京市缺失高端智库管辖权的劣势。首先，整合北京市政治、金融、科技等领域的智库资源，通过举办学术会议扩大智库的学术影响力，树立北京市高端智库的学术权威性。其次，增强各类智库之间的交流沟通与合作，实现同一平台下不同学科阵地、研究领域的交互影响与跨界合作，以点带面，形成以高端智库为核心的智库协作网络。最后，将北京市高端智库研究人员资源整合在统一平台下，让先锋人物聚集于此，交流合作平台的管辖权归属北京市，北京市将可以利用人才制高点的优势，使人才为北京市所用，使其为北京市的社会经济发展、政策方针制定献计献策。

3. 完善智库产业配套服务

制度配套。制度配套包括准入机制、竞争机制、成果转化机制和监督机制。在准入机制上，北京市要设立高端智库评价机制，从决策影响力、学术影响力、社会影响力、国际影响力等多维度对智库进行考评。在竞争机制上，尤其是针对不同类型智库，要体现公平、公正、公开。在成果转化机制上要建立多渠道、多形式、多层次、多载体的研究成果传播机制。在监督机制上，要以国家金融监管需求、区政府需求为导向，以实现更大的社会整体效益和经济效益为目标，有效避免市场失灵，完善北京市政策思想市场的建设。

资金配套。北京市现有智库多为依托于各国家部委、金融机构，为保证其研究的相对独立性，在北京市高端智库产业发展过程中，要通过市场化手段逐渐实现智库研究经费的多元化。除政府资金外，要引进基金会、企业和个人资金，并确保资金来源不影响研究过程和结果。

空间配套。知识交易虽然具有零空间距离需求的特质，但是知识溢出效应使"面对面"交流能够产生思想碰撞的火花，带来知识的创新。因此，高端智库机构在空间上的集聚能够进一步催生高质量的智库研究。北京市应充分利用北展地区疏解腾退空间，整合区内楼宇资源，为高端智库产业集聚区提供空间载体。

（二）提升智库国际影响力

1. 推动服务贸易双向流动

智库产业的发展会进一步降低国内外企业的搜寻成本和研究成本，减少信息不对称带来的决策失误，推动我国服务贸易的增长。随着我国服务型企业的进一步国际化，服务型企业"走出去"的愿望更加强烈，需要研究机构对未来的海外市场进行研判，降低搜寻成本，这为智库创造了巨大的市场。智库产业的发展会积累大量的信息、数据、资料，随着研究能力的不断提升，进一步增强我国在世界经济中对全球经济活动的控制性，强化我国对于全球经济的影响。

2. 提升智库国际化水平和影响力

北京市高端智库的建设应秉持人类命运共同体意识和全球治理思想，变全球化逆流之危为机。在政治上，提出全球治理的中国方案，发挥引领作用，加强与其他国家智库的国际交流与合作，扩大国际影响力。

（三）建立智库产业化长效机制

1. 制定长效的智库产业发展规划

北京市建设智库产业，需要制定智库产业发展的总体规划，明确产业规范，对不同类型的智库实行分类指导，避免智库发展偏离正确的方向；确定智库发展的空间范围，为"智库集聚区"提供可落地的空间支撑；指出北京市智库产业的发展重点，具有中国特色，兼顾北京市优势，面向国内外需求，形成规模经营、专业化分工、具有国际影响力的智库产业基地。

2. 构建科学的智库产业评价体系

建立科学的智库产业发展评估指标体系，提高智库产业发展资金、资源的投入利用效率。首先，要建立多维度智库成果评价指标体系，智库成果不同于一般学术性或者理论性研究成果，其应用性更强、对策性更突出、可操作性更明显，应从现实效益、政策采纳和学术反响三个维度对智库成果进行评价。

3. 实施创新的智库内部管理机制

北京市可以引导智库加强内部管理机制的创新，通过管理机制上的创新提升智库的运行效率和功能，适应外部社会环境的发展变化，从而扩大智库的社会影响力。一是吸收社会资金研究公益性的重大社会问题，促进社会健康发展。二是能够吸引一批有社会理想、有谋略和创新精神、志愿献身公益事业的优秀专家、退休政治家和管理人才。

4. 建立高效的智库成果转化机制

开辟新型的、独立的成果报送渠道。充分利用北京市作为国家政治中心的绝对优势，在现有的官方智库成果报送渠道和新闻媒体、会议论坛、学术活动、蓝皮书等传统形式报送成果的基础上，搭建新的非官方智库报送平台，提高智库成果转化效率。

六 推进北京智库产业发展的政策建议

推进北京智库产业发展，需要建立政策、人才、资金等全方位的支持。第一，应引导各类智库特色发展，官方智库、企业智库、社会智库、高校与科研院所智库要依托各自专长、从服务对象入手，进行差异化发展。第二，应推动市区现有资源的整合，从空间存量和智库存量入手，进行空间资源的整合和智库资源的整合。第三，通过创新人才选用机制、健全人才激励机制和完善人才服务机制，打造创新型人才高地。第四，建立多元化资金筹措机制，加大财政资金投入，探索设立智库发展基基金，引导社会对智库的投入，优化资金使用管理。第五，应健全政府保障服务机制，营造创新包容的社会舆论和政治环境，规范政府的决策咨询服务购买行为，优化政府对智库竞争的监管模式。

（一）引导各类型智库特色发展

北京市智库的建设，需要紧抓智库思想，选择战略性、前瞻性的重大问题进行超前研究。将首都城市战略定位、京津冀协同发展、有序疏解非首都功能、通州和雄安两翼建设作为北京市智库命题选择的重要方向,对相关问题进行深入研究,议题准确、论证严谨、论据有力,系统地提出具有建设性、可操作性的政策建议。

1. 引导官方与企业智库独立发展

首先,引导智库实行独立化运作模式。挖掘智库作为第三方研究机构超越利益的属性,提升北京市官方与企业智库在研究成果上与相关部门、企业的独立性与客观性,避免智库研究的利益局部化扩张甚至垄断。其次,强化智库独立化思考的能力。将独立思考的强化作为北京市智库建设的关键性任务,加强智库的创新性,以创新性推进智库独立思考能力的提升。

2. 引导社会智库规范发展

对社会智库发展的引导,要坚持规范与扶持并重的原则。以《关于社会智库健康发展的若干意见》中社会智库组织形式的认定为准,即"采取社会团体、社会服务机构、基金会等组织形式,具有法人资格"。同时,防止西方自由主义思潮的干扰和影响,提升社会智库的规范性。在具体的实践中,结合社会智库的实际情况,坚持社会智库建设与党的统一战线工作相结合、坚持社会智库建设与党的思想政治工作相结合。

3. 引导高校与科研院所智库"接地气"发展

引导北京市内高校与科研院所应坚持问题与需求导向,强化问题意识,健全调查研究机制,联系实际工作。提倡高校智库研究人员深入一线采集数据、实践调研,提升研究的战略性和前沿性,增强成果的应用性和操作性。加强高校、科研院所智库与企业、与其他类型智库之间的交流合作,提升高校和科研院所智库的成果转化能力。

(二)推动市区现有资源整合

在建筑规模减量、经济质量提升的约束下,需要通过对北京市内空间资源的优化与整合,进一步腾退不符合首都功能定位的产业、企业,统筹使用空间指标。

1. 推进空间资源整合

北京市空间资源的整合优化应以楼宇为单元,实施分级管理体系。对北京市的现有楼宇进行动态评级,并根据楼宇评级情况设定产业准入目录。针对合格楼宇,引入市场评级机构或企业组织对楼宇质量和环境状况进行评级,制定准入产业目录,对于产业目录内的企业,根据其企业质量、产品质量、人才结构、科研创新投入等,给予租金补贴优惠。针对不合格楼宇,构建区相关部门之间的联动机制,通过政府牵头、引进社会资本和楼宇产权主体参与的方式,共同推进楼宇空间改造、附属设施更新及周边环境整治,提升腾笼换鸟工作效果,减少空间资源闲置。在楼宇空间改造过程中,注重推广合作空间办公。

2. 推进智库资源整合

充分发挥政府和市场的作用,引导同类型、同领域的智库进行有计划、科学的整合,以建立智库联盟的形式实现"合库",整合和集聚智力资源,形成一批具有较强竞争力和影响力的新型智库,为智库的有序竞争创造条件。在"合库"的同时淘汰一批规模小、经费少、智力产品欠缺以及同质化严重的智库,推动智库的减量提质,增强智库的竞争力。整合智库发展所需的外部资源,为不同类型、不同层级的智库合理安排财政资金,引导社会资金进入智库领域。

(三)打造创新型人才高地

1. 创新人才选用机制

拓宽智库人才来源渠道,加强硕士和博士毕业生、政府卸任官员、大学专家、企业经营等多维度专业人才和高层次人才的引进、培养,形成比较灵活的用人机制和人才流动机制。

吸纳政商学各界经营进入智库工作。利用北京市作为国家公务人员集聚区的优势,制定公务员与智库研究人员之间身份转换的相关政策办法,推动智库与党政机关之间实现人才的双向流动,增加决策部门与智库的沟通和交流。鼓励科研机构专家学者、企业研究人员、政府部门资深工作人员相互兼职;鼓励青年研究人员到智库从事专门研究工作,要让智库工作经历成为研究人员从事其他工作的宝贵财富,从而带动更多青年研究人员参与智库研究工作。

2. 健全人才激励机制

正确认识有效激励对激发人才活力、吸引人才和留住人才的重要作用。一是物质激励，为智库研究人员提供可观的薪资待遇和福利。二是环境激励，为智库研究人员提供现代化的办公室、便利的生活服务、强大的数据库和计算机系统等"软硬兼施"的高质量生活与工作环境。三是荣誉激励，通过政府搭建的平台和渠道，在国际和国家层面推介智库研究人员的研究成果，提升个人知名度。

3. 完善人才服务机制

采取"开放式自主创新"作为延揽科技创新人才的基本战略，积极发挥政府的价格调节和创新要素市场有序运行的保障作用。依托北京市国有大型企业总部集中、科技人才资源禀赋丰富、高端产业要素集聚态势较强的核心优势，通过政府与企业互动、企业与高校互联、城市与区域互利等途径吸引人才流入，为我所用。

（四）建立多元化资金筹措机制

1. 加大财政资金投入

加大财政资金投入，给予智库必要的资金支持和保障，确保公益性研究机构财政资金足额拨款。加大财政资金购买智库服务的力度，充分利用社会智力资源，发挥社会智库思想性、创新性、独立性强的特点，鼓励开展决策咨询服务和对政府决策结果进行中后期评估，改变过度依赖部门内研究机构的现状，避免政府公信力的缺失和思想产品的蜕化。

2. 探索设立"智库发展基金"

借助区内金融机构高度集聚，银行资本丰富的区域优势，在"智库发展基金"的探索中走在前沿，以区内国家高端智库相结合，设立试点单位进行先行先试，探索研究设立"智库发展基金"的可行性，明确基金建立的类型、方式，制定和完善基金管理办法和使用机制，逐步减少智库资金来源对政府财政资金的依赖。

3. 引导社会对智库的投入

出台有关鼓励社会对公益性研究机构投入的优惠政策，探索实行财税优惠措施，以吸引社会资金扶持智库。在智库层面，要积极探索多元化的资金渠道，邀请各类企业、基金会向智库捐赠，合规吸收投行、券商、资产管理公司等商业资本，积极开拓国内外社会组织、政府机构、个人、团体等其他渠道。在企业层面，要进一步加强与智库的合作，既更好地担负起助力国家决策科学化的企业责任，也善于借助"外脑"推动企业的发展，加快构建智库与企业的良性合作发展机制。

4. 优化资金使用管理

智库资金的使用应坚持规范化、科学化和多元化。规范化是资金使用的基本前提，应完善相关的资金使用管理办法，资金使用可以是灵活的，但一定是合规的。科学化使用资金，应在使用方式、使用途径、报销方式等多方面科学规划智库资金使用，提高资金使用效率。多元化使用智库资金，需要在课题研究、学术成果出版、国际交流、学术研讨等常规性活动外，多元化智库活动，支持智库设立境外分支机构、与国际组织开展公益合作、设立国际荣誉和奖项等益于提高智库研究能力、提升智库国际化水平、扩大智库社会责任的活动，实现北京市高端智库在中国特色新型智库中的独特价值。

（五）健全政府服务保障机制

1. 营造创新包容的社会舆论和政治环境

政府应营造鼓励创新、自由包容的政治、社会环境，促进一流智库建设。北京市作为首都核心功能承载区，具有较高的政治性，但应当将政治风险的评估设置在合理区间，在思想上提倡开放、包容和创新，不将智库观点意识形态化、智库批评政治化。通过各种方式和渠道培养社会公众的政治意识和参政能力，提高社会公众对智库的认识。

2. 规范政府的决策咨询服务购买行为

在北京市建设高端智库的过程中，应当转变现有的政策咨询、政策评估业务的委托和运行模式，不论是官方智库还是社会智库，政府与智库之间的政策咨询服务交易行为都应当在市场主导的机制下进行。一是建立重大决策问询制度，构建智库"谋"、政府"断"的合理分工决策平台。二是建立公共决策咨询招标和采纳制度，实现政策评估主体选择的平等竞争，为"平行委托"创造条件。三是建立政府-智库双向评估机制并将双向评估报告在符合法律规定的情况下向社会公众公开。四是建立和完善公共决策过程中公民参与的利益表达和公众利益均衡机制，提高北京市公共决策的民主化、科学化水平。

3. 优化政府对智库竞争的监管模式

科学的监管方式是确保智库有序竞争的重要手段。针对当前智库竞争监管呈现的监管乏力、监管执行不力和监管模式陈旧等问题，推动监管模式优化和创新，是促进智库有序竞争的一个重要着力点。优化智库竞争监督模式，完善监管职能，促进智库竞争和优化智库布局，实现智库有序竞争和健康发展。

附表1　2017年企业咨询服务公司前50名在北京分部情况

企业名称	所在地区
中国国际经济交流中心	北京市
麦肯锡	北京市朝阳区
普华永道	北京市朝阳区
科尔尼	北京市朝阳区
罗兰贝格	北京市朝阳区
波士顿	北京市朝阳区
贝恩	北京市朝阳区
和君	北京市朝阳区
正略钧策	北京市朝阳区
奥维咨询	北京市朝阳区
合益咨询	北京市朝阳区
益普索	北京市朝阳区
埃森哲	北京市朝阳区
怡安翰威特	北京市朝阳区
美世咨询	北京丰台区
韬睿惠悦	北京市朝阳区
尼尔森	北京市朝阳区
基业昶青	北京无机构
盖洛普	北京市朝阳区
零点有数科技	北京市朝阳区

续表

企业名称	所在地区
通用咨询	北京无机构
新华信国际信息咨询	北京市朝阳区
睿信致成	北京市朝阳区
汉普管理咨询	北京市海淀区
北大纵横	北京市朝阳区
华夏基石	北京市海淀区
百思特	北京市无机构
AMT 咨询	无信息
盛景网联	北京市海淀区
IBM 咨询	北京市朝阳区
凯洛格	北京市朝阳区
德勤	北京市东城区
博商管理科学研究院	北京无机构
时代光华	北京市海淀区
行动成功	北京市海淀区
聚成企业管理顾问	北京市朝阳区
云学堂	北京市东城区
网易云课堂	北京无机构
时代华商	北京市海淀区
中旭股份	北京市丰台区
慧聪国际资讯	北京市丰台区
FESCO 培训咨询	北京市朝阳区
凯捷中国	北京市朝阳区
中智人力资源管理咨询	北京市朝阳区
上海石顿	北京无机构
众行集团	北京市海淀区
汇聚投资有限公司	北京市朝阳区
理实国际	北京市东城区
兴远咨询	北京无机构
长松咨询	北京市通州区
理特管理顾问	北京市朝阳区

资料来源：《2017 企业咨询服务公司排行榜》，《互联网周刊》2017 年 11 月 29 日。

参考文献

[1] 国际战研究所：《领袖的外脑——世界著名思想库》，中国社会科学出版社，2000。

[2] 胡鞍钢：《建设中国特色新型智库：实践与总结》，《上海行政学院学报》2014年第15期。

[3] 李安方：《智库产业化发展的基本特征与操作》，《重庆社会科学》2012年第6期。

[4] 李凯林、何少华：《关于国内智库建设的几个问题——以首都智库建设为例》，《北京行政学院学报》2013年第2期。

[5] 李凌：《智库产业——演化机理与发展趋势》，生活·读书·新知三联书店，2012。

[6] 李凌：《中国智库影响力的实证研究与政策建议》，《社会科学》2014年第4期。

[7] 米亚：《国外智库建设的经验及启示》，《求知》2017年第7期。

[8] 上海社会科学院智库研究中心：《2017年中国智库报告——影响力排名与政策建议》（网络版），http://www.pjzgzk.org.cn/c/2334.htm，2018年3月19日。

[9] 上海社会科学院智库研究中心：《2018年中国智库报告——影响力排名与政策建议》（网络版），http://www.pjzgzk.org.cn/c/3104.htm，2019年3月20日。

[10] 王辉耀：《中国智库国际化的实践与思考》，《中国行政管理》2014年第5期。

[11] 王佳宁、张晓月：《智库的起源、历程及趋势》，《重庆社会科学》2012年第10期。

[12] 王莉丽：《美国智库的核心竞争力分析》，《智库理论与实践》2017年第2期。

[13] 薛澜：《智库热的冷思考：破解中国特色智库发展之道》，《中国行政管理》2014年第5期。

[14] 于今、陈秋玲、李志斌、闫海潮：《京津冀智库产业区发展路径研究》，《理论与现代化》2017年第1期。

[15] 詹国辉、张新文：《中国智库发展研究：国际经验、限度与路径选择》，《湖北社会科学》2017年第1期。

[16] 〔美〕詹姆斯·麦甘：《智库的催化作用：转型国家的改革之路》，谢华育等译，上海社会科学院出版社，2018。

[17] 朱瑞博、刘芸：《智库影响力的国际经验与我国智库运行机制》，《重庆社会

科学》2012 年第 3 期。

[18] 朱旭峰:《构建中国特色新型智库研究的理论框架》,《中国行政管理》2014 年第 5 期。

[19] James G. McGann, 2018 Global Go to Think Tank Index Report, TTCSP Global Go to Think Tank Index Reports. 16, https://repository.upenn.edu/think_tanks/16.

北京市高质量发展背景下住房租赁市场建设

孙传辉[*]

摘　要　在北京高质量发展的要求背景下，解决好居民的住房问题是无法回避的重要问题。然而北京的高房价导致很多人购房困难，存在大量居民进入住房租赁市场，因此，发展高质量的住房租赁市场满足各类居民的住房需求刻不容缓。本文首先从承租人、租赁方和政府三个市场主体对2018~2019年北京住房租赁市场的发展现状进行了描述和分析，并进一步分析了北京的住房租赁市场对北京市经济的影响。在此基础上总结了北京市住房租赁市场存在的五个主要问题：供给结构不合理、租售同权落实困难、相关法律法规不完善、政府监管不足以及政策合理性不足。其次对美国、日本、英国、德国和新加坡五个国家的住房租赁市场发展的特点进行了简要的分析，提取出对北京市的租赁市场发展的经验启示。最后从增加住房租赁供给、加强制度建设、完善相关法律规定制定和执行、加大人才引进住房保障力度、加大金融创新和税收扶持力度五个方面给出政策建议。

关键词　高质量发展；住房租赁市场；租购并举

当前，我国经济发展迈入一个新的阶段，从过去追求高速增长转向高

---

[*] 孙传辉，助理研究员，中央财经大学财经研究院，北京市哲学社会科学北京财经研究基地，研究方向为财政和货币政策、房地产市场。

质量发展，从着力解决落后社会生产与人们的物质文化需要的矛盾到解决发展中不平衡不充分的问题。在此背景下，持续快速上涨的住房价格却一直困扰着我国经济的健康发展。一方面，居高不下的住房价格极大地增加了企业和居民的生产生活负担，影响企业创新居民创业和对生产效率的提高。另一方面，快速增长的住房价格也使居民间的收入分配扩大，影响其对美好生活的追求。在此背景下，党的十九大提出了"房住不炒，租购并举"的住房制度，发展住房租赁市场，赋予租房者更多的权利表明了党中央支持租赁住房发展、让房地产业回归本源的决心。在全国两会的政府工作报告中也进一步强调了落实"房住不炒"的地方主体责任和"培育发展住房租赁市场"的要求，旨在推动住房租赁产业的进一步繁荣发展。在此背景下，建设发展有序、高效、健康的住房租赁市场对北京房地产业和整个经济的高质量发展有着至关重要的影响。

一 北京住房租赁市场发展现状

我国正处于城市化快速发展的阶段，北京等大城市提供了广阔的就业机会，优质的医疗教育等公共服务，吸引了大量的流动人口涌入，随之也带来了巨大的住房需求。在北京，居高不下的房价迫使大量外来流动人员选择租房，从而也形成巨大的住房租赁市场。本节将从租赁市场的三个主体——承租人、出租方和政府对北京市住房租赁市场的发展现状进行描述。

（一）承租人

作为一个人口流入城市，每年有数以万计的外来人员在北京工作。受制于户籍和经济原因，很多人只能进行租房。58同城、安居客联合发布的《租房消费行为调查报告》显示，在租房时看中的因素中，租金价格、交通便利性、房屋安全性、房屋配套设施等因素方面排名靠前，其中有39.3%的租客选择了租金价格，38.8%的租客选择交通便利性，分别居租房看中的因素前两位。因此，本文将着重对这两个因素进行分析。

1. 居民租房成本较高

2018年1月至2019年1月北京市住房租金平均价格走势如图1所示。

从图中可以看到，全年住房租金价格在4370~4910元/月·套之间变动，其中2018年6~9月有所增长。其原因一方面是这几个月处于高校的毕业季和开学季，存在大量学生租房需求的增加，另一方面是2018年北京住房租赁市场出现租赁企业扩张恶性抢夺房源。随着季节的变化和住建部等部门政策指令的调控，住房租金价格在10月有了较大幅度的回落。2019年1月较2018年1月北京住房租赁租金价格上涨了约3.6%。因此，从动态变化的角度来看，2018年北京住房租赁价格具有较大波动，但全年涨幅不大。

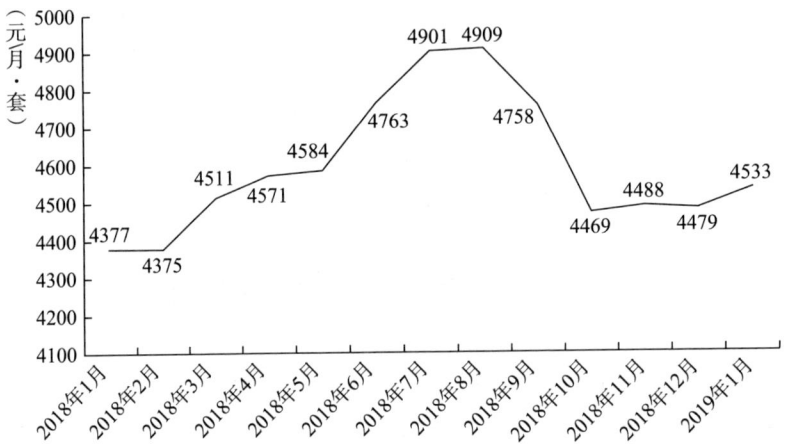

图1　2018年1月至2019年1月北京市住房租赁月租金均价走势
资料来源：笔者根据相关文献整理。

然而，从静态价格水平的角度看，北京租房价格成本较高。租房价格水平可以从以下几个方面进行分析。一是对比住房价格。如图2所示，北京的住房租金价格大致符合从城中心往外价格递减的情况，其中东城区和西城区最高，分别达到134.73元/月·m²和129.42元/月·m²。对比住房价格，租金并不是严格按住房价格趋势变化，各区租售比最高的是租金最低的平谷区为1029倍，最低的是昌平区为580倍。这一方面是由于密云、平谷等郊区租房需求较少导致租金较低，租售比高；另一方面是东城、西城等区由于良好的教育等基础公共服务，购房需求较高，进而房价高从而租售比较高。600~1000的租售比意味着静态分析下，北京进行房产投资，需要50~80年才能收回成本，年均的收益率为1%~2%，远低于很多长期资产利率，也低于国际众多大城市的收益率。因此，从租售比来看，相对于在北京买房，房租价格显然不高，这也是促成很多人选择租房的原因。

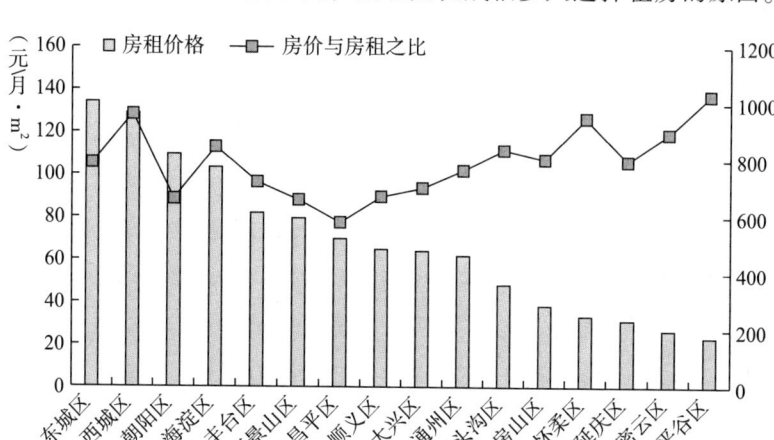

图 2 2019 年 1 月北京市各区房租价格及租售比

资料来源：城市房产网。

二是对比居民的收入水平。根据国家统计局公布的数据，2017 年北京市职工月平均工资为 8467 元，人均可支配收入为 4769 元。因此，平均来说，一个居民需要用所有的可支配收入才可以基本租赁一套住房，而无法满足其他消费，更无须谈储蓄了。因此，从居民收入水平方面来说，北京住房租赁的价格仍然是偏高的。

因此，以住房消费者即承租人的视角，住房租金显然是过高的，其占据了居民大部分的收入；但以住房拥有者即出租人的视角，住房租金过低，住房收益率过低。这种偏差根源在于北京住房价格相对于居民收入过高。过低的收益率表示出租方对租金供给弹性高；过高的住房成本表示出承租方对租金的需求弹性低，这也造成了住房租赁市场成为卖方市场，承租人拥有较小的议价权和较低的权益保障能力。这体现在签订租住条约的时候，大部分个人房东不愿意签订太长的合同，以有利于其及时地调整租金价格，但这同时给承租人带来极大的不稳定性。

2. 交通成本较高

为了避免较高的租房价格，很多承租人在远离市中心的各区寻求住房，这不仅给个人造成较高的交通成本，也给北京市交通增加了压力。高德地图、清华大学－戴姆勒可持续交通研究中心、阿里云等单位共同发布的

《2018Q3中国主要城市交通分析报告》显示，2018年第三季度北京平均每月因拥堵造成的时间成本达1049元，是唯一超千元的城市，占月平均工资的12.4%，高峰时拥堵里程占比达10.85%。另据《2018年中国城市通勤研究报告》，北京居民通勤平均通勤路程为13.2公里，其中小于5公里的人群占比为31.8%，5~15公里的人群占比为30.8%，15~25公里的人群占比为20.3%，另外有17.1%的人群通勤路程超过25公里。平均通勤用时达56分钟，有大约15.7%的人通勤时间超过1个小时。较长的通勤时间极大地增加了北京居民的生活负担，影响了北京市的活力。

3. 租房方式选择仍以普通租赁为主，长租公寓方式正在兴起

面对较高的租房租金，很多人只能选择合租，但这往往要面对复杂的合租关系，给租房居民带来较多的生活不便和居住安全风险。随着北京住房租赁政策的推广和"90后"新一代务工人员对居住条件要求的提高，长租公寓市场得到发展，长租公寓也逐渐成为居民租房的选择之一。长租公寓不仅按年轻人都喜欢的简约风装修房子，还提供家具和其他配套服务，但价格也要相对于普通住宅租金高出许多。如图3所示，北京市部分区长租公寓相对于普通住宅租金的溢价率达到了2倍左右，其中东城区最低，为1.63，通州区最高，为2.67。尽管随着租赁市场的扩张和完善，长租公寓以

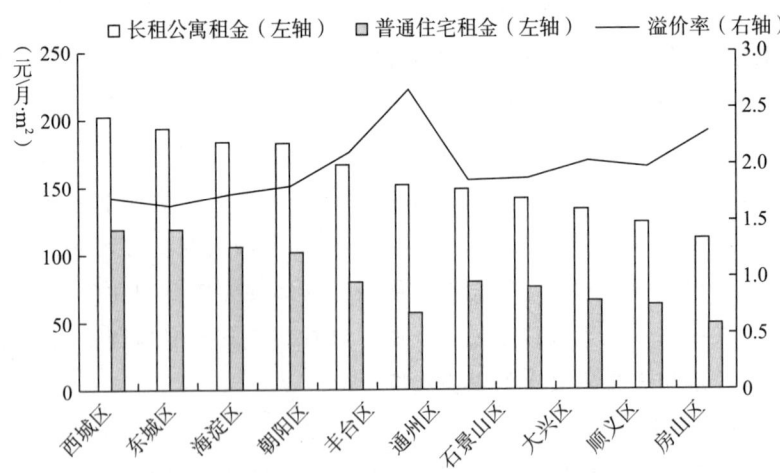

图3 北京市部分区长租公寓与普通住宅租金

资料来源：云房数据。

其较高的品质和租赁企业能获得较高的附加价值得到越来越多的承租人和出租方的喜爱，但云房数据显示，现北京长租公寓的房源总数占总体租赁市场总数只有10%~15%，长租公寓目前仍然是少部分对居住水平要求较高和经济条件较好的居民选择。

（二）出租方

根据北京市住房租赁合同登记备案数据以及住房和城乡建设委员会和房地产经纪机构的相关数据统计，目前北京住房租赁市场的机构化水平仍然不高，仅有20%左右的房源由专业的机构和企业进行管理，绝大多数还是小业主通过房地产经纪机构分散出租。

市场上住房租赁企业按起源分，可以分为地产开发起源、中介服务起源、酒店运营起源和创业起源。地产开发起源的企业有万科冠寓、龙湖泊寓等，该类企业的优势是对整条开发链熟悉，并且具有资金优势。中介服务起源的住房租赁企业有链家、我爱我家等，该类企业的优势在于对于房源和租赁市场数据的积累，尤其在分散房源中，能够以较低成本收集并准确地与客户资料进行匹配租赁。酒店运营起源的企业有成家公寓、逗号公寓等，该类企业的优势在于具有丰富的住客服务与管理经验，依托于此，该类企业也专注于长期公寓租赁。创业起源的企业有YOU+青年社区等，该类企业的优势在于团队效率高，经营理念和思路灵活，基于互联网服务视角，容易找到创新点和鲜有涉足的细分市场。

按照运营方式划分，住房租赁企业可以分为集中自持、分散托管和集中托管三类。其中集中自持企业主要为房地产开发企业，通过拿到自持租赁地源进行开发，企业对地源竞争激烈导致成本较高，该类住房租金也较高。自2017年北京市推出19个自持租赁房项目以来，2018年4月，万科宣布北京第一个自持租赁房项目翡翠书院将启动预租，但公布的租金甚高，以90m^2三居月租金1.5万元计算，如果一次签订10年租约，全部的租金达到180万元，180m^2四居则将达到最低360万元。分散托管是现在租赁市场主要的运营形式，由于房源分散，该类形式对房源信息的获取要求较高，对房源品质的筛选比较困难，提供的住房质量和形式参差不齐。集中托管类租赁企业主要对应于长租公寓类型，尽管现有房源不多，在市场中的占比不高，但由于其提供的住房品质符合租赁市场的发展要求，附加价值更大的缘故，各租赁企业争相发展。一方面，由于租房市场的不成熟，经常出现信息不对称，即零散房东手里有房，房客想租房，但双方都不了解对方拥有的信息，因此迫切需要一个能集中管理房源，并把房源按需求分配给租客的中间平台；另一方面，北京的租客大多是外来工作的年轻人，这些公寓恰好抓住了这一点，不仅按年轻人都喜欢的简约风装修房子，还提供家具和其他配套服务。自如、蛋壳等企业近两年通过融资吸引大量资金进入，如前几年的共享单车市场，通过高成本的扩张方式争抢房源，扩充规模，跑马圈地。这也是2018年8～9月北京租房市场租金高涨的原因之一。这种急速扩张的方式不仅置各种后期风险于不顾，而且在一定程度上形成了市场寡头垄断，使承租人的利益更加得不到保障，不利于市场后期健康稳定的发展。

（三）政府

为大力培育和发展住房租赁市场，近一年，北京市政府采取了多项措施，从土地供给、公租房建设、相关税收制度等方面促进北京市租房市场更加完善的发展。

1. 增加租赁类土地供给

2018年度北京实现集体土地租赁住房用地供应209.2公顷，完成率达105%。2018年8月，丰台区南苑乡成寿寺村集体土地租赁房项目正式开工建设，成为全市首个开工的集体土地租赁房项目。在集体土地上建设租赁住房，可以扩大租赁市场有效供给，增加租赁住房供应，降低租赁房建设成本，进而降低市场租金水平，同时还可以推动城镇化建设进程，增加农民收入。

2. 增加公租房供给，鼓励产业园区建设职工集体宿舍

2018年全年北京分配公租房3.23万套（户）、网申共有产权住房2.9万套，其中30%的房源面向符合条件的非京籍家庭；新开工保障房5.45万套，完成棚户区改造3.43万户。在2019年北京市政府工作报告中，提出要"多渠道"建设、筹集租赁住房5万套（间）、政策性产权住房6万套，完成棚户区改造1.15万户，相较于2018年做出的"建设筹集各类保障性住房5万套，完成棚户区改造2.36万户"的部署，无疑力度更大。

2018年6月北京市颁布实施了《关于发展租赁型职工集体宿舍的意见（试行）》（以下简称《意见》），根据《意见》，北京市将通过在集体建设用地建设或改造部分闲置厂房、商场、写字楼来为用工单位提供租赁型职工集体宿舍，以此来解决城市运行和服务保障行业务工人员住宿问题。

3. 规范市场秩序

在2018年8月北京市住房租金发生快速上涨的阶段，北京市住建委明确提出规范住房租赁企业行为的"三不得""三严查"，即不得利用银行贷款等融资渠道获取的资金恶性竞争抢占房源，不得以高于市场水平的租金或哄抬租金抢占房源，不得通过提高租金诱导房东提前解除租赁合同等方式抢占房源；严查不按约定用途使用融资资金的行为，严查哄抬租金扰乱市场的行为，严查不按规定进行租赁登记备案的行为，严厉打击哄抬住房租金的违法违规行为。2019年2月，住建委再次约谈了各大租赁信息发布平台，进一步规范互联网租赁行为，稳定租赁市场的预期和秩序。

4. 降低个人出租住房税率

2019年2月，北京市对于个人出租住房的征税大幅下调，月租金收入（不含税）不超过10万元的，按2.5%征收，仅相当于过去的一半。月租金收入（不含税）在10万元以上的，按照4%的综合征收率来征收，相较于原来的5%，也是有所下调。租金税率的下调直接提高了出租人的收益，有利于更多高品质住房的出租，也间接降低了承租居民的租房的成本，降低了居民的生活负担。

二 北京市住房租赁市场对高质量发展的影响

一方面，作为经济的重要组成部分，住房租赁市场自身的高质量发展符合北京市高质量发展的政策目标；另一方面，住房租赁市场的发展也将通过其他经济部门来促进北京的高质量发展。

（一）健康的住房租赁市场有利于房价稳定从而促进创新创业

首先，住房租赁市场的发展将直接影响北京房价的变化。房价过高造成的生产生活成本压力一直是制约北京等大城市经济健康发展的重要因素。

自"租购并举"政策提出以来,北京市出台相关扶持政策,采取各种措施大力发展住房租赁市场。2017年8月北京市住建委、市发改委等部门联合发布《关于加快发展和规范管理本市住房租赁市场的通知》征求意见稿,极大地刺激了人们对租房时代到来的预期,对北京住房市场产生了较大的冲击,如图4所示,在2017年9月之前,住宅销售价格同比指数相对较高,即住宅销售价格增长较快,且整体波动幅度较大,而在9月之后,销售价格增长速度明显放缓,同比指数基本为100左右,即住宅销售价格基本维持不变且几无波动。这意味着北京市对住房租赁市场的重视和发展有利于对住房价格的稳定。

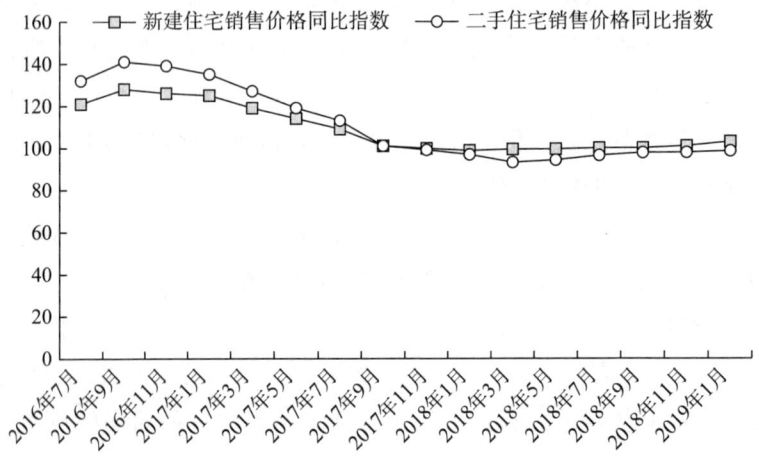

图4 北京市新建和二手住宅销售价格同比指数

资料来源:北京市统计局网站。

其次,通过对房价变化的影响将进一步对居民的创新创业行为产生影响。已有许多研究表明中国的高房价阻碍了居民的创业。如吴晓瑜等认为高房价将抑制居民进行风险较高的创业活动,房价收入比较高的如北京等大城市高房价对创业的挤出效应非常明显[1]。普蕡喆、郑风田认为高房价促进的主要是自顾型的创业,因此对社会的创新和生产率的提高的刺激作用不明显[2]。

---

[1] 吴晓瑜、王敏、李力行:《中国的高房价是否阻碍了创业?》,《经济研究》2014年第9期。
[2] 普蕡喆、郑风田:《高房价与城镇居民创业——基于CHIP微观数据的实证分析》,《经济理论与经济管理》2016年第3期。

因此，发展长效健康的租赁市场，可以通过稳定房价进而促进居民创业创新来提高社会生产率，最终提高经济的发展质量。

（二）健康的住房租赁市场有利于人才引进从而促进高质量发展

高质量的经济发展需要高层次的人才，引入高层次的人才首先需要保证其基本的居住条件。2018年7月，北京市住建委正式发布了《关于优化住房支持政策服务保障人才发展的意见》，该意见主要是结合"三城一区"及其他国家或本市重点功能区建设，通过住房政策来服务保障在京就业的人才。北京市将面向人才专配公租房、共有产权房和发放租房补贴。特别是，该意见规定，经市级人才主管部门备案引进的非京籍优秀人才及境外个人（含港澳台居民），家庭成员在本市均无住房，可以购买用于自住的商品房，或者也可以申请一套共有产权房。同时各区根据实际情况，人才认定的标准以区为主严格制定。在近一年时间中，北京市各区相继出台了对人才住房保障的相关政策。如海淀区围绕人才住房保障和区域空间资源管理，发布优化海淀区人才公租房保障和管理、海淀区构建高精尖经济结构产业空间资源管理和利用实施意见两个政策。通州区也发布了《关于开展2019年度通州区人才公寓配租工作的通知》。对不同层次的人才给予不同程度的房屋配租或租金补贴优惠方式。这些政策无疑将促进北京市人才的引进，对促进北京市经济的高质量发展有积极的作用。

三 当前北京住房租赁市场的主要问题

（一）供给结构不合理

一方面，租赁住房市场房源供给的方式不合理。据数据统计[①]，北京150万套商品租赁住房中，只有20%左右的房源是由专业的机构进行管理，其余则由房东或二手房东通过中介或者网上直接出租出去。相比较而言，发达国家诸如日本、德国的住房租赁市场，住房租赁基本都有专业机构参

---

① 刘军：《北京市住房租赁市场发展现状及政策建议》，《中国房地产》2017年第34期。

与。缺乏专业机构的管理,容易导致出租的住房质量参差不齐,居住的安全卫生等环境欠佳,房东不能够提供具有一定水平的租赁服务和管理,押金安全得不到保证,出租双方的租赁关系也不稳定,承租人的权益得不到保障,市场秩序得不到建立。同时,缺乏专业机构的管理,租赁双方的信息难以记录在案,不利于政府和有关部门进行的统一监管,从而无法及时的对市场情况有所了解,进行有效的分析和市场指引调控。

另一方面,租赁住房市场房源供给的租金价格水平结构不合理。在商品租赁市场上,目前各大租赁企业和资本争相争夺长租公寓等租赁中高端市场,然而考虑到北京居民年均收入水平,住房的租金水平仍然相对较高,租金价格较低的住房不仅数量不多,质量也较差,地址偏远,租客的权益和安全也难以得到保障。与此同时,政策性保障公租房的供给不足,对申请者的身份限制较多,申请中标概率过低,对公租房的使用管理不够严格和透明,导致有限的公租房不能分配到更需要的群体手中,无法满足市场中低端需求人群的需要。

(二)租售同权落实困难

尽管早在 2017 年北京市就发布了《关于加快发展和规范管理本市住房租赁市场的通知(征求意见稿)》,其中包括京籍与非京籍的符合条件的承租人子女将享所在区义务教育,然而具体的政策实施过程却不尽如人意。在 2018 年 4 月北京市教委发布的 2018 年义务教育阶段入学政策中,首次强调京户无房子女幼升小可在租住地入学。但是必须要同时满足以下三大条件:第一,必须是北京户口的无房家庭,父母名下在北京必须无房产登记记录;第二,长期在非户籍所在区工作、居住,夫妻一方在该区合法稳定就业 3 年,需要提供相关社保及纳税证明;第三,在同一区连续单独承租并实际居住 3 年以上且在住房租赁监管平台登记备案。以上家庭,经过严格审核之后,租住家庭子女就可以在租住地进行幼升小的入学教育。同时明确表示,租房入学顺序肯定是在户籍入学之后,且非本市户籍适龄儿童少年入学继续坚持五证要求,即在京务工就业证明、在京实际住所居住证明、全家户口簿、北京市居住证(或有效期内居住登记卡)、户籍地无监护条件证明。

因此，所谓的租售同权，租房和买房享受同样的公共教育服务是没有得到实现的。最根本的原因还是在于稀缺资源的分配问题。根据公共服务理论，优质的公共教育医疗等稀缺资源的提供来源于地方政府的公共支出，这需要地方财政的支持。而在我国，地方财政收入主要来源于流转税税收和土地租金，这直接导致优质的公共服务与住房购买挂钩，租赁住房者很难享受到优质的公共服务。租赁住房的居民享受不到优质的公共服务，必然导致人们对租赁住房需求和认同下降，住房租赁市场得不到健康的发展。

（三）法律法规不完善

目前市场中仍存在承租方合法利益受到侵害的现象且侵权者往往得不到应有的处罚，一个重要原因在于没有专门的法律法规让执法部门能够做到有法可依。目前，在国家层面上，在处理住房租赁法律纠纷时，主要适用的法律文件有《合同法》第13章"租赁合同"和《住房租赁合同司法解释》。在处理具体的如出租人不合理提高租金水平，限制租期变相赶离承租人等侵害承租人利益不利于租赁行业的发展等问题上难以提供帮助。更多细化的政策法规亟须出台，以便让危害租赁市场健康发展的行为得到应有的惩戒。不仅如此，更多的法律诉诸平台和渠道需要建立、推广和宣传。进一步简化程序，提高执法效率，降低诉诸法律成本，使居民能够并且愿意作为租赁市场良好秩序的维护者，促进住房租赁市场的健康运转。

（四）政府监管不足

尽管北京住房租赁监管平台在2017年11月正式上线，但建设速度仍然相对缓慢，只是一个大后台，并不直接对口普通的租房者或者出租者。同时存在监管范围不足，且监管方式多为事后的执法检查的问题。首先，对住房租赁市场租金监管不足，市场上能获取的租金信息多为各类中介发布的信息，这导致一些中介机构的数据垄断，信息不够透明，不利于承租人的知情权得到保障，同时这也造成政府方面不能对租金实施监管和预测，只能在租金出现较大波动后造成一定的社会影响才能采取一定的事后措施。其次，对房源质量安全性监管不足，由于北京租房市场机构化率仍然较低，租赁登记备案制度没有得到很好的落实，租赁的住房的质量和安全性不能得到有效的监管,如出租房的煤气管道安全情况、电线老化情况、家电使用期情况等。最后,对租赁双方的信用监管不足,没有建立统一的信用信息系统,无法对租赁各主体的行为进行有效的约束管制。特别是对出租方的监管,承租人在市场上处于弱势地位,存在许多出租方滥用其优势地位损害承租人的合法利益,如散布虚假信息,乱扣租金押金,擅自改变房屋机构,随意隔断分割出租或群租,甚至挪用租金卷款跑路。在信用制度没有建立的情况下,这些行为都难以得到惩戒。

(五)政策合理性不足

对于人才住房的有关政策,存在对人才标准认定的不合理性。《关于优化住房支持政策服务保障人才发展的意见》意在通过住房政策来服务保障在京就业创业的人才。尽管意见对保障方式给予较大的选择,可租、可买、可领补贴。然而,在对人才标准的认定上,由各区进行制定相应规定。通常来讲,各区根据自身发展规划对人才的需求进行相应的标准。如海淀区规定就职于海淀区高新技术企业、重点企业、重点引进企业、新型研发机构、第三方服务机构的人员,以及具有公共管理服务性质的企业事业单位、社会团体等单位的在职人员,均纳入公租房保障范围。但是通州区发布的《关于开展2019年度通州区人才公寓配租工作的通知》关于人才标准的认定和补贴标准就不太合理。一方面,该通知对于人才层次的划分不尽合理,如第一层次人才为诺奖得主、院士等级别的人才,该层次人才不仅数量极少,而且人才住房政策对他们的效用和吸引力也很低。政策效果甚微的同时,也引起社会的较大争议,对区域人才政策的满意度下降。另一方面,该通知还要求申请人需自首次在通州区缴纳社会保险之日起,2年内提出申请。该要求是从2017年版的通知才开始的,即意味着从2014年开始就在通州区缴纳社会保险的人才就完全没有资格进行申请了。这种单纯的对时间的限制对人才的拒绝不免会造成很多人的困扰,政府或者可以做进一步的必要合理性说明。无疑,政策的制定要根据自身发展需要,但同时也应该结合现实合理性着重针对大部分的目标人群,提高政策合理性、接受性和适用性。

四 住房租赁市场的国际经验借鉴

（一）美国经验

1. 美国住房租赁市场特点

美国住房市场一度实行市场优先和住房所有权优先的政策。从柯立芝到胡佛三位总统任职期间，"居者有其屋"一直是主流观点，胡佛有一段关于住房所有权的名言："对房屋所有权的看法深深根植于美国人的心中，数以万计的租房人渴望拥有更大的机会拥有自己的房子。"第二次世界大战后，美国政府开始寻求更有效率、受更广泛群体支持的租房政策，并逐渐形成较为稳定的、更强调住房可负担性的租房政策体系。

早年美国政府希望政府建设公租房，并依靠租金收入维持公租房的运营。但很快发现所收租金越来越少，维护费用却一直增加，并产生诸多社会经济问题。美国政府开始转向和非政府营利或非营利机构合作，通过低息贷款方式共建廉租房，并制定一种基于项目的对开发商和私人业主的补贴，即低收入家庭只需向私人业主支付家庭30%左右的收入作为房租，政府会在一定时期内提供租房补贴给私人业主弥补其与市场租金之间的差额。这一方式能够提高政府补贴的效率，刺激私人开发商建设租赁住房的积极性，但同时给政府财政带来巨大负担。直到1986年公共房倡导者和开发商向国会游说，并最终通过了低收入住房税收减免计划（LIHTC），该计划是目前美国面向低收入家庭资助范围最广的补贴项目。LIHTC在金融上有独特的设计。它给予的不是直接的财政拨款，而是未来税收减免的授信，开发商获得税收减免资格后，可以通过金融投资中介在市场上出售这些税收减免额度，随着人们对政策了解程度的加深，这些减免额度成为越来越受市场认可和欢迎的标的。同时，在需求方面，美国政府提供租房券（HCV）项目，即直接向低收入家庭提供市场租金和低收入家庭30%收入之间的差价。这种直接补贴方式给予租客更大的自主权去选择更适合自己的住房，降低了政府对市场的直接干预，减少了额外的成本浪费，因此逐渐成为美国重要的住房补贴项目。此外，针对租房市场承租人处于弱势地位，利益得不到保障，房租波动较大的问题。美国有些州（如加利福尼亚州、纽约州、新泽西州、马里兰州）实施了不同程度的租金管制，例如，加利福尼亚州规定房东每年只能按一定比例提高租金，而这个比例和通货膨胀率是挂钩的。房东可以申请因更新房屋设施增加最多10%的租金，或因管理和维护费用上涨增加最多7%的租金。相应地，如果房东没能提供应有的服务，租客也可以申请降低房租。通过对租房租金进行严格的法规监管，旧金山湾区的平均租金每年稳定上涨，不会出现短时间内暴涨的情况。

2. 美国住房租赁市场启示

美国的租房市场的发展一直围绕着福利优先还是市场优先进行展开。从发达国家横向对比来看，美国公共住房整体比例较低，但获得的政府补贴数额并不低，再加上补贴效率的不断提高和发达的非政府组织和私人部门的合作帮助，使美国租房市场能够最终维持在以一个较为高效率同时看重居民福利的健康轨道上运行。我国正处于经济发展初级阶段，同时住房市场受到计划经济时代住房福利的影响，现阶段还不足以提供足够的补贴保证租客的福利水平。但美国不断提高补贴政策的效率，刺激私人部门和非政府组织机构的介入是值得我们借鉴的。但需要注意的是，在此过程中，一方面要注意保证坚持以市场为主导，从而保证住房租赁市场的效率，避免陷入福利陷阱；另一方面，注重以保障低收入家庭的住房问题为主，防止开发商等商业组织趁机钻空子扰乱市场健康发展。

（二）日本经验

1. 日本住房租赁市场特点

日本的租房市场比较发达。在租房需求市场上，鉴于日本经历过房价高涨的房地产泡沫时期，日本居民现在普遍接受租房的住房形式。日本2012年的统计数据显示，日本租房率为39%，其中私人出租房的比例超过75%。而在以东京为中心的关东都市圈、以名古屋为中心的中京都市圈和以大阪为中心的近畿都市圈三大都市圈里，租房率则更高。许多年轻人即使在结婚后相当长的时间内仍然租房，数据显示日本租房结婚的比例高达67.1%。在租房供给方面，日本在二战后开启了大规模的政府主导型的公租房建设。公租房面向所有在本地区生活和工作的低收入人群（月收入倒数

25%的家庭），由中央政府向地方政府补助修建出租住房。符合住房困难的家庭和低收入群体可以进行申请，所需要支付的租金一般为市场租金的1/4~1/3。同时，由中央出资75%，地方出资25%，在住房严重不足的大城市周边建设出租式公寓，提供低廉的租金住房。到2004年此类住房占日本全国住宅总量的5%。此外，日本建立了强大的企业社会福利制度，2007年的调查显示，48.4%的企业提供住房租金补贴，35%的企业提供住宅或宿舍。在租房管制方面，日本对租房租赁合同实行比较严格的管制。例如，如果房东想要更改租房合同，必须向法院提交正当的理由，法院会通过对比租客和房东的需求做出判决。一般而言，只有在租客拒绝支付租金的情况下，房东才会得到法院的支持。更为重要的是，在日本，没有学区房的概念。租赁住房能够享受到和购房一样的教育资源。日本的公立中小学，不管是校长还是老师都定期更换，不断地来回流动。这样一来，教育资源在各个区域都能较均匀地分布，教学水平基本差不多。通过让公共教育的质量和住房所有权分离开来，使租赁住房的居民真正能够享受到租售同权的利益保障，住房租赁市场才能更得到居民青睐，住房租赁市场才能够得到更长远的发展。

2. 日本住房租赁市场启示

日本作为较早实现现代化的发达国家，其住房市场经历了不断探索，曲折发展到现在比较健康的能够满足居民对住房的生活需求的现状，有几点值得我国住房租赁市场借鉴的经验。首先，居民需要逐渐调整对租赁形式的住房条件产生认同。日本作为东方国家，居民具有和我国基本一致的消费观念。在市场发展早期也是对住房所有权比较看重，但随着住房市场出现重大的泡沫，经历房价太高的阶段后，日本年轻一代能够接受租房的消费观。我国虽然没有出现如日本一样的住房市场泡沫，但房价也是居高不下，特别是北京等大城市。观念的改变不仅需要客观条件的外力推动，也需要居民消费观的自身调节。观念的改变是建立在健康成熟有序的租赁市场的基础上的。租房观念和租房市场是相互作用的，共同向良性方向促进不是一蹴而就的，需要时间的积累。其次，企业在住房市场上的较高参与度是我们需要借鉴的。这需要我国企业不断增强自身实力和社会责任感。如格力集团为员工提供宿舍和住房补贴，保证员工基本生活需求，才能激励其对工作的努力和贡献程度。最后，真正做到租售同权，对租客的教育医疗等公共资源的合理权益的保障，是促进租房市场长效健康发展的基础。尽管这严重依赖于教育医疗等公共服务行业的不断发展，短期内完全的租售同权不太可能实现，但方向是不能改变的。

（三）英国经验

1. 英国住房租赁市场特点

英国住房租赁市场的主要特点在于其建立了完善的住房租赁市场信用体系框架。英国租房租赁市场主体不仅包括房主、中介及租客，征信评级机构也是重要的组成部分。完全市场化的征信评信机构建立了几乎涵盖所有英国居民的信用信息数据库。这些数据库记录了诸多房屋租赁消费者的信息数据如：来自银行的租金支付信息、来自水电煤气公司的账单支付信息、来自地方政府的房地产税支付信息、来自房屋租赁抵押公司的房主押金信息等。征信评信机构依据这些信息对每个居民进行评信，得到每个居民的信用得分。租客的信用得分越高，在租房的过程中受到的限制就越少，越能够租到心仪的住房；房主的信用得分越高，能够获得的贷款支持就越多。通过严明的赏罚机制，让租客和房主在住房租赁过程中自觉规范自身行为，从而使英国的住房租赁市场健康稳定的发展。

具体而言，在英国，住房租赁流程大致可以分成三个阶段：房屋租赁准备阶段、租赁住房使用阶段以及住房租赁纠纷处理阶段。在房屋租赁准备阶段，会对房主是否具有租赁许可、房客的背景以及信用进行调查。房主要获得租赁许可，必须在土地管理部门进行登记，对燃气安全、房屋能源等级和安全保险具有一定的保障证明，使得房屋在各方面达到政府要求的标准，从而使得政府对市场上的租赁住房情况有全面而实时的掌握，为之后的政策置顶和监管提供基础。与此同时，租客也面临全面的背景信用调查，背景调查的问题包括诸如职业、收入状况、同住人的信息情况、是否养有宠物、是否有小孩、是否接受政府救济、是否银行破产等。信用调查的问题包括租客所有银行账户情况、租客近三年的居住情况和具体地址、租客上一次租赁住房的证明材料（政府税单、银行账单、水电煤气账单和押金证明）、租客上一次租赁房屋房主对房屋维护情况和日常个人行为的证明等。这些调查不仅能够帮助房主把不符合条件的租客剔除，避免租赁活动中潜在的风险，同时让房主对租客的信息情况得到充分的掌握，有利于租赁住房市场上的住房和房客按照需求和条件得到恰当的匹配。在住房使用阶段，房主不仅首先需要把押金放到第三方的一个保障体系里，还需要聘请第三方机构提供一份详细的房屋清单，包括房屋内外所有物品及设备的情况并制定损坏赔偿标准。房主和地方政府部门还需要对房屋进行定期或非定期的访问并对住房租赁状态形成访问报告。此阶段对于租客来说，需要按时缴纳租金和各种税费，相关的缴纳情况也将被详细记录在案。在租赁纠纷处理阶段，主要是针对住房租赁过程中产生诸如租客未缴纳租金、租期满拒不离开房屋或者房主的各种违约行为。一般来讲，英国法律倾向于保护租客，但无论是房主还是租客败诉，相关的结果都将进入本人的信用记录数据库之中，并保留6年。在信用社会里，这6年里不良的信用记录将使其在社会经济生活中寸步难行。

2. 英国住房租赁市场启示

英国住房租赁市场的重要借鉴意义在于，不断完善建立社会信用信息数据库的必要性。目前租房市场各种不规范的行为源于市场主体的流动性特征，如果没有完善的信用体系对市场主体的行为进行记录、约束和规范，房主、中介和租客的市场行为和信息得不到有效的记录，不仅不利于租赁市场资源的有效配置，也不利于政府对其市场行为进行管理和引导，无法对扰乱市场健康发展的不规范行为进行惩戒。同时依托住房租赁市场的社会信用体系建设的不断完善，对社会其他经济行为的规范也大有裨益。

（四）德国经验

1. 德国住房租赁市场特点

德国的住房租赁市场非常发达，形成了以保护租户为核心的住房租赁制度，从多方面保证了住房租赁市场的发展。首先从根源上，德国将租赁住房作为住房供给的主体，不仅对租赁住房给予土地、资金和税收等方面的政策支持，还规定房地产企业的新建住房要么先让给政府用于出租，要么按照接受补贴后的低租金价格出租或者按照补贴后的低租金出租，达到一定期限后才能按照市价进行出租，这保证了德国租赁住房房源的充足供给。其次，德国也有很严格的管控住房租金的制度。德国地方政府和地产中介、行业协会等自律组织在综合考察住房的地理位置和质量等因素之后，制定并每年更新详细的《房租合理价格表》，供租赁双方参考。同时，2012年通过的法案规定房租3年内的涨幅不能超过15%，每年的涨幅超过20%就是违法。到2015年进一步严格到租金涨幅不能超过当地指导价格的10%。再次，德国的房租合同以无限期形式为主，在承租人无力支付房租时，出租人要提供相关证据上诉至法庭才能要求承租人搬离，而且这上诉费用常常高达3000欧元以上，这极大地约束了出租人轻易收回房屋、变相涨价的行为，有利于保障承租人长期租住的权利。最后，德国对租房市场信息进行严格监控，一般每4年普查一次，全面收集房屋状况信息。

此外，德国还给予极大的财税政策和金融政策支持，德国有住房储蓄银行，居民可以与住房储蓄银行签订合同，当储蓄金额和时间达到一定标准之后，居民可以以低于市场标准的利率价格获得住房贷款。不仅如此，参加住房储蓄的居民还可以得到政府两种奖励——储蓄奖励和购房奖励（给予贷款额度一定比例的补助，并给予购房税收优惠）。对于低收入家庭，德国政府还另外给予租房补贴，租房补贴为家庭实际缴纳的租金和可承受的租金的差额。同时，为进一步提高居民对租房市场的认同，德国政府对住房征收房产税以提高住房自持成本，征收不动产转让税和资本利得税提高购房交易成本，甚至当购房被认定为商业投机行为时，将额外征收商业税和增值税。而对租金收入，政府允许房东在应缴税租金中扣除房屋维护支出和房屋折旧费用。

2. 德国住房租赁市场启示

德国住房租赁市场给予的启示在于，首先，德国在法律和政策上落实确立了住房"租购并举"的住房发展模式。先后制定的住房相关法律从住房建设、房屋租赁、住房交易等方面构建起了法律框架，为德国实现有效的住房制度提供政策基石。其次，将保护弱势群体作为住房政策的核心内容。住房市场不是作为支柱性产业进行发展，而是社会福利体系的组成部分，保障承租人的各项权益。最后，形成健康配套的金融财税支持运转体系。德国的住房市场和金融市场紧密联系，形成住房储蓄金融体系。税收政策有针对性地打击住房市场投机行为，形成对弱势群体的社会救助体系。

（五）新加坡经验

1. 新加坡住房租赁市场特点

新加坡的租赁住房被称为组屋，组屋覆盖率超过80%，90%以上的人口居住于组屋当中，形成了以公宅为主、以私宅为辅的住房市场制度。在组屋制度中，新加坡的土地归国家所有，政府将土地使用权无偿划拨至建屋发展局，并保障土地的供应量，从根本上保障租赁住房数量的供给充足。同时，政府为建筑局提供低息贷款和居民购房贷款。低廉的土地和政府资金的支持保证了新加坡组屋较低的价格。根据2015年的数据，普通家庭申请购买四居室住宅需要支付的房款仅仅是其家庭收入的4.5倍。同时政府还额外对小户型的家庭给予丰厚的补贴和贷款发放优惠。居民可以申请到房款90%的贷款，贷款利率在中央公积金利率基础上加1%，最大还款年限达到25年或贷款者到65岁。比组屋条件更好的公共性保障住宅为执行共管公寓，这种住房和私人公寓配置几乎一样，包括俱乐部、操场、健身房、游泳池等，但价格只有私人公寓的七成，相对于新加坡居民家庭收入而言，也是价格很低的。此外，新加坡政府根据居民的可支配收入、居住条件要求等将住房需求大致分为居住需求、居住质量需求和产权需求，根据不同的需求建立不同层次的住房。通过设置严格的申购条件，对转售环节进行严格控制，加大违规惩戒力度等措施，将各类需求人群进行严格有效的分离，保证市场中各类住房需求人群各取所需，严控市场寻租行为。具体而言，组屋购买者最低持有年限是5年，购买转售组屋的人必须是新加坡居民或者永久居民，且转售过程必须在建屋局等级，确保流程完整。具体而言，新加坡政府首先发布建房计划，有申请资格的居民可以申请，人数达到一定的规模则申请成功，政府再建。

2. 新加坡住房租赁市场启示

新加坡作为服务业高度发达的国家，面临的自然社会条件与我国不同。发达的经济、较少的人口保证了其住房市场中政府极高的参与度。政府能够以很低的价格提供高福利的居民住房制度。不可否认，有两点值得我国借鉴。一是可以进行完善有层次的保障性住房供给，针对不同条件和需求的人群建设不同的保障性住房。二是对申购和转售执行严格的控制，加大违规惩戒的力度。

（六）小结

尽管各国的经济条件和发展情况不一，各国的制度和政策不能完全适用于北京。但不可否认仍然存在一些可以借鉴之处。尽管无法做到像新加坡住房市场政府的高度参与，但可以参照德国和美国加州的经验，北京市政府和地产行业协会可以加强对北京市住房租赁市场数据和信息的管理及监控，及时发布相关的信息，提供房租合理价格参照表，对租金的涨幅加以一定的限制。在2018年的深圳房博会租赁论坛上，深圳市规划和国土资源委员会房地产处表示也在探索建立全市稳租金商品房项目制度，对房租进行管制，有意实行一房一价的严格租金管制，并且租金只能一年一调，原则上租金年增长率最高不超过5%。同时，应积极尽快加强和完善基础性的信用服务和监管建设，逐渐建立以保护租户为核心的住房租赁制度。

五 完善北京市住房租赁市场的政策建议

（一）增加住房租赁市场的土地供给

要促进住房租赁市场长期健康的发展，必须建立起市场化的行业运营模式。北京市长期的高房价、低房租导致住房租赁收益率过低，企业不愿意进入租赁市场，不利于市场的建立。同时，尽管近两年疏散北京非首都功能行动在一定程度上减少了北京市租房需求人口，但北京市的租房市场目前仍然是卖方市场，供不应求仍然是主要问题。要改变这种状况，需要政府从源头入手，进一步增加企业自持租赁土地的供给，降低此类项目土地的出让价格，增加多来源的土地供应，推进集体土地进入租赁住房市场，采取村集体与开发商联合经营、股份制的方式开展住房租赁业务，按照持股比例分配租金收益，同时进一步扩大保障性房和公租房的建设。2018年5月首个全自持租赁项目万科翡翠书院正式启动租赁运营试水，2018年8月首批集体土地租赁住房项目实现开工，2019年公租房建设力度也有一定的加大，都在一定程度上从源头上有助于解决北京的租房租赁市场的房源问题，为租房市场的进一步健康发展打下基础。在北京租房市场以后的发展中，需要继续加大租赁土地和住房的供给力度，寻求更多样化的有效的租赁土地供给方式，才能有助于促进和完善住房租赁市场的发展，最终实现租购并举的住房供给制度。

（二）加强住房租赁市场的制度建设

首先，要推进住房租赁公共管理服务平台建设，监管平台要充分发挥其监管职能，运用现代化技术如大数据、云计算和人工智能等技术措施，建立健全检测监管体系，实现土地出让、规划建设、存量改建、房源供应和网络备案等基础数据的全覆盖，构建涵盖住房租赁市场所有主体包括房东、中介和管理机构、租客以及房屋等信息的数据库，并实现线上线下同步的房源查找、验证、信用查询、预约看房、预定前月、合同备案和用户体验评价等一体化服务功能。事实上，国内已有一些城市在这方面做得较好，值得北京市去学习借鉴。如武汉市已经建立住房租赁企业服务和政府监管服务两个平台，初步实现了租赁企业的准入、房源发布、预约看房、房源验证、合同签订、合同备案、办理入住和退房等住房租赁整个过程的全线上的办理，并实现了租赁双方的"淘宝式"互评机制。杭州市则建立了国内首个智慧住房租赁监管服务平台，基本做到了具备实人认证、全方位的合格检查、一站式的服务、融入芝麻信用的信用体系和评价系统、网上支付的功能。

其次，加强信用体系建设，建立住房租赁市场信用体系。把租赁活动中所有主体所产生的信用信息纳入信用系统中，增加对房主租赁权许可的认证，开展租客背景和信用调查，并加以不断完善，逐渐形成类似于英国的住房租赁市场信用体系框架。在此过程中可以充分联合和利用银行征信系统以及第三方信用机构如芝麻信用等。

此外，完善住房租赁市场租金监测和发布机制，政府部门、中介企业和行业协会在加强对租赁市场信息的监测的同时，要及时地根据市场情况进行有效的市场分析和预测，对市场可能或即将出现的问题进行监督，针对租金价格等给出市场指导意见，并及时对外公布，使市场主体的行为得到科学合理的引导，把问题防患于未然。

最后，进一步深化中小学学区制度改革，合理分配教育医疗等公共资源，增加公立学校教师流动性，促进公立学校教学质量平等，严格落实非户籍居民子女上学有关政策政策制度规定，保障租客基本的享受公共服务权益。

（三）建立健全住房租赁市场的法律法规体系

在国家层面，到目前为止，还没有专门针对住房租赁的法律，在处理住房租赁法律纠纷时，主要适用的法律文件有《合同法》第13章"租赁合同"和《住房租赁合同司法解释》。在北京市层面，2018年，市政府公布并实施了新修改后的《房屋租赁管理若干规定》，对鼓励长期租赁关系、规范群租行为及管理、授权临时干预租房市场等做出规定。但对控制租金水平、规范租赁合同、限制租约解除等方面仍没有具体的规定。政府部门需要进一步做好与住房租赁有关的法律法规的修订工作，加快对相关细则的政策法规的制定，规范市场行为，稳定租赁关系，明确租赁双方的权利义务，推行住房租赁合同备案制，并逐步实现租赁合同网上签约。只有建立起市场规则明晰、政府监管有力、权益保障充分的住房租赁法规制度体系，才能推动实现城镇居民住有所居的目标，确保住房租赁市场的朝着健康的方向发展。

（四）加大人才引进的住房保障力度

尽管北京市逐渐在人才住房保障上进行发力，给人才在京就业创造有利的条件。但是对比国内其他大城市，北京的人才引进住房保障力度还不够。例如，深圳市全市新开工及筹集人才住房和保障性住房10.2万套、竣工（含基本建成）4.1万套、供应4.6万套，分别是年度计划的128%、217%和103%，建设供应数量均创历年新高。有效地提高了人才住房和保障房建设筹集的能力和效率，在全国率先走出了一条以存量用地二次开发为主的人才住房建设"深圳模式"。主要包括：一是搭配建设；二是引入城市更新配建模式；三是利用棚户区改造模式；四是引入"工改保"模式；五是引入"地铁上盖"模式。北京市可以参照这些城市的模式，结合自身城市条件和发展要求，有针对性地加大对人才保障住房建设的重视。

（五）发展针对住房租赁的金融服务

针对租赁市场回收周期长、收益率较低的特点，解决资金来源问题是可持续健康发展的关键。通过鼓励金融机构，根据证券化基础资产的区别，适时开发权益类 ABS、债权性质的 ABS 和 REITs 等多种产品，充分发挥 REITs 对建立我国房屋租赁市场长效机制的重要功效。鼓励商业银行应依据其风险控制能力，结合各类住房租赁机构的运营模式，开展有针对性的融资产品研发和方式创新，满足不同类型住房租赁机构的融资需求。

2018 年 4 月，中国证监会、住房和城乡建设部联合发布《关于推进住房租赁资产证券化相关工作的通知》（以下简称《通知》），将重点支持住房租赁企业发行以其持有不动产物业作为底层资产的权益类资产证券化产品，积极推动多类型具有债权性质的资产证券化产品，试点发行房地产投资信托基金（REITS）。同时，鼓励专业化、机构化住房租赁企业开展资产证券化。《通知》明确了将优先支持大中城市、雄安新区等国家政策重点支持区域、利用集体建设用地建设租赁住房试点城市的住房租赁项目及国家政策鼓励的其他租赁项目开展资产证券化。因此，北京市政府需要抓住契机，鼓励集体建设用地建设租赁住房项目，加快住房租赁市场的机构专业化，充分利用金融服务助力住房租赁市场的发展。

（六）增加对住房租赁市场的税收扶持

进一步加强和落实相关的税收减免和扶持政策。第一，对积极主动登记备案的运营机构和个人给予一定的税收优惠。针对现有租赁住房备案率低的特点，通过给予一定的税收减免措施，吸引机构和个人积极参与到住房租赁市场登记制度完善的过程中。第二，对和运营机构签订较长合同的出租人给予一定的税收优惠，对优秀的住房租赁企业，充分考虑其折旧、装修、维护等方面的税前计提，给予适当税收减免。长租方式是住房租赁市场的发展方向，可以确保租赁双方关系的稳定，避免住房租金的过快增长，更好地保障承租人的居住权益。第三，对租赁住房收入进行进一步的税收减免。对房地产中介机构提供住房租赁经纪代理服务，在现有适用 6% 的增值税税率的基础上，在一定年限内给予税收优惠。

参考文献

[1] 昂沁:《发展住房租赁金融服务的思考》,《北方经济》2018年第12期。

[2] 杜丽群:《英国住房租赁市场信用机制分析与中国借鉴》,《公共治理》2018年第10期。

[3] 李江一、李涵:《住房对家庭创业的影响:来自CHFS的证据》,《中国经济问题》2016年第3期。

[4] 李宇嘉:《借鉴国际经验,建立"租购并举"的住房制度》,《中国房地产》2017年第7期。

[5] 刘军:《北京住房租赁市场发展现状及政策建议》,《中国房地产》2017年第34期。

[6] 刘晓君、张宇静、郭晓彤:《中国住房租赁市场交易主体议价能力差异性研究》,《价格理论与实践》2018年第3期。

[7] 吕程:《美国"市场优先"的住房租赁政策时间和启示》,《经济问题》2019年第2期。

[8] 秘勇:《在自持租赁住房业务中引入REITs可行性分析》,《经济纵横》2019年第8期。

[9] 普蓂喆、郑风田:《高房价与城镇居民创业——基于CHIP微观数据的实证分析》,《经济理论与经济管理》2016年第3期。

[10] 汪宏程:《德国租购并重的房地产发展模式》,《中国金融》2018年第5期。

[11] 王跃川:《租购并举下租赁企业发展及结构性影响研究》,《中国房地产》2019年第3期。

[12] 吴晓瑜、王敏、李力行:《中国的高房价是否阻碍了创业?》,《经济研究》2014年第9期。

[13] 严荣:《成本型租赁住房:促进租赁市场发展的可行选择》,《上海房地》2019年第3期。

北京市养老服务高质量发展的路径对策

杜纯布　张　战*

摘　要　北京市老龄化系数由2007年的17.33%上升至2017年的24.75%，2017年北京全市老年人赡养系数为13.93%；北京16个市辖区中有9个区的老年人赡养系数高于同期全市老年人赡养系数，直观反映出北京市的老龄化程度越来越严重。老龄化程度的逐年增高，对应的是涉及老龄人口的衣、食、住、行、医疗、健康等养老服务的需求旺盛，供给侧与需求侧的矛盾凸显；在以人民为中心的治国理政背景下，对社会老龄化养老服务的加速发展从数量上和质量上提出了更高的要求，成为北京市政府在今后一个时期内需着力解决的重点问题。本文在调研梳理北京市养老服务业发展现状与存在的现实问题的基础上，从完善多元主体参与的养老服务标准体系框架和绩效评价体系、进一步扩展居家和社区养老服务形式、建立养老机构床位和社区中心养老床位的分级轮候制度、多渠道增加老龄人口实际收入提升购买力、推进养老服务实现产业化发展、细分老龄人口需求实现精细化和精准化养老、通过区域协同发展实现养老服务产业合理布局七个方面，提出了促进北京市养老服务业高质量发展的具体路径与对策。

关键词　养老服务；高质量发展；路径对策

---

* 杜纯布，助理研究员，中央财经大学财经研究院，北京市哲学社会科学北京财经研究基地，研究方向为世界经济、区域经济。张战，中央财经大学财经研究院研究生。

目前，国际上通行的老龄化社会的判定标准为：一个国家或地区人口结构中60周岁及以上的人群统称为老龄人口，60周岁及以上的老龄人口占总人口的10%，或65周岁以上的老龄人口占总人口的7%的国家或地区，统称为"老年型"的国家或地区。根据国家统计局发布的最新人口数据，2017年末，中国60周岁及以上的老龄人口为24090万人，占总人口的17.3%；2018年末，中国60周岁及以上的老龄人口为24949万人，占总人口的17.9%。2018年的比重较2017年增长了0.6个百分点，实际增加老龄人口859万人，其中65周岁及以上人口16658万人，占总人口的11.9%。根据全国老龄办的预测，预计到2050年前后，我国老龄人口数将达到峰值4.87亿，占总人口的34.9%。人口老龄化程度逐年提升，涉及老龄人口的衣、食、住、行、医疗、健康等养老服务需求旺盛，形成了现实消费和需求市场以及未来潜在的消费市场，引起了社会消费结构的变化，养老服务呈现蓬勃发展的态势，养老服务对养老产业全产业链及上下游关联产业产生了巨大的推动和刺激作用。近年来，随着以物联网、大数据、人工智能等新一代信息技术的发展与应用，加之老年人群体整体素养的不断提升，养老需求呈现多样性、个性化的特征，老龄人口对养老服务总量、质量和效率的要求越来越高，由此衍生出的"智慧养老""医养结合""社区养老""互助式养老""亲朋抱团养老"等成为当下讨论的热点。

2017年，习近平总书记在党的十九大报告中指出："要完善城镇职工基本养老保险和城乡居民基本养老保险制度，尽快实现养老保险全国统筹。……完善社会救助、社会福利、慈善事业、优抚安置等制度，健全农村留守儿童和妇女、老年人关爱服务体系。……积极应对人口老龄化，构建养老、孝老、敬老政策体系和社会环境，推进医养结合，加快老龄事业和产业发展。"[①] 北京市作为首善之都、超大型城市，其养老服务的发展和提升具有示范性，提升养老服务的质量，既是北京市社会经济发展到当前阶段的内在要求，也是我国社会主要矛盾转化为人民日益增长的美好生活需要和不平衡不充分的发展之间的矛盾在北京市的集中表现。因此，如何

---

① 2017年10月18日习近平总书记在中国共产党第十九次全国代表大会上作题为《决胜全面建成小康社会 夺取新时代中国特色社会主义伟大胜利》的报告。

实现北京市养老服务供给侧的提质增效,进而走上高质量发展之路,需要进行高质量发展的路径研究,为我国大型城市探索养老服务高质量发展提供参考和借鉴,起到示范引领作用,同时也对建立和完善具有中国特色的全方位、多层次、智能化的养老服务产业体系具有重大意义。

一 北京市老龄化程度

(一)2007~2017年北京市户籍人口及60岁以上老龄人口变化趋势

由于北京市2019年统计年鉴尚未发布,在北京市统计局可查官方数据截止到2017年末。笔者通过整理北京市2007~2017年统计年鉴,北京市户籍人口在2007年为1213.3万人,2017年为1359.3万人,北京市户籍人口2017年比2007年增长了12%。户籍人口中60岁以上老龄人口由2007年的210.3万人上升至2017年末的336.4万人,2017年比2007年增长了59.96%。北京市老龄化系数由2007年的17.33%上升至2017年的24.75%。这些变化趋势说明北京市的老龄化程度已经相当严重。2007~2017年北京市户籍人口及60岁以上老龄人口变化趋势如图1所示。

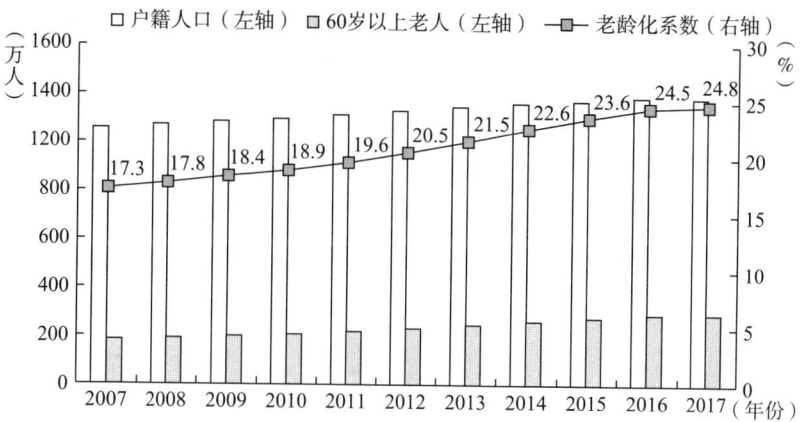

图1 2007~2017年北京市户籍人口及60岁以上老龄人口变化趋势

资料来源:笔者根据北京市统计局公布的统计年鉴整理。

对于北京市常住人口中60周岁以上老龄人口年龄结构比重，可进行六个层次的划分：60～64周岁老龄人口占常住人口的比重，65～69周岁老龄人口占常住人口的比重，70～74周岁老龄人口占常住人口的比重，75～79周岁老龄人口占常住人口的比重，80～84周岁老龄人口占常住人口的比重，85周岁以上老龄人口占常住人口的比重。对于60周岁以上老龄人口按年龄结构层次分别考察，能够更准确地了解其变化趋势，为北京市居家养老、社区养老和机构养老的需求侧与供给侧的合理配置提供必要的数据支撑。2006～2017年北京市常住人口60岁以上老龄人口年龄构成比重变化趋势如图2所示。

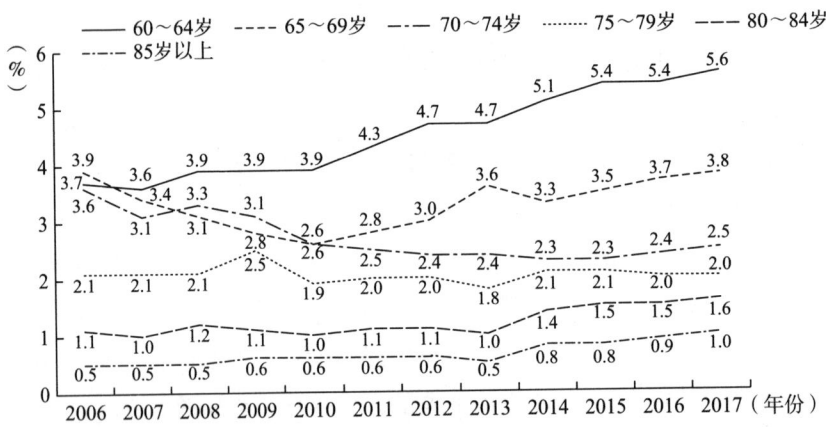

图2 2006～2017年北京市常住人口60岁以上老龄人口年龄构成比重变化趋势

资料来源：笔者根据北京市统计局公布的统计年鉴整理。

从2006～2017年北京市常住人口60周岁以上老龄人口年龄构成比重的变化趋势看，总体来说，60周岁以上老龄人口占常住人口的比重呈现整体上升趋势，其中60～64周岁人口比重上升得最快，由2006年的3.7%上升至2017年的5.6%；80～84周岁人口比重、85周岁以上人口比重稳步上升，分别由2006年的1.1%和0.5%上升至2017年的1.6%和1%；75～79周岁人口比重趋于平稳，基本保持在2%左右；65～69周岁人口比重在2006～2017年呈现先下降后上升的态势；70～74周岁人口比重呈现下降趋势，由2006年的3.6%下降至2017年的2.5%。由此看出，北京市老龄人口主要集中于60～69周岁的区间内，这部分老年人健康指数较高，自主能力较强,其居家和社区养老的意愿较强。

(二)北京市各区老年人赡养系数

赡养系数,也称为抚养比,它主要考察的是某一地区统计人口中非劳动年龄人口与劳动年龄人口的比值,主要反映的是这一地区每百名劳动年龄人口对非劳动年龄人口的负担程度,客观上反映该地区人口老龄化的严重程度。在我国统计年鉴中,一般将15~64周岁的人口定义为劳动年龄人口,14周岁及以下的少年儿童、65周岁以上的老龄人口定义为非劳动年龄人口。因此,计算某一地区的抚养比,一般可分为两部分计算,一是针对14周岁及以下的少年儿童,计算少年儿童抚养比;二是针对65周岁以上的老龄人口,计算老年人赡养比,即老年人赡养系数。

老年人赡养系数其公式为:

$$Ai = Ni/Gi,$$

其中,Ai表示第i个地区老年人赡养系数,Ni表示第i个地区65岁以上的老龄人口数量,Gi表示第i个地区的劳动年龄人口数量。Ai系数越高,说明这个地区每百名劳动年龄人口负担的65岁以上非劳动年龄人口越多,该地区人口老龄化越严重。通过对北京市统计局公布的统计年鉴数据的汇总整理,笔者计算出北京市16个区2014~2017年全市及各区老年人赡养系数,如表1所示。

表1 2014~2017年全市及各区老年人赡养系数

单位:%

地区	2017年	2016年	2015年	2014年
东城区	13.92	13.41	12.89	12.30
西城区	21.90	21.25	20.74	18.43
朝阳区	21.76	21.20	20.86	19.63
丰台区	14.35	13.64	12.80	12.04
石景山区	13.89	13.39	13.23	12.48
海淀区	13.70	13.16	12.95	12.57
门头沟区	14.51	13.66	11.08	10.98

续表

地区	2017年	2016年	2015年	2014年
房山区	18.26	17.45	17.60	16.24
通州区	14.03	13.68	14.15	14.06
顺义区	10.71	10.65	10.18	10.17
昌平区	9.98	9.74	9.83	9.69
大兴区	10.75	10.28	10.66	9.79
怀柔区	9.86	9.16	9.86	9.76
平谷区	14.01	13.36	13.33	13.47
密云区	18.05	17.12	16.72	14.46
延庆区	16.04	15.36	15.53	13.60
全市	13.93	13.41	12.89	12.30

资料来源：笔者根据北京市统计局公布的2014~2017年统计年鉴整理计算得出。

2014~2017年北京全市老年人赡养系数呈现逐年增高的趋势，16个市辖区2014~2017年老年人赡养系数也基本呈现增高趋势。2017年北京全市老年人赡养系数为13.93%，说明全市每百名劳动年龄人口需赡养13.93个非劳动年龄人口；2017年16个市辖区中有9个市辖区（西城区、朝阳区、丰台区、门头沟区、房山区、通州区、平谷区、密云区、延庆区）的老年人赡养系数高于北京全市老年人赡养系数，其中西城区、朝阳区的老年人赡养系数高达21.90%和21.76%。

通过对2014~2017年北京16个市辖区老年人赡养系数的排名，可以看出高于老年人赡养系数的市辖区主要集中在西城区、朝阳区、房山区、密云区、延庆区、门头沟区、丰台区、通州区、平谷区；与北京市老年人赡养系数基本持平的市辖区主要集中在东城区、石景山区、海淀区；低于北京市老年人赡养系数的市辖区主要集中在大兴区、顺义区、昌平区、怀柔区（如图3所示）。

2014~2017年北京16个市辖区中各区老年人赡养系数高于同期全市老年人赡养系数的有9个区，其中西城区、朝阳区、房山区、密云区高居前4位；2014~2017年各市辖区中最高老年人赡养系数所在区分别高出同期全市老年人赡养系数6.13%、7.97%、7.84%、7.96%（如表2所示）。

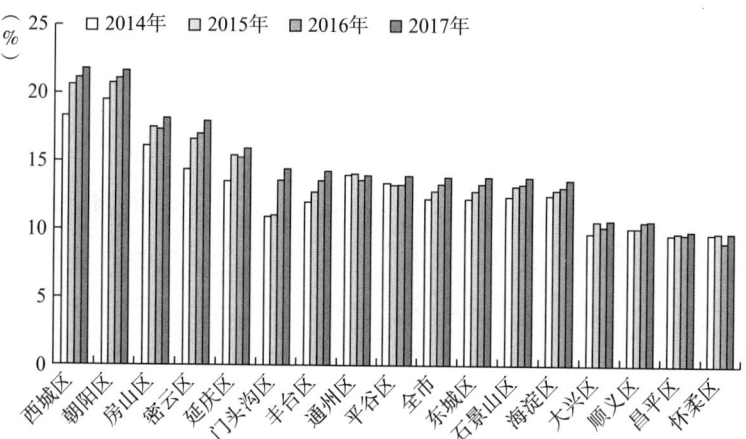

图 3　2014～2017 年北京 16 个市辖区中各区老年人赡养系数排名

资料来源：笔者根据北京市统计局公布的 2014～2017 年统计年鉴整理计算得出。

表 2　2014～2017 年北京市辖区中各区老年人赡养系数高于同期全市老年人赡养系数排名

单位：%

2014 年		2015 年		2016 年		2017 年	
西城区	18.43	朝阳区	20.86	西城区	21.25	西城区	21.90
朝阳区	19.63	西城区	20.74	朝阳区	21.20	朝阳区	21.76
房山区	16.24	房山区	17.60	房山区	17.45	房山区	18.26
密云区	14.46	密云区	16.72	密云区	17.12	密云区	18.05
延庆区	13.60	延庆区	15.53	延庆区	15.36	延庆区	16.04
门头沟区	10.98	通州区	14.15	通州区	13.68	门头沟区	14.51
丰台区	12.04	平谷区	13.33	门头沟区	13.66	丰台区	14.35
通州区	14.06	石景山区	13.23	丰台区	13.64	通州区	14.03
平谷区	13.47	海淀区	12.95	东城区	13.41	平谷区	14.01
全市	12.30	全市	12.89	全市	13.41	全市	13.93

资料来源：笔者根据北京市统计局公布的 2014～2017 年统计年鉴整理计算得出。

（三）北京市老龄化程度整体较高

北京市作为我国的国家中心城市，超大型城市之一，是老龄化程度较高的城市，近年来北京市高龄人口快速增长，人口老龄化呈现基数大、程度高、增长快、抚养负担重的特点，至2017年底，北京市老龄化程度已达到24.75%，全市老年人赡养系数为13.93%。根据国家统计局北京调查总队的数据，2018年，北京市居民人均转移净收入为12861元，较上年增长13.8%。其中，居民人均养老金（离退休金）增长9.6%。伴随着老龄化程度的逐年增高，涉及老龄人口的衣、食、住、行、医疗等问题凸显，虽然社会保险基金预算支出逐年增高，但已不足以应对老龄化背景下日益严峻的养老保障的挑战、居家养老功能弱化、社区养老发展迟缓、机构养老中"一床难求"等诸多问题，成为北京市政府和全市市民重点关注的问题。

二 北京市养老服务产业发展现状

（一）北京市老年人基本养老模式

目前，北京市60周岁以上老龄人口的养老方式大致分为居家养老、社区养老、机构养老三种模式。居家养老依旧是北京市老龄人口最主要的养老模式；社区养老是一种借助社区平台提供养老服务，实现就近养老的模式；机构养老是指老龄人口中的特定人群在专业养老机构中获得服务的模式。

居家养老主要是指对于居住在家的老年人，通过子女赡养、购买社会服务的方式，在住所内实现老年人对基本物质和生活照料的需求，老年人通过与子女后代的同吃同住，增加感情交流，实现精神慰藉。但是，现实情况是，伴随着北京市社会经济的进一步发展、空间地理格局和人口密度的进一步增大、生活和工作节奏的进一步加快，中青年人与父母共同居住的习惯被逐步打破，子女与父母的住房间距变大，导致"候鸟"老龄人口①、独居老龄人口、空巢老龄人口的比例显著增加；随着"二孩"政策的落地实施，越来越多的家庭将逐步形成"4-2-2"的代际结构，也就是

---

① 笔者在此对"候鸟"老龄人口的定义为：夫妻两方父母为轮流照看第三代，离开自己现有居住场所，与子女共同居住的老龄人口。

说，基准状态下，一个家庭中2位中青年人需赡养4位老龄人口和抚养2名儿童，抚养压力的变大，也会导致子女对老年人居家养老的日间照料和精神慰藉不断弱化。

社区养老主要指是由社区承担起养老、托老工作，使老年人无须脱离家庭，生活在熟悉的环境中就能获得来自社区的服务。社区养老服务的内容主要包括家政、助餐、医疗、康复辅助、精神慰藉、日间照料、休闲娱乐等。社区养老服务的机构大致包括社区居家养老服务社、社区居家养老服务驿站、社区老年人助餐服务机构、社区卫生服务中心、社区老年人家政、日间照料中心等。老年人可选择住在家里或社区养老机构里。

机构养老主要指通过公办、民办非营利以及商业形式建立的为老年人提供居所和相应的养老服务的专业养老机构。我国专业养老机构一般包括养老院、老年公寓、托老所、福利院等；国外一些针对老年人的康复疗养院、老年病医院也属于此类范畴。服务形式大致包括：针对能自理、半自理和不能自理的60周岁以上不同类型病患老龄人口，提供生活和精神照料、医疗、医护、康复、临终关怀等服务内容。

旅居养老主要指集中在55~65周岁区间内的中产人群中形成的一种新型养老模式。这类人群具有较高的财富存量、较强的消费潜力、自主的活动能力，通过购买和租赁异地房产实现其目的性养老。其类型大致为"候鸟"型养老，疗养型养老和度假型养老。这种养老属于嵌入式，户籍和居住地分离，在实际居住地实现季节性、康养性居家、社区养老，或入住高端养老机构。

（二）国外推动养老服务发展的经验做法

1. 发挥政府在养老服务产业化中的主导作用

日本在养老服务产业化的初期充分发挥了政府的主导作用。1946年，日本政府颁布《社会救济法》，提出了政府肩负着为生活困难的居民提供基本保障的责任，养老服务的对象也覆盖生活困难的居民。在养老服务发展初期的探索阶段，日本政府通过投入大量的财政资金，使养老服务产业不断发展壮大。芬兰政府在养老服务产业化初期发挥了主导性作用。芬兰老年人倾向居家养老模式，芬兰社会服务局将首都划分成四个区域，每个区域都成立了为居家养老的老年人提供周到细致的家庭服务的社会福利中心。规定老年人如果身体状况较差需要他人提供照顾，都能够向社会福利中心申请养老服务，包括老年人家庭生活所需的各项辅助服务，由政府对提供者给予财政补贴。法国养老服务产业化的快速发展也和政府主导作用密不可分。20世纪80年代，政府大力引导和鼓励养老服务产业的发展，政府投资建立了最大的公立养老机构，并对非营利组织进行补贴，为有特殊需求的高龄老年人、失能老年人、残疾老年人提供各种服务，政府财政负担其中90%的费用。

2. 采取产业指导与培训等扶持方式

日本政府设立专门机构来规划、指导、监督国内养老服务的产业化建设。在20世纪六七十年代日本养老服务产业建设初期，日本政府主导的社会福利事业已难以满足庞大的老年市场需求，一些中小企业开始试图进入老年服务市场。日本政府对中小企业的政策经历了"允许"—"开放"—"扶持"的三个阶段，政府通过出台市场规范并建立行业标准，对中小企业进行管理和技术的指导。同时，政府先后组建"银色标志认证委员会"，出台了"老龄商务伦理规范"，建立了"银色标志制度"，制定了看护保险制度，通过市场上提供的多样化服务内容，推动了养老服务产业的健康发展。法国政府出台各种优惠政策鼓励企业投资老年产业。例如，若企业对60岁以上的老年人提供居家养老服务，增值税减少为5.5%，对70岁以上的老年人提供养老服务，则免征企业缴纳的社保税。政府运用财政政策引导企业参与市场竞争，促进养老服务产业的扩大，满足老年人的需求。同时政府对养老服务进行系统规划。2005年，法国政府推行家庭服务业促进计划，将居家养老服务等相关行业纳入国家战略规划。由政府和企业共同出资对养老服务产业从业人员展开培训，把技术培训融入大学职业教育，促进养老服务产业发展。芬兰政府对养老服务业进行产业规划和指导，建立了符合老年人居家养老特征的服务模式，并规定了养老服务内容，为老年人提供家政、医疗、保健服务。政府养老服务给予财政补贴，形成了多样化的养老服务市场，为老年人居家生活提供了各类便捷服务。

3. 确保老年人具有一定的消费能力

美国创立了"倒按揭"式的以房养老制度,老人通过将自有房屋抵押给银行,通过出售、出租等方式偿付银行的贷款;第三方评估机构对老年人自有住房进行价值评估,以老年人的期望寿命为周期计算费用,在老年人生存期间按月支付养老费用,此后老年人的自有住房资产交付银行处理。"倒按揭"住房保障在美国得到广泛认同和普遍欢迎。美国完善的养老保障体系保障老人具有一定的消费能力,为养老服务产业发展提供了条件。日本政府建立了完善的公共年金制度,鼓励老年人退休后重新就业,提高老年人的消费水平和消费能力。日本推行统一的年金制度,日本社会保障机构负责对年金进行管理运营,确保了老年人稳定的收入来源和消费能力。同时,法律规定65岁老年人仍有就业的权利,鼓励退休人员创业和再就业,充分利用老年人退休前的就业经验和技能进行再就业,将老龄包袱转化为社会财富。英国自1975年起不断改革和完善养老保障制度体系。第一,以现收现付制为特征的基本养老保障制度。老年人养老金包括基础年金和个人年金。第二,由企业和单位建立的职业养老金。职业养老金是英国养老保障体系中的重要组成部分。第三,个人储蓄性和商业养老金。由于养老保障制度体系较为完善,英国能够在一定程度上扶持养老服务产业的健康发展。法国社会保障制度建立较早,多层次的养老保障模式基本覆盖了社会全体劳动者。第一层次的基本养老保障体系也实行现收现付制,其他层次还包括补充性养老保险和商业养老保险。法国政府根据不同部门、不同行业建立了阶梯式的养老保障制度体系,大力鼓励和发展商业养老保险。由于建立了完善的养老金制度,老年人的消费水平和消费能力比较强,大大加快了养老服务产业化的发展。

4. 形成居家养老服务产业集群

美国社区照料中,设立了专门机构负责提供家庭护理服务,照顾老人起居、烹饪食物、打扫卫生等,政府或企业为老人定制和设计专项服务计划提供个性化专门服务。此外,政府也会在社区按比例配备锻炼器材、休闲娱乐设施等,不断丰富老年人的业余生活。各种居家养老服务集聚在一起就形成了发挥一定效应的产业集群,在为老年人提供细致服务的同时,也极大地促进了养老服务产业的进步。日本颁布了成熟的法律和政策法规,为指导居家养老服务产业的发展提供了法律保障,包括《关于社会福利服务基础结构改革》《高龄老人保健福利推进十年战略计划》《老人福利法》等,规定居家养老服务的供给主体包括政府、政府支持的非营利性组织、企业、志愿者等,多样化的供给主体为老年人养老提供了更大的选择范围和更优质的服务。英国的社区照顾制度也为居家养老服务提供了各种周到的集中性服务。社区提供的服务具体包括为老年人提供上门服务、提供餐饮服务、老年人俱乐部、医疗保健服务。此外,还建立了集中化的社区活动中心,为老年人提供丰富的文化娱乐活动,提高了老年人的生活质量,促进了医疗、保健、服务、金融、建筑等养老产业集群的形成。

5. 鼓励集中养老,促进养老服务产业发展

集中养老是指老年人集中居住生活在老年公寓、老年社区、养老院等养老场所的方式。美国多选择阳光地带,即西海岸作为集中养老的地区,老人们通过自己购房、租赁住房居住,设立了"无陪护""基本陪护""特殊陪护"三类模式。最享有盛名的集中养老社区就是"太阳城中心",配备了低层建筑、防滑设施、无障碍电梯等,还包括医院、超市、邮局等配套设施。通过大力发展集中式养老模式,推动了该地区养老服务相关产业的迅速发展。日本国内传统的家庭养老也逐渐向集中养老转变,各类养老机构的数量逐年增长,许多企业开始投入养老院和配套设施的建设,从而推动整个养老服务产业规模的扩大。

(三)北京市养老服务政策

坚持以人民为中心的发展思想,是养老服务提质增效高质量发展的本质要求。

习近平总书记关于养老工作做出过许多重要论述:坚持党委领导、政府主导、社会参与、全民行动相结合,坚持应对人口老龄化和促进经济社会发展相结合,坚持满足老年人需求和解决人口老龄化问题相结合,努力挖掘人口老龄化给国家发展带来的活力和机遇,努力满足老年人日益增长的物质文化需求,推动老龄事业全面协调可持续发展。要着力发展养老服务业和老龄产业。我国老年群体数量庞大,老年人用品和服务需求巨大,老龄服务事业和产业发展空间十分广阔。要积极发展养老服务业，推进养老服务业制度、标准、设施、人才队伍建设，构建以居家为基础、以社区为依托、以机构为补充、医养相结合的养老服务体系，更好地满足老年人养老服务需求。要培育老龄产业新的增长点，完善相关规划和扶持政策。要着力完善老龄政策制度。要加强老龄科学研究，借鉴国际有益经验，搞好顶层设计，不断完善老年人家庭赡养和扶养、社会救助、社会福利、社会优待、宜居环境、社会参与等政策，增强政策制度的针对性、协调性、系统性。要完善老年人权益保障法的配套政策法规，统筹好生育、就业、退休、养老等政策。要完善养老和医疗保险制度，落实支持养老服务业发展、促进医疗卫生和养老服务融合发展的政策措施。要建立老年人状况统计调查和发布制度、相关保险和福利及救助相衔接的长期照护保障制度、老年人监护制度、养老机构分类管理制度，制定家庭养老支持政策、农村留守老人关爱服务政策、扶助老年人慈善支持政策、为老服务人才激励政策，促进各种政策制度衔接，增强政策合力。要着力健全老龄工作体制机制。要适应时代要求创新思路，推动老龄工作向主动应对转变，向统筹协调转变，向加强人们全生命周期养老准备转变，向同时注重老年人物质文化需求、全面提升老年人生活质量转变。要完善党委统一领导、政府依法行政、部门密切配合、群团组织积极参与、上下左右协同联动的老龄工作机制，形成老龄工作大格局。要保证城乡社区老龄工作有人抓、老年人事情有人管、老年人困难有人帮。要健全社会参与机制，发挥有关社会组织作用，发展为老志愿服务和慈善事业。

2019年李克强总理在两会政府工作报告中16次讲到养老问题，对我国老龄化问题给予高度重视。报告中指出："要大力发展养老特别是社区养老服务业，对在社区提供日间照料、康复护理、助餐助行等服务的机构给予税费减免、资金支持、水电气热价格优惠等扶持，新建居住区应配套建设社区养老服务设施，改革完善医养结合政策，扩大长期护理保险制度试点，让老年人拥有幸福的晚年，后来人就有可期的未来。"① 从报告内容可以看

---

① 2019年3月5日在第十三届全国人民代表大会第二次会议上国务院总理李克强做政府工作报告。

出，国家层面上的多措并举，出台了多项社会保障和利民政策，从2018年城乡居民基础养老金最低标准从每月70元提高到了88元，到2019将加快推进养老保险省级统筹改革、提高企业职工基本养老保险基金中央调剂比例、居民医保人均财政补助标准增加30元、降低并统一大病保险起付线、报销比例由50%提高到60%、落实和完善跨省异地就医直接结算政策、建设多层次养老保障体系、继续提高退休人员基本养老金、完善退役士兵基本养老政策等，确实保障和推进了我国养老服务业的健康有序发展。"让老年人拥有幸福的晚年，后来人就有可期的未来"成为打造"老年友好型城市"的内在要求。

通过汇总梳理北京市已发布的主要养老服务政策措施，养老服务政策已经初步形成系列政策体系，基本涉及老年人衣、食、住、行、医疗等各方面、对养老服务业的发展和养老机构的审批、监管上出台了诸多指导性和规范性意见（如表3所示）。

表3　北京市主要养老服务政策汇总

类型	发布年份	名称
发展规划	2016	《北京市"十三五"时期老龄事业发展规划》
地方法规	2015	《北京市居家养老服务条例》
	1995	《北京市老年人权益保障条例》
指导性意见	2019	《北京市促进养老领域消费工作方案》
	2019	《关于进一步加强老年人助餐配餐服务工作的意见》
	2018	《北京市养老服务机构信用信息管理使用办法》
	2018	《关于推进养老服务业诚信体系建设的指导意见》
	2017	《关于全面放开养老服务市场进一步促进养老服务业发展的实施意见》
	2017	《关于建立居家养老巡视探访服务制度的指导》
	2016	《关于开展社区养老服务驿站建设的意见》
	2016	《关于加强老年人分类保障的指导意见》
	2013	《北京市人民政府关于加快推进养老服务业发展的意见》
	2008	《关于加快养老服务机构发展的意见》
	2000	《关于加强老龄工作的意见》

续表

类型	发布年份	名称
规范性意见	2019	《北京市老年人能力综合评估实施办法（试行）》
	2019	《北京市整治养老行业"保健"市场乱象保护老年人合法权益工作方案》
	2018	《关于加强老年人优待工作的办法》
	2016	《支持居家养老服务发展十条政策》
	2016	《北京市老年人家庭适老化改造需求评估与改造实施管理办法》
	2016	《经济困难的高龄和失能老年人居家养老服务试点区老年人能力评估办法》
	2014	《北京市基层老年建设参考规范》
	2012	《北京市老年人意外伤害保险暂行办法》
	2011	《北京市居家养老（助残）服务单位管理规定（暂行）》
	2009	《北京市市民居家养老（助残）服务"九养"办法》

资料来源：笔者根据北京市人民政府网站和北京市民政局网站汇总整理。

就北京市而言，2000年各部委联合发布了《关于加快实现社会福利社会化的意见》，明确提出社会福利化和社会化的政策，主张以居家为基础、以社区为依托、以社会福利机构为补充的养老方式。2009年北京市发布的《关于加快养老服务机构发展的意见》中曾提出过"9064"的设想，2015年底北京市发布《北京市养老服务设施专项规划》，明确了"9064"养老服务目标，即90%的老年人在社会化服务协助下通过家庭照顾养老；6%的老年人通过政府购买社区照顾服务养老；4%的老年人入住养老服务机构集中养老。到2020年，建成"以居家为基础、社区为依托、机构为支撑的，设施齐备、功能完善、布局合理"的养老服务体系。①

从2017年国务院关于印发的《"十三五"国家老龄事业发展和养老体系建设规划的通知》中可以看到，到2020年，老龄事业发展整体水平明显提升，以居家为基础、以社区为依托、以机构为补充、医养相结合的养老服务体系将更加健全。国家将加强社区养老服务设施建设；以失能、独居、空巢老年人为重点，整合建立居家社区养老服务信息平台、呼叫服务系统和应急救援服务机制；支持利用信息技术，开发应用智能终端和居家社区

---

① 北京民政局、市老龄办：《北京市社区养老服务驿站建设规划（2016年-2020年）》（京民福发〔2017〕124号），2017年4月16日。

养老服务智慧平台、App、公众号等，重点拓展远程提醒和控制、自动报警和处置、动态监测和记录等功能。①

北京市民政局公布的《2019年社会服务统计季报表（一季度）》显示：截至2018年12月底，北京市为老年人和残疾人提供服务的机构达到了672家，比2017年的654家增长了18家，同比增长2.75%。其中城市养老机构247家，比2017年的224家增加了23家，同比增长10.27%；农村养老机构265家，比2017年的270家减少了5家，同比增长-1.85%。老年人与残疾人服务床位数为150926张，比2017年底的148569张多了2357张，同比增长1.59%。其中城市养老机构床位数为44783张，比2017年的41780张增加了3003张，同比增长7.19%；农村养老机构床位数为53361张，比2017年的54383张减少了1022张，同比增长-1.88%。②

根据《北京市社区养老服务驿站建设规划（2016年—2020年）》，到2020年，全市计划建设社区养老服务驿站总数1000个，其中城市社区建设542个，农村地区建设458个。东城、西城、朝阳、海淀、丰台、石景山六区，计划3年内实现社区养老服务驿站基本覆盖，其他郊区计划4年内实现社区养老服务驿站基本覆盖。2018年底，北京市基本建立城乡居民养老保障待遇确定和正常调整机制，新建养老服务驿站182家，建立居家养老服务津贴补贴制度，将老年人社会优待服务范围从65岁以上扩展到60岁以上。2019年着力推进民生保障精准化、精细化。落实企业职工基本养老保险基金中央调剂制度，鼓励企业年金、个人储蓄性商业养老保险发展。推进医养结合，健全"三边四级"养老服务体系，实施差异化养老机构运营补贴政策，新建社区养老服务驿站150家。③

目前，北京市养老服务还存在养老服务资源城乡分布不均、城市养老资源紧缺等问题；养老服务机构还存在收费和服务质量差别大、高质量养老机构费用高昂、具体的行业标准不明确等诸多问题。但在政策、资本、市场、技术等多重因素的持续推动下，北京市养老服务呈现四种发展趋势。

---

① 《2018年社会服务统计季报表（四季度）》，北京民政局网站，http://www.bjmzj.gov.cn/news/root/tjjb/2019-01/129287.shtml，2019年1月25日。
② 北京市民政局、市规划委：《北京市养老服务设施专项规划》，2015年11月24日。
③ 付诚、韩佳均：《医养结合养老服务业发展对策研究》，《经济纵横》2018年第1期。

(1) 面向居家养老出现的互联网养老服务平台。通过"互联网+",大数据的技术推广和运用,"虚拟养老院"将会从愿景变为现实,通过专业平台的构建,实现老龄人口需求一键式呼叫,具体到用餐、用药、家政、出行的无缝式对接。

(2) 养老服务机构进驻普通社区。通过公建民营,政府适度让渡的形式,在普通社区中建立养老照料中心和养老驿站,方便老年人在距离自己或子女的住所最近的地方获得所需养老服务。

(3) 老年人入住养老社区或购买养老房产。此类养老采用的是以老年人需求为核心的"养老+地产"的开发模式,老年人以租住、购买或置换的形式入住养老社区,通过招标引进针对老年社区经验成熟的物业公司,提供上门护理、家政、保健、基本医疗等服务。

(4) 逐步实现"医养结合"。针对居家和社区养老人群,综合配置和利用医疗与养老服务资源,形成集生活、娱乐、医疗、保健等为一体的医养结合模式。医养结合的嵌入型较强,可融入互联网养老服务平台、普通社区、养老社区或养老房产之中,配置专业人员照顾老年人的生活起居、定期为老年人检查身体,并且不定期组织文娱活动、健康讲座,与老年人进行精神交流,真正意义上做到传统养老思维与现代医疗养老服务的完美结合。①

三 北京市养老服务存在的现实问题

(一)人口老龄化程度持续严重,老年人赡养比将持续扩大

北京市人口老龄化、老年人赡养比与中华人民共和国成立以后的人口生育驼峰变化趋势密切相关。由于北京市老龄人口逐年增多,"少子"老龄化、高龄化、空巢化、家庭结构小型化和家庭陪伴功能弱化等的现象凸显,北京市50~60岁人口占户籍人口的比重较高,截至2017年底,北京市50~59周岁常住人口为325.7万人,若按照我国人口平均预期寿命76.7岁来粗

---

① 国务院:《"十三五"国家老龄事业发展和养老体系建设规划的通知》(国发〔2017〕13号),2017年2月28日。

略计算，未来十年，50～59周岁这部分人口在转变为老龄人口的过程中，北京市人口老龄化程度将持续加大。对养老服务需求的人群逐步加大的同时，对养老服务的质量和效率提出更高的要求，这也是北京市政府今后一个时期需要着力解决的民生问题。劳动力年龄结构老化、老年人赡养比将持续扩大，势必加重社会保障负担、阻碍城市竞争力和创新能力的提升，为北京市建设国际一流、和谐、宜居城市带来巨大的挑战。

（二）养老服务机构和设施整体水平与需求不相适应

近年来，随着北京市养老保障和服务政策不断完善、财政投入不断加大，已初步形成了"以居家养老为基础、社区养老为依托、机构养老为补充、社会优待为拓展"的城乡一体化新型养老服务体系，养老服务体系呈现多层次、多元化、社会化的趋势。与此同时，劳动力人口比例缩减，老龄人口比例增加，政府财政预算支出部分用于养老、医疗、照护、福利保障和设施建设等方面的支出将大幅增加，财政负担越来越重。但养老机构及养老设施总量依旧不足，养老床位数持续紧张、缺口较大；城镇社区由于缺乏统筹、用地紧张，养老设施规模偏小、场地严重不足，日间照料、文体活动等设施难以满足需求；乡村尚未建立健全居家养老服务设施，机构和社区养老设施达标率较低，养老服务需求侧与供给侧之间的矛盾日益加剧。

（三）养老机构和设施空间分布不合理

北京市东城区、西城区、朝阳区、海淀区、丰台区和石景山区（简称"城六区"）的老龄人口总量和比例均高于远郊区县，老龄化程度相对更严重。由于受北京市城乡发展不协调、城六区建设空间有限的客观现实制约，城六区和远郊区县养老机构、设施、上下游产业的空间分布集聚效应大于扩散效应，城六区养老设施相对集中，但人口密度和养老需求已经超过养老机构和设施的服务阈值，缺口较大，一些远郊区县的养老床位供给增速过快、出现一定的空置。"政府办"和"社会办"养老设施项目的选址上更多地集中于基础设施相对完善的城镇地区，以满足其持续经营和创收的需求。从整个北京市16个区来看，养老机构、床位和设施在存在供需不匹配的问题。尽管养老机构、床位和设施集中布局在城六区，但远无法满足其现实需求，远郊区大多是"政府办"的养老设施项目，"社会办"养老设施项目缺乏政策引导，基本回避远郊区县布局，也存在空间分布不合理的问题。

（四）短期内养老服务专业人员供需矛盾突出

由于养老服务从业人员总量缺乏，从业人员中专业人员较少，从业人员资质监管不到位，大多数从业人员是文化素质偏低的合同工或临时工，没有接受系统的专业培训，专业技能普遍欠缺，仅能为老年人提供衣食和家政清洁服务，对于老年人专业护理、康复理疗、精神和心理照料难以应对，无法更好地胜任工作，满足老年人的个性需求。涉及老年人养老服务的康复护理、管家式服务、常见病诊疗、心理疏导、临终关怀等专业技术型人员供需矛盾突出，且短时间内难以补齐。这类专业技术人员从培训到毕业，再到上岗，需要1~3年，通过"传帮带"的经验累积直到独立工作，也需要0.5~2年时间，因此，建立一支可靠的、稳定的养老服务专业技术型人员队伍，短期内任务十分艰巨。

（五）养老设施与服务存在重形式、轻内容的问题

北京市许多社区虽然建立了一些老年人设施，腾挪地方建设老年人服务驿站，成立老年人社区娱乐中心，为老年人提供的活动场地和内容。但总的来看，这些老年人社区娱乐中心普遍存在设施简单、服务内容单一的问题，大多停留在提供洗理、提供棋牌桌椅等简单服务，容易产生老年人不爱去、中心服务人员没干劲的情况，致使许多社区老年人服务中心未能起到应有的作用，流于形式。一些原先定位为社区老年人活动中心的场所改变性质，转租成为商场、超市、餐饮、门市等不同类型的经营场所。

老年人在离职退休后，所处环境、生活时间和生活结构出现转折性的变化，身心方面出现不适应，较容易产生感情寂寞和无助的心理。[①] 北京市

---

① 国务院办公厅：《国务院办公厅关于推进养老服务发展的意见》（国办发〔2019〕5号），2019年4月16日。

大部分社区和养老机构对多数老年人精神生活的养老服务内容较缺乏，形式比较单一，大多为棋牌类、歌舞类互动，没有充分调动老年人对文化与精神追求的积极性，对具有丰富精神内涵的养老服务项目建设，创新性不够，无法满足老年人个性化的和更高层次的文化与精神追求。

（六）医疗保健和护理设施不健全，服务不专业

随着高龄老龄人口的不断增多，患病率上升，器官功能退化，生活自理能力下降，老龄人口对医疗保健、家庭护理和生活照料的需求大大增加。有些养老机构和社区在这方面的设施不健全，只有简单的医务室，服务能力有限，无法提供针对老年人所需的一系列照护服务，缺少相关老年医学方面的科室设置和人员配备，对患有老年病的老年人从治疗到护理的能力有限，欠缺对老年人合理饮食、运动、病愈的综合指导，大多社区和养老机构不具备医疗急救能力。家庭护理方面，缺乏专业性机构，为老年人居所提供适老性改造；生活照料方面，对老年人认知能力、营养水平、生活经历、身边环境和压力等因素认识不足，服务专业化程度不高，无法满足老年人对舒适和高品质生活的个性化需求。

（七）"互联网+"社区智能养老服务平台功能作用发挥不够

"互联网+"社区养老服务平台是近年来催生出的新型养老服务形式，以大数据、云计算为基础，结合移动互联、一键式呼叫手段，其效率毋庸置疑，但与实现全方位、多层次、一体化的智慧养老服务还有较大差距，在满足老年人居家和社区养老的服务需求时，其针对养老服务上下游产业的聚集和融合的深度和广度不够，往往是接单率提升较快，到达现场服务的时间和效率却不够理想，行业标准缺失、规范管理欠缺。[①]

四 北京市养老服务高质量发展的路径与对策

所谓养老服务高质量发展，主要指的是通过高质量的投入产出，提高

---

① 姜珊、秦子超：《探究我国"养老+互联网"养老新模式》，《劳动保障世界》2018年第9期。

资源配置效率，实现养老服务的高质量供给，使养老服务需求与供给在更高水平上达到平衡，实现养老服务内涵式发展、高质量发展，推动养老服务从规模扩张向质量提升转变，真正使养老服务成为"民心工程"，得到社会认可、人民满意。

通过对北京市2007年至今十多年来养老服务发展概况梳理，以及所存在的七个方面的主要问题的分析与研判，为了贯彻落实习近平总书记在十九大报告中提出的"加快老龄事业和产业发展"的思想，使李克强总理在2019年两会政府工作报告中提出的社区养老服务业发展建设目标落到实处，真正使北京市养老服务产业发展起到示范性、引领性和带动性的作用，针对存在的问题，特提出如下推进北京市养老服务高质量发展的路径与对策。

（一）完善多元主体参与的养老服务标准体系框架和绩效评价体系

2019年4月16日，国务院办公厅印发《国务院办公厅关于推进养老服务发展的意见》，该意见依据2019年政府工作报告对养老服务工作的部署，着眼于养老服务业当前面临的突出短板，在通"堵点"、除"痛点"的基础上从深化放管服改革、拓宽养老服务投融资渠道、带动养老服务就业创业、扩大养老服务消费、促进养老服务高质量发展、促进养老服务基础设施建设六个方面提出了28条针对性指导意见，确保到2022年在保障人人享有基本养老服务的基础上，有效满足老年人多样化、多层次养老服务需求，显著提高老年人及其子女的获得感、幸福感、安全感。[①]

实现养老服务高质量发展的先决条件是破除体制机制障碍，从顶层设计的视角深化放管服改革，简政放权，将行政回归高质量的管理和服务，通过市场竞争机制实现优胜劣汰。因此，随着养老服务门槛的降低，行业准入标准的进一步放宽，建立科学合理的养老服务业标准体系，对养老服务全过程实现标准化质量监督管理，成为保障养老服务业良性发展的内在要求；养老服务标准的制定和实施，成为养老服务行业整体质量提升得有效抓手。

民政部、国家标准委在2017年就已经共同组织制定发布《养老服务标

---

① 李舒馨、李南：《社区居家养老服务存在的问题分析》，《学术论坛》2019年第3期。

准体系建设指南》，从通用基础标准、服务提供标准、支撑保障标准三个方面建立起养老服务标准体系框架。在已发布的《养老服务标准体系建设指南》中，包括分类、评估、数据、质量管理等通用基础标准；涉及养老服务的具体内容及事项的生活照料、精神慰藉、健康管理、医疗护理、安宁服务、社会工作、休闲娱乐、文化教育、权益保障等服务提供标准；为保障养老服务有效提供针对提供服务者、服务管理、信息化、养老建筑、设施设备与用品、环境、安全与卫生等而制定系列标准。①

据统计截至2018年末，在确定的11项通用基础标准中，已发布1项、7项制定中和3项待制定；在确定的22项服务提供标准中，已发布1项、6项制定中和15项待制定；在确定的32项支撑保障标准中，已发布9项、6项制定中和17项待制定。目前，这个养老服务标准体系正处于建立和逐步完善过程中，制定规范的和具有操作性强的养老服务标准，需要多元主体的参与，其主体应包括政府、养老机构和组织、第三方测评机构和享受养老服务的人群。建设公正、客观的养老服务绩效评价体系，也必须是多元主体的参与的绩效评价体系，评价方式应包括政府评定、自我评价、第三方评价、服务对象评价，评价权重为政府评定20%、自我评价15%、第三方评价20%、服务对象评价45%；评价内容应从经济性、公平性、及时性、成效性和满意度五个方面设立具体的二级、三级评价指标。综上所述，在深化放管服改革的大背景下，完善多元主体参与的养老服务标准体系框架和绩效评价体系，通过事前、事中、事后的标准引导、监督和绩效管理，保障养老服务的良性健康发展。

（二）进一步扩展居家和社区养老服务形式

目前北京市公办养老机构床位供不应求，排号、等号是常态，等不起是事实；私立养老机构入住门槛高，后期经济负担较重，即使子女有孝心老龄人口也不愿意。除生活完全不能自理的老龄人口以外，多数老龄人口认为入住养老机构不自由，在社会观念还未完全改变的情况下怕对子女有

---

① 民政部、国家标准委：《关于印发〈养老服务标准体系建设指南〉的通知》（民发〔2017〕145号），2017年9月12日。

负面影响,更倾向于选择居家和社区养老。这些老龄人口的需求形成了一个朝阳产业,大多数学者将其命名为"银发经济",这为居家和社区养老服务形式的扩展提出了要求。笔者认为,通过落实税费减免、资金支持、水电气热价格优惠等扶持政策保证基础养老服务正常经济效益的同时,从老年人日间照料、价值再现、养护康复和风险防控四个方面创新居家和社区养老服务形式,其主要内容应包括:一是要以基层党组织、居委会为依托,推荐联系优质社工进社区养老服务机构,通过优质社工交流日间照料经验,其酬劳可由居委会自定;二是鼓励有专长的社区居民和退休老龄人口发挥余热,通过老年大学、社区大讲堂等多种形式搭建社区内老年人之间、老年人与年轻人之间沟通交流学习平台,实现知识技能的继续传播,在文化得到传承的同时,避免老年人与时代发展脱节;三是可以将一个或几个社区划定为医学院大学生的社会实践基地,医学院大学生向老年人讲解和演示专业养护康复方法,在增加自身实践经验的同时,培育和提升大学生敬老、孝老的品德,这种社会实践可作为大学生评优评先的参考;四是要建立物业、派出所、急救医院的风险防范和应急联动机制,因为老年人随着年龄的增长,逐步成为弱势群体,需要社区物业定期巡访探视,通过应急联动机制,能够在最短时间、最大可能地保障老年人养老服务权益。解决好以上具体问题,使居家和社区养老服务形式得到有效扩展,保障养老服务产业沿着正确的方向发展。

(三)建立养老机构床位和社区中心养老床位的分级轮候制度

建立养老机构床位的分级制度的一个基本前提是实现居家和社区养老的"医养结合"。鼓励和支持社区卫生机构承担养老职能,研究制定养老职能的服务性质、服务主体、服务对象、服务标准、从业人员上岗标准和配套管理;从法律层面分清权责;建立健全此类机构的星级评定制度和绩效评价体系,设定准入和退出机制;将社区医养结合服务机构纳入定点报销;对社区医养结合服务机构给予整体的资金扶持和适度补贴;鼓励商业保险机构支持医养发展,开发设计适合医养融合的商业保险,发挥其风险分担作用。[①]

---

① 牟春兰:《社会力量发展医养结合的PPP模式及对策分析》,《西北人口》2018年第2期。

在居家、社区养老实现"医养结合"的同时，允许和鼓励运用PPP模式使企业、个人等社会资本参与有条件的社区卫生中心、周边医疗机构在原有基础上扩充、改造和建设老年病医院、康复医院、疗养院和护理中心等医养结合服务体。对于新建社区，鼓励将一栋或几栋住宅楼，或社区内低层住宅，规划成为老年人专属居住单元或区域，对居家养老的老年人，其生活空间进行合理改造。通过《北京市老年人能力综合评估实施办法》的实施，参照其中照护需求评估9个级别的对应结果，评定老年人轮候入住公办养老机构的次序。同时按照9个级别的对应结果，0级为正常、1~2级为轻度、3~5级为中度、6~8级为重度，实现养老机构和社区中心养老床位的分级轮候制度，对养老床位的进行合理和最优化配置，保障其实现该养即养、养有床位、医养结合、精准养老的服务目标。

（四）多渠道增加老龄人口实际收入，提升购买力

我国老龄化社会的一个基本情况是老龄人口普遍处于"未富先老"的状态，多渠道增加老龄人口实际收入，实现老龄人口"边老边富"，才是应对老龄化社会到来的积极态度，也是必由之路。总体来说，老龄人口的实际收入来源大致分为退休工资、养老金、储蓄理财、集体项目分红、子女供给、房屋买卖和租赁等，不同地区、不同年龄区间的城镇和农村老龄人口的实际收入存在差别，其实际购买力也会存在差异性。因此，在"未富先老"的大背景下，适度增加老龄人口收入，扩展老龄人口收入渠道和来源，是养老服务可持续发展的关键。第一，为老年人普及金融知识、进行投资理财教育和培训。第二，通过数字化普惠金融研发针对老年人的理财、基金、信托等金融服务产品，保证其收益的长期可预期。第三，完善与老龄人口就业相关的法律、法规和政策保障体系，鼓励有能力、有条件的老龄人口实现再就业，积极开发适合老龄人口的就业岗位，激发老龄人口的人口红利。第四，为老龄人口提供财产管理等金融服务，房产、地产目前仍是我国老龄人口的重要资产，利用这部分资产实现老龄人口增收、创收的潜力巨大，例如，北京地区试点的住房反向抵押贷款，目前其效果并不理想，远低于预期，原因在于老龄人口的认识度不高；当涉及产权时会触碰到老龄人口敏感神经，认可度、信任度降低，可尝试试点在不改变住房产

权性质的基础上，仅将房屋的租赁权抵押，抵押贷款用于老龄人口支付社区养老和机构养老的支出。第五，研发适合老龄人口的商业保险产品，使其成为养老金制度"三支柱"（基本养老保险、企业年金、个人养老保险）模式的有力补充和支持，鼓励和引导老年人通过购买保险进一步减轻养老支出的负担。

（五）推进养老服务实现产业化发展

养老服务实现产业化发展，必须解决养老服务营利性的问题，明确微观经营层面实行产业化经营的原则，认可产业的"营利性"。供给扩大的前提条件是"有利可图"，没有利润，资本是不会投入的。因为养老服务产业的特殊性，其市场化程度和对营利的追求应当受到适当限制，因而养老服务的产业化原则是就投资经办者的微观经营层面而言的。主要包括以下四个方面。一是确认养老服务属营利性的生产经营活动的产业地位，使投资者的成本能够以某种方式收回并获得合理的利润。二是从业人员能够获得与从事其他行业相当的报酬，让养老服务成为正规的、专门的、体面的"职业"。三是当老年人接受养老服务时，应当按照商品交换的原则，按供需双方协议约定的价格支付服务费用。四是放开市场，积极营造良好的产业环境。政府应发挥主导作用，为养老服务产业化、规模化、高质量发展提供良好的外部环境：放开市场，积极引导社会资本进入养老服务业，充分激发各类市场主体活力；构建养老信息服务平台，以实现供需对接和资源共享；大力落实社会融资、税费、土地供应等优惠政策；加快培育一批创新能力强、信息化应用水平高、品牌辐射示范效应大的创新型养老服务企业。

（六）细分老龄人口需求，实现精细化、精准化养老

由于老年人群的年龄定义很宽泛，统计部门也会把60岁以上的老年人按年龄区间分别统计，不同年龄区间的老龄人口其对应的养老服务需求也不尽相同，既有共性的特征，也有个性的特征，因此，要实现养老服务的高质量发展，需要细分老龄人口的需求，以便提升养老服务的精细化和精准化。著名的人本主义心理学家马斯洛曾提出"需求五层次论"，他认为人

的一切行为都是由需要引起,而需要又是分层次的,从低到高依次是生理需要、安全需要、爱与归属的需要、尊重的需要、自我实现的需要。生理需要是其他各种需要的基础。自我实现的需要是人类需要发展的顶峰。需要的产生与个体发展密切相关。

精准养老是在准确区分老年人养老需求的基础上,为不同状况的老年人提供区别化服务供给的服务模式。不同年龄的老年人群体在健康状态、易患病种、服务需求等方面均不相同。面对老年人日益多样化的养老服务需求,养老照护项目理应客观分析老年人的实际情况,并对各项需求的合理性和可能性进行科学评价,从而提高服务项目的瞄准度,有效利用养老服务资源。

通过对适龄养老居民的基本信息采集,需求问卷调查,建立老龄人口个人电子健康档案,实现居家健康监护、社区康养信息,医院就医信息、医保信息的无缝连接,建成智慧养老数据库。通过大数据和人工智能挖掘老年人的现实需求和潜在需求,行业内实现养老服务和养老产业全产业链的优化组合和资源配置,养老的精准化、精细化主要体现在保障最迫切需要养老服务的群体。一是解决"三无""五保"老年人和不能自理的老年人的基本需求,加强对失能、失智老年人的扶持。北京市按照综合困难程度及政府保障优先顺序,将老年人划分为四类人群:托底保障群体、困境保障群体、重点保障群体、一般保障群体。针对四类人群实施分类管理、分类保障。二是科学、系统地对老年人进行评估,准确认定完全不能自理老人、半自理能力老人和能自理老人。三是科学把握养老服务的"福利度"。社会福利的发展进程通常是刚性的,但是必须考虑到国家和地方政府的财力负担以及城乡居民的收入水平,科学把握养老服务的"福利度"。既包括从低水平起步逐步提高"福利度",也包括实行"分类型"财政资助政策,规范资金的投入,把养老服务的投入保持在"可控制、能承担"的范围之内。

(七)通过区域协同发展,实现养老服务产业合理布局

从京津冀协同发展的角度,需要建立区域性统一的养老服务资源要素市场,通过产业链前中后端各养老子产业的合理布局,实现养老服务资源要素的自由流动。目前京津冀地区逐步推行"候鸟式社区养老",旨在针对

河北省适宜城市和与京津交界地区建设连锁模式的养老社区,京津老人可以根据天气、医疗、交通等条件,选择适合自己状况的河北养老社区连锁机构,并能按照自身需求调换养老社区,将养老社区项目与精准扶贫和美丽乡村建设联系起来,在社区人性化的规划上,建设用于老年人的再学习、运动、社区生活等的配套设施,完善养老的社区服务体系,提高老年人的幸福指数。目前河北在北京周边建成了一批大型养老机构,开展了跨省市异地养老医保结算试点,北京籍老年人到河北养老既能领取北京市养老补贴,也能直接刷卡结算,老年人既能享受机构所在地民政部门对非营利性养老机构的床位运营补贴,还能叠加享受户籍地针对户籍老年人的床位运营补贴政策。

加快推进京津冀养老服务协同发展,需要加强制度衔接和资源共享,并着眼于满足养老需求、完善相关政策。一是统筹解决制度衔接问题。京津冀三地应统筹设定养老服务机构建设和运营相关标准,提高养老服务机构建设和选用护理人员水准。三地政府应进一步加强沟通,加快进行与养老相关的医疗、低保、救助、慈善和相关扶持政策的对接研究,重点加强在财政支持、医疗服务、人才培养、金融扶持、民政监督等方面的统筹和合作,探索形成完整有效的政策扶持体系。注重三地养老事业发展的衔接、互补和联动,努力做到协同发展、优势互补,促进三地养老基本服务均衡化。二是加强资源共享,提高养老公共服务水平。积极推动京津冀三地医疗资源的对接、共享,鼓励三甲医院医生和医疗资源在三地流动;加大居家养老、社区养老服务网点建设力度,积极发展社区养老和居家养老,促进居家养老、社区养老与机构养老协调发展,提高养老公共服务资源配置效率;重视老年人精神文化需要,推进相关配套设施建设,满足老年人精神层面需求;成立面向三地的养老护理人才职业技能培训机构,建立养老护理和服务人才供应基地,严格从业标准,保证养老服务质量。三是发挥政策在养老项目、资金、资源配置及相关软硬件建设上的支持作用,采取有效措施鼓励社会资本进入养老服务行业,在降低养老服务机构运营成本、提高效益、提升服务质量方面发挥积极作用。①

---

① 商卉:《加强制度衔接和资源共享,加快推进京津冀养老服务协同发展》,《人民日报》2018年11月28日,第7版。

参考文献

[1] 北京民政局、市老龄办:《北京市社区养老服务驿站建设规划(2016年–2020年)》(京民福发〔2017〕124号),2017年4月16日。

[2] 《2018年社会服务统计季报表(四季度)》,北京民政局网站,http://www.bjmzj.gov.cn/news/root/tjjb/2019-01/129287.shtml,2019年1月25日。

[3] 北京市民政局、市规划委:《北京市养老服务设施专项规划》,2015年11月24日。

[4] 付诚、韩佳均:《医养结合养老服务业发展对策研究》,《经济纵横》2018年第1期。

[5] 国务院:《"十三五"国家老龄事业发展和养老体系建设规划的通知》(国发〔2017〕13号),2017年2月28日。

[6] 国务院办公厅:《国务院办公厅关于推进养老服务发展的意见》(国办发〔2019〕5号),2019年4月16日。

[7] 姜珊、秦子超:《探究我国"养老+互联网"养老新模式》,《劳动保障世界》2018年第9期。

[8] 李舒馨、李南:《社区居家养老服务存在的问题分析》,《学术论坛》2019年第3期。

[9] 民政部、国家标准委:《关于印发〈养老服务标准体系建设指南〉的通知》(民发〔2017〕145号),2017年9月12日。

[10] 牟春兰:《社会力量发展医养结合的PPP模式及对策分析》,《西北人口》2018年第2期。

[11] 商卉:《加强制度衔接和资源共享,加快推进京津冀养老服务协同发展》,《人民日报》2018年11月28日,第7版。

[12] 许加明、李宜霖等:《供给侧结构改革背景下我国养老产业的发展路径》,《中国集体经济》2019年第7期。

高质量协同背景下京津冀区域间财政关系与协同机制构建

赵国钦 沈展西[*]

摘 要 京津冀协同发展战略作为一项国家的重大区域发展战略,被视为继长三角、珠三角之后中国经济增长的第三动力。但至今京津冀协同发展成效缓慢,京津两地与河北省依旧存在巨大的发展差距。党的十八届三中全会明确表示,财政是国家治理体系的基础和重要支柱,再次强调了财政对经济发展的重要作用。故本文试图探索财政支出作为京津冀协同发展的路径选择。本文选取京津冀三地43个区市的数据,用社会网络分析法(SNA)全面考察2002~2016年京津冀地区财政支出的空间关联关系,发现京津冀地区财政支出存在普遍的竞争关系,其中投资性财政支出的财政竞争较为严重。民生性财政支出受经济回报率低的限制,空间外溢现象相对较弱。环京城市处于民生性关联网络中间,起着桥梁和传递的作用。北京依旧居于京津冀地区核心位置,拥有优质的教育资源和强大的科技储备,三地"行政区经济"现象较为明显,"行政割裂"程度较为严重。基于此,本文建议建立京津冀横向转移支付制度,加大对河北省的补偿力度;建立京津冀建设帮扶机制,弱化行政区界限,实现三地均衡发展;有效利用环京城市的"桥梁"作用,加大对环京城市发展的财政支持力度。

---

[*] 赵国钦,副研究员,中央财经大学财经研究院,北京市哲学社会科学北京财经研究基地,研究方向为财政理论和政策。沈展西,中央财经大学财经研究院研究生。

关键词： 财政支出；关联关系；社会网络

2018年11月国务院发布《关于建立更加有效的区域协调发展新机制的意见》（本文以下简称《意见》），《意见》指出，要积极探索以中心城市引领城市群发展、城市群带动区域发展新模式，推动区域板块之间融合互动发展。在由城市"单打独斗"的发展模式转变为区域一体化协同发展的过程中，城市群的作用不可忽视。对于京津冀区域来说，高质量协同需要打完备的体制机制设计，其中区域间财政关系和协同机制应当被重视。

一 京津冀区域财政协同发展的现状与问题

城市群在空间地理上表现为一个大型的中心城市与周围其他小城市一起构成的一个城市聚集区域，在内部关联上表现为中心城市与周围小城市之间在区域交通、通信网络和基础设施一体化的基础之上进行资源共享，生产要素自由有序流动，由此带来区域产业分工与转移，提升区域的经济活力。[①]

城市群的成长和发展环境也在不断发生变化，推动城市融合向纵深处发展。从城市群外部环境来看，随着经济全球化脚步的加快，资本日益跨过国家边界并在具有竞争优势的空间地理上形成新的地域集群，打破了传统的固定空间领域模式，政府的治理形态也逐渐发生变化。在地域集群的形成过程中，依附于资本的地方空间单元之间的联系日益紧密，并出现新的尺度重组。尺度重组可分为超国家尺度（如"一带一路"等）、次国家尺度（如京津冀、长三角等）、尺度向外（公司合作治理）以及尺度斜向（跨地方治理）。在尺度重组的过程中，世界级城市群的影响力日益增大，并逐渐代替国家成为全球竞争的主体。

从城市群内部环境来看，参照俄林的生产要素禀赋理论，城市经济发

---

① Ellison, G., Glaeser, E. L., and Kerr, W. R., 2010, "What Causes Industry Agglomeration? Evidence from Coagglomeration Patterns", *American Economic Review*, Vol. 100, pp. 1195–1213. http://dx.doi.org/10.1257/aer.100.3.1195.

展面临有限的生产要素与无限的发展需求的矛盾困境，为实现经济发展目标，城市间必然会催生经济资源的交换与产业协作分工需求，因此区域形成专业化分工，产生"1+1>2"的集聚效应。而过去中国在"行政区经济"的作用下，地方政府桎梏于城市间"蝇头小利"的争夺，忽视了集聚效应和规模效应对区域经济发展的推动作用，诱导城市经济向同质化方向发展，区域经济碎片化现象严重。[①] 虽然能满足本城市的经济发展需求，但受制于单一城市经济体量较小及市场狭窄等因素，城市无法在日益激烈的竞争环境中脱颖而出，也无法为经济发展更多的资源储备。面对现实的竞争压力各地方政府不得不做出调整，开始尝试区域间产业分工与集聚，区域经济开始深度融合，在交通、通信、公共服务的互通中实现区域经济一体化发展，[②] 向"行政区经济"—区域融合—"区域一体化"方向转变。[③]

随着中国经济的快速发展，各省份经济融合程度不断加深，在地理优势的基础上形成了长江三角洲、珠江三角洲等城市聚集区域，不仅塑造了较为清晰的产业分工格局，形成了竞争合力，还打通了城市间双向互动通道，通过区域内特大城市的扩散效应带动周边城市发展，激发周边城市的经济潜力。以秦岭—淮河为界，在南方经济发展得"如火如荼"之际，北方经济却日渐式微，而作为北方经济发展的龙头——北京也在高速发展过程中留下不少"隐患"亟待解决。第一，与发展相伴随的交通压力、城市污染、人口拥挤、住房紧张等一系列"大城市病"问题接踵而至，严重阻碍北京经济的可持续发展。第二，北京在发展过程中产生的极化效应导致出现集聚阴影或"灯下黑"现象，使北京市周围的中小城市无法借用规模扩大加快自身经济发展速度，其典型代表就是环京津贫困带。为解决北京及周边城市经济发展问题，推动北方经济崛起，习近平总书记于2014年首次将京津冀协同发展提升到国家战略层面，目的在于疏解北京部分功能和人口，有序引导产业转移和承接，缓解北京"大城市病"，同时以北京为依

---

① 赵国钦、宁静：《京津冀协同发展的财政体制：一个框架设计》，《改革》2015年第8期。
② 王丽：《区域协同的财政路径选择——从财政竞争走向财政合作》，《学术论坛》2018年第3期。
③ 汪波：《城市群流空间与区域一体化治理：京津冀城市群实证研究》，北京师范大学出版社，2015。

托,辐射带动天津市以及河北省的经济发展和城市建设,打造中国经济发展第三增长极。

以此为基础回顾京津冀协同发展,一系列指导文件及配套措施如雨后春笋般出现,助推京津冀协同发展。2015年国家出台京津冀协同发展的纲领性文件《京津冀协同发展规划纲要》,明确了三地的战略定位,制定了三地交通、环保、产业一体化细则。由此,京津冀三地发布一系列政策措施,对区域发展提供政策引导和财政支持:河北省首批出资10亿元,推动设立了京津冀协调发展基金和京津冀产业协同发展基金,同时河北地方政府出资1亿元,与京津合作共同设立了10亿元规模的"京津冀协同创新科技成果转化基金",撬动了更多社会资本投入京津冀创新领域[①]。北京市财政局积极筹措资金,在生态环境保护等方面给予河北省一定的资金和物质支持,以补偿河北省为保护环境所放弃的企业财税收入,同时河北、天津每年出资1亿元,财政部出资3亿元建立引滦入津上下游横向生态补偿机制。在交通方面,三地政府持续投入巨额财政资金用于三地的公路、铁路、机场等基础设施建设,京津冀三地联合中铁总公司已共同出资成立京津冀城际铁路投资公司,利用政府资金与社会资本搭建京津冀交通建设平台。在民生领域,千余家医院实现京津冀跨省市异地医保结算。河北省发布《2018年省级财政扶贫专项资金(京津冀对口帮扶省级配套资金)的通知》,引导京津两市对口帮扶张承保相关地区的专项资金落实到位。北京市各名校积极建设雄安新区分校,支持两地学校联合办学,共享教育资源,对挂职的高校教师给予资金支持。在财政部、三地政府财政资金的支持下,京津冀基本完成交通一体化,有序疏解相关产业,在医疗、教育、社保等民生领域取得重大突破,为京津冀后续协同发展奠定基础,京津冀城市群的国际竞争力有所提高。从全球化和城市研究小组与网络(GaWC)对城市群的排名来看,以北京为核心的京津冀城市群排名呈现上升趋势,且与全球主要城市群如英伦城市群的差距也在逐渐缩小。在京津冀协同发展战略被确立为国家战略四年多来,京津冀政府按照国家制定的"路线图"和"时间表"

---

① 《财政部:河北省财政多举措支持京津冀协同发展》,新浪财经,http://finance.sina.com.cn/roll/2018-05-10/doc-ihaichqz6580297.shtml,2018年5月10日。

创造性地开展工作，取得了显著成就：有效疏解北京非首都功能、逐步实现京津产业升级和河北省产业对接转移、京津冀一小时交通圈初步建立等一系列重大成果。从全球化和城市研究小组与网络（GaWC）对城市群的排名来看，以北京为核心的京津冀城市群排名呈现上升趋势，且与全球主要城市群（如英伦城市群）的差距也在逐渐缩小。

虽然协同发展成果显著，但京津冀城市群发展仍面临诸多挑战：由于河北省"去产能"和环境整治带来的影响，京津冀地区经济总量占全国的比重缓慢下降，由2014年的10.4%下降到2017年的9.9%，①而同年长三角16城GDP占全国比重上升至16.67%，②二者形成鲜明对比，京津冀与长三角发展水平相差巨大的事实不容忽视。长三角依托长江这个天然的联系纽带，其内部16个城市间经济联系较为紧密，且城市间经济发展差距较小，具备区域经济一体化发展的基础条件。而京津冀三地为陆地相邻关系，具有严格的行政区划边界。中国分权体制衍生的官员"政治晋升锦标赛"模式及"行政区经济"严重阻碍了京津冀发展经济合作。面对具体的量化绩效考核和政绩要求，各地政府加大对本地产品的支持力度，提高其他地区产品的准入门槛，人为阻止经济要素与资源的自由流动，导致无法实现区域经济协同目标。行政命令的"规划引导"方式虽然能迫使城市间进行经济合作，但是通过单一的行政合作可能会扭曲市场配置资源的功能，且降低经济合作效率。

2019年1月18日，习近平总书记在主持京津冀协同发展座谈时强调，应当从全局高度和更长远的考虑来认识和做好京津冀协同发展工作，突出改革创新，突破利益藩篱，推动京津冀协同取得新的更大进展。以此为背景，探索财政合作下京津冀地区协同发展的思路应运而生。财政"取之于民，用之于民"，在京津冀地区依靠市场因素无法有效实现协同发展的情况下，依靠政府的有效引导、以财政为工具实现京津冀地区协同发展不失为一种选择。故本文试图探索以财政整合为基础的京津冀地区协同发展的可能。

---

① 《2017中国各省市经济增长分析：京津冀占比下降》，凤凰网，http://hebei.ifeng.com/a/20180418/6510876_0.shtml，2018年4月18日。

② 2017年珠三角地区各城市《国民经济和社会发展统计公报》。

二 区域间财政关系的相关研究回顾

（一）理论基础

财政支出是政府履行职能的重要途径。虽然地方政府的财政支出主要用于促进本地区的经济发展，但是经济活动的相互影响以及财政的竞争效应会导致某地区财政支出的作用外溢到其他地区，尤其是地理位置相邻的地区。相邻地区之间协调发展的基础需要从空间因素中寻找。对于财政支出产生的相互影响关系，目前主要有三类理论可以进行解释：基于经济流动性的财政外溢效应、基于生产要素争夺的财政竞争和基于经济发展水平差距的标尺竞争。

（1）地方政府间存在一定的财政外溢效应。这种理论在医疗、教育等领域被广泛证实，即由于经济存在一定的流动性，某地方政府的财政支出会影响其他地方政府的偏好。① 殷德生等提出地方政府支出的"联系效应"，强调了地方政府"免费搭车"行为，即虽然一个地方政府财政支出范围具有特定区域性，但是其经济影响是跨地区的，相邻地区也会从该地区公共产品和服务中获利。② Nicar 和 Stephen 分析认为，美国的财政支出对日本、加拿大和英国产生十分强烈的外溢效应，在短期内导致这三国的 GDP 显著提高。③

（2）地方政府间存在一定的财政竞争。地方政府通过提高公共产品供给和服务质量，吸引其他地区的生产要素，而被吸引的地方政府为了争夺生产要素也会加大对财政支出的力度，这就是地方政府间的财政竞争。

---

① Schweiger C., 2014, "The EU-25 Fiscal Compact: Differentiated Spillover Effects Under Crisis Conditions", *Perspectives on European Politics & Society*, Vol. 15 (3). De Siano, R., & D'Uva, Marcella, 2016, "Fiscal Decentralization and Spillover Effects of Local Government Public Spending: the Case of Italy", *Regional Studies*, pp. 1 – 11.
② 殷德生、唐海燕、毕玉江：《地方财政支出跨境溢出效应的估计及其对区域一体化的影响——基于长江三角洲城市群的实证研究》，《财经研究》2014年第3期。
③ Nicar, Stephen B., 2015, "International Spillovers from U. S. Fiscal Policy Shocks", *Open Economies Review*, Vol. 26 (5).

如果某地区的财政支出投入重点是基础设施等公共物品的供给，那么该地区就有可能对周边地区的劳动力、资本等要素具有较大的吸引力，从而导致周边地区也追加财政资金进行本地区的建设，使周边地区财政支出上升。①

（3）地方政府间存在一定的标尺竞争。信息在不同地区的传播导致相邻两地的居民能够比较不同地区的政府绩效，从而形成一种标尺效应，导致本地区政府在制定财政支出预算时不得不参考其他地区的情况，且经济发展水平差距较大的城市间更有可能存在标尺竞争。②

也有学者提出了不同的划分方式。王守坤、任保平认为税收竞争与标尺竞争是政府间财政竞争的两种表现形式，税收竞争相对应于政府争夺流动性税基，标尺竞争基于政府的绩效评价，并分别给出识别这两者的命题：若分税制改革前后财政策略性效应变化强烈，就说明具有税收效应；若重大会议召开年份的税收与经济发达的周边城市强烈相关，就说明具有标尺竞争。③

（二）文献综述

1. 地方政府间财政支出溢出效应的研究

改革开放以来，我国经济快速发展，引起国内外广泛关注，各学者纷纷提出自己的看法，政府间财政支出外溢是一个主要的研究视角。目前学术界关于财政支出外溢是否能促进经济发展还存在较大争议。Freitag 和 Stosberg 认为分权制度的安排对欧盟区经济产生不利影响，且一国财政支出对周边国家的溢出效应相当有限，因此建议"自上而下"财政集权工具。④

---

① Dupor, B., & Mccrory, P. B., 2018, "A Cup Runneth Over: Fiscal Policy Spillovers from the 2009 Recovery Act", *Economic Journal*, Vol. 6.
② Allers, M. A., 2012, "Yardstick Competition, Fiscal Disparities, and Equalization," *Economics Letters*, Vol. 117 (1).
③ 王守坤、任保平：《中国省级政府间财政竞争效应的识别与解析：1978~2006 年》，《管理世界》2008 年第 11 期。
④ Freitag, S., & Stosberg, J., 2018, "Steering the Unsteerable? Aggregate Fiscal Stance and Spillover Effects in the Euro Area", *Inter-economics*, Vol. 53 (1).

曾淑婉[①]和汪柱旺、于瀚尧[②]用实证检验得出财政支出不仅能促进本地区经济发展，还能对相邻地区的全要素生产率产生重要影响。财政支出的空间溢出效应总体呈现"西高东低"趋势，即西部地区财政支出对相邻地区全要素生产率具有正向的溢出影响，但东部地区由于极化效应，故其财政支出的空间负外部性更为明显。更加明显的是，政府间为争夺利好的财政政策与经济资源而进行违背市场意愿的财政竞争，浪费资源且扭曲了市场配置功能[③]。

探索了一般预算财政支出的空间溢出效应后，我们还需考察跨行政区划的各地方政府在哪些财政支出细分领域具有很强的空间外溢性，明确地方政府在推动跨行政区划的区域一体化过程中需要在哪些领域优先加强合作。财政支出的外溢方式主要包括以改善基础设施状况的"硬"溢出和以改善民生服务的"软"溢出。"硬"溢出往往是财政支出竞争的低级阶段，以"资本"为主，而"软"溢出处于财政支出竞争的高级阶段，以"人"为主。涉及对财政支出进行分类研究的文献，大都把财政支出分为民生性财政支出与投资性财政支出（也叫生产型支出与非生产性支出）[④]，民生性支出的财政科目主要包括科教文卫和社会福利支出等，重在改善人们生产生活环境，提高人的生活质量；投资性财政支出主要包括基础设施建设、企业挖潜改造、农林水事务等，重在进行经济建设，提高投资环境质量与经济效益。实证结果得出，民生性财政支出与投资性财政支出都具有显著的空间正向溢出效应，但是在细分项目上，各学者给出了不同的结论。有学者认为基本建设支出、科技支出、教育、文化、医疗卫生、社保支出具

[①] 曾淑婉：《财政支出、空间溢出与全要素生产率增长——基于动态空间面板模型的实证研究》，《财贸研究》2013年第1期。

[②] 汪柱旺、于瀚尧：《财政支出与社会物质资本形成及经济增长关系的实证研究》，《当代财经》2012年第12期。

[③] 李涛、周业安：《中国地方政府间支出竞争研究——基于中国省级面板数据的经验证据》，《管理世界》2009年第2期。

[④] 林峰：《我国财政支出的动态外溢性研究：1997-2011年——基于动态两部门模型的实证检验》，《现代财经》2013年第9期；殷德生、唐海燕、毕玉江：《地方财政支出跨境溢出效应的估计及其对区域一体化的影响——基于长江三角洲城市群的实证研究》，《财经研究》2014年第3期；宋映铉、赵雪冉：《地方公共财政支出空间溢出效应研究——以京津冀地区为例》，《商业经济研究》2017年第5期。

有正向空间溢出效应①。古典学派认为,资本形成是经济增长唯一的决定性因素,如罗丹的"大推进"理论,故投资性支出能显著加快经济发展。财政分权形成的"地方割据"可能导致地方政府过度投资基础设施,并且根据政府晋升的考核指标也会大力投入经济建设类项目和民生性项目②。宋映铉、赵雪冉利用空间向量自回归模型(SAR)和空间误差模型(SEM)两种模型实证分析,得出教育和医疗卫生支出溢出效应明显,而科技和社保支出溢出效应不明显③。原因是科技转化成生产力需要一定时间,而社保主要针对老年人群,由于中国户籍制度限制,老龄化人口流动受限。但是王俏运用博弈计量模型,分析得出科技和教育支出具有负向空间溢出效应,存在搭便车和人口流动因素干扰④。因为科技和教育支出作用于人身上,而人是可以空间流动的,在流动过程中把支出带向其他地区,不利于区域经济协调发展。

2. 京津冀协同发展财政思路的研究

党的十九大报告指出,要大力实施区域协调发展战略,探索更加有效的区域协调发展新机制,以疏解北京非首都功能为"牛鼻子"推动京津冀协同发展,是我国区域协调发展的重大战略部署。虽然京津冀协同发展的构想由来已久,但政府出台的很多文件和政策似乎没有弥补京津冀区域内发展的巨大差距,使"协同"口号无法落到实处。根据已阅文献,京津冀地区协同发展效果有限的原因大致可以归纳为以下几点。

一是京津冀三地之间的人均财政支出差距过大,反映出明显的"双核"结构。人均财政支出代表政府实际实现的财政能力。如果地区间的人均财政支出差异过大,会导致各地投资环境、教育、医疗等差距过大,进而导

---

① 李涛、周业安:《中国地方政府间支出竞争研究——基于中国省级面板数据的经验证据》,《管理世界》2009年第2期;张晏、夏纪军、张文瑾:《自上而下的标尺竞争与中国省级政府公共支出溢出效应差异》,《浙江社会科学》2010年第12期;郭庆旺、贾俊雪:《地方政府间策略互动行为、财政支出竞争与地区经济增长》,《管理世界》2009年第10期。

② 李涛、周业安:《中国地方政府间支出竞争研究——基于中国省级面板数据的经验证据》,《管理世界》2009年第2期。

③ 宋映铉、赵雪冉:《地方公共财政支出空间溢出效应研究——以京津冀地区为例》,《商业经济研究》2017年第5期。

④ 王俏:《地方政府财政支出策略互动行为研究》,《首都经济贸易大学学报》2017年第3期。

致区域间经济发展差距进一步扩大①。2017年北京市的人均财政支出为河北省的3.42倍,天津市为河北省的2.4倍;而2016年北京市为河北省的3.35倍,天津市则为河北省的2.69倍。虽然河北省人均财政支出在不断扩大,但与北京和天津还有不小的差距。长江三角洲与珠江三角洲城市圈的各城市经济发展水平差距不大②,这样产业就能够自由流动,基础设施与公共服务就能够实现共享。但是反观京津冀,即使进行类似的政策支持,经济发展水平的巨大差距以及长期存在的"虹吸效应"也阻碍了三地之间共享经济资源,经济协同发展收效甚微。

二是我国经济社会发展的独特性。我国是单一制国家,经济社会发展的一大特点是实行以行政区域为单元的地区发展方式,③ 并在此基础上形成了依附于行政区域的地方发展格局。在现有分税制的基础上,如果财政分权是基于政策性的行政意志来达成的话,则具备丰富的自然资源与强大的政治地位的城市就发展得相对较快。④ 京津两地具有河北省所不具有的政治优势与资源优势,河北省单纯依靠自身经济实力无法追赶上其他城市,那么京津冀三地的差距就会加大,经济摩擦日益增多,这些都不利于协同发展。

三是目前河北省与京津两地之间存在财政竞争行为,协同发展受阻。为使河北省尽快赶上京津二地的发展速度,国家与河北省政府相继出台一系列政策优惠吸引资本投入,⑤ 区域之间很难形成合作共赢的局面。我国目前对政府机关考核的主要标准是经济发展指标,如GDP增长率等,这种中国特有的政治晋升锦标赛模式⑥导致地区之间的竞争压力不断增大,地方政府只有在力图保证自己城市发展速度的前提下才会考虑进行区域之间的合作,故行政区划与地方利益的冲突是跨行政区划区域一体化的又一障碍。

---

① 段铸、王雪祺:《京津冀经济圈财政合作的逻辑与路径研究》,《财经论丛》2014年第6期。
② 张亚明、张心怡、唐朝生:《京津冀区域经济一体化的困境与选择——与"长三角"对比研究》,《北京行政学院学报》2012年第11期。
③ 段铸、程颖慧、康绍大:《京津冀地区经济差距及财税政策调控研究》,《工业技术经济》2015年第6期。
④ 于文豪:《区域财政协同治理如何于法有据》,《党政视野》2015年第5期。
⑤ 包健:《京津冀区域协同发展的财政思考》,《中国财政》2017年第20期。
⑥ 周黎安:《中国地方官员的晋升锦标赛模式研究》,《经济研究》2007年第7期。

虽然各个地区有行政命令强加干预,从而在行政维度进行合作,[①] 但是这种协同发展也不能达到理想的效果。

党的十八届三中全会提出,财政是国家治理的基础和重要支柱,科学的财税体制是优化资源配置、维护市场统一、促进社会公平、实现国家长治久安的制度保障。以财政合作应对京津冀协同升级的逻辑主要基于以下几个方面。

首先,京津冀区域整合方式较为独特。不同于国外依靠市场经济"自下而上"或是在法律框架下进行的区域整合,在"行政区经济"的影响下,京津冀区域协同发展带有中国特有的"行政式规划指引"的影子。"规划"更多地规定了各个城市的财政义务,但未能有效回答资源分配问题,导致区域内各地方政府自发行为较为明显,反而破坏了"规划引导"的初衷。另外,中国的区域协调多强调通过错位发展以形成非均衡发展格局,在这种发展格局中,需要协调要素从发达城市向落后城市的扩散效应和要素从落后城市向发达城市的回流效应,但是目前规划只解决了问题的一个方面。而财政合作能有效促进区域市场一体化进程,[②] 避免"行政区经济"的影响,相关文献还探索式提出我国地方政府财政合作的三种模式。[③]

其次,基于财政视角我们可以重新审视政府的竞争行为,也能为协同发展提出新的建议。从利益层面来看,"地方割据式"竞争发展一般被解读为以经济绩效竞争为表象的政府间政治竞争。但是以财政视角来看,争夺经济资源可以被解释为扩大税基的需要,也是对城市财政收入基础的巩固。从财政竞争的功能性取向出发可以更好地解释政府保护内部利益,对外部实行财政竞争的行为。

最后,财政合作可以作为对行政合作的补充。中国区域协同主要以行政合作为主,通过行政手段使得地方政府"上行下效"和相关政策"垂直下达",能够高效的执行国家相关政策,统一调配经济资源,高速完成区域发展目标。但是行政合作也有不可避免的问题:一是地方政府缺乏契约精

---

① 赵国钦、宁静:《京津冀协同发展的财政体制:一个框架设计》,《改革》2015年第8期。
② 成为杰:《区域合作的系统耦合模型及现实分析》,《华北电力大学学报》(社会科学版) 2011年第6期,第35~40页、第49页。
③ 杨龙:《地方政府合作的动力、过程与机制》,《中国行政管理》2008年第7期,第96~99页。

神,导致政策未能保质保量的实施;二是"一事一策"的合作方式可能会压抑地方政府能动性,拖缓地方政府间合作进程;三是行政合作以刚性命令和规制为主,可能会扭曲市场资源配置,降低合作效率。相反,财政政策具有柔性特征,利用财政合作弥补行政合作的缺陷不失为一种选择。

3. 现有研究述评

当前学术界的研究较为清晰地阐述了现阶段京津冀区域协同发展面临的诸多问题,以及进行财政合作的逻辑依据。同时也对地区间财政支出相互影响的理论解释进行归类,运用多种分析方法和分析工具估计财政支出空间溢出效应,并得出了具有普遍意义的结论。

但是现有文献也存在不足,主要表现为以下几个方面。

第一,大多数现有文献聚焦于中国省级政府间财政支出的策略互动行为,利用动态面板、空间计量等一系列模型定性省级政府财政支出策略互动行为,以及影响财政支出的因素,并定量具体的影响量。这方面的研究比较完整,所用的方法也多种多样。但是各个城市"单打独斗"的做法正在成为历史,取而代之的是城市群的"抱团成长",如长三角、珠三角、京津冀等城市群,研究财政协同对经济发展作用的文献目前比较少。

第二,现有研究采用的传统空间计量方法(SAR、SEM等)所分析的关联集中在相邻和相近的区域,但是京津冀发展的战略锚点在区域协调,这样的协调关系不能完全用相近或者相邻展示。另外,受政府与市场的双重作用,京津冀财政支出溢出效应的空间关联是复杂、多线程的,具有复杂的网络结构属性。而现有的文献尚未考虑这种网络属性,仅揭示少量的关联关系,且缺乏对关联关系的可视化处理。

第三,现有文献主要集中在京津冀地区的顶层设计和政治法律的组织上,试图通过搭建一个良好的框架以更好地协调京津冀地区的发展问题,却并未对这些框架进行细分,进而加大研究深度。

三 京津冀财政支出外溢效应的测量

(一)模型设定与数据处理

财政支出的空间关联网络是地区间财政支出关联关系的体现,在网络中各地区是"点",各地区之间财政支出的空间关联关系就是网络图中的"线"。若两地区财政支出存在显著的相关性,则两地区间就构成了一个有向关联,若干关联就能绘制成地区财政支出的空间关联网络图。构建地区财政支出空间关联网络的关键是计算各地区之间财政支出相关性和空间溢出效应,由于变量本身属于内生变量,变量之间高度相关,所以无法使用经典 OLS 模型估计和推断参数①。关联网络研究主要考察区域间是否存在动态关联关系,而 VAR 模型是用联合方程来估计内生变量间的动态关系,因此我们用 VAR 模型考察样本之间的动态关系,用格兰杰因果检验法进行描绘。故本文首先建立两区域间财政支出的 VAR 模型,然后通过格兰杰因果检验法判断样本区市之间是否存在关联,进而可以构建起一个有向空间关联网络图。

我们首先对数据②进行一定处理:先用地区生产总值平减指数来去除物价的影响,再用对数来去除时间趋势对数据的影响。其次判断是否存在单位根,对所有变量进行 ADF 检验。如果存在的话,表明变量并非平稳,会使回归分析中存在伪回归的可能;若结果表明变量并不平稳,我们用一阶差分来进行处理,然后两两区域建立 VAR 模型。再次用 FPE、AIC、HQIC、SBIC 方法进行最优时滞的选择,按三种以上方法结果一致的原则确定最优时滞。最后用格兰杰因果检验法对结果进行检验,显著性检验标准设为 5%。

(二)指标选取

1. 网络密度

测量网络密度能够得到地区间关联关系是否紧密。网络密度值越大,表明关联关系数量越多。设网络中有 N 个"点",则网络中可能拥有的关联关系总数最多为 $N \cdot (N-1)$。若测算的关联关系实际有 L 条,则网络密度 Dn 就可以计算出来:

$$Dn = L/[N \cdot (N-1)] \tag{1}$$

---

① 高铁梅:《计量经济分析方法与建模》(第 2 版),清华大学出版社,2009。
② 注:本文所有财政数据均来自各地区统计年鉴及公开的信息渠道。部分年份数据有缺失的情况下,我们按照时间发展趋势给定一个适当的比例进行计算,对结果不会造成严重影响。

2. 关联性分析

关联度反映网络自身是否稳健。任何两个区市如果都能被连接，那么表明该网络关联性良好。设网络关联度为 C，网络中有 N 个"点"，"孤立"的点的数量为 V，则：

$$C = 1 - V/[N \cdot (N-1)/2] \tag{2}$$

网络等级度反映各点在网络中的支配地位，表示该点的非对称可达程度。用 K 表示关联关系网中双向可达的点对数，max(M) 为最大的双向可达的点对数，则 H（网络等级度）的计算公式是：

$$H = 1 - K/\max(M) \tag{3}$$

网络效率表示关联网中多余线的程度。在构建的财政支出空间关联网络中，网络效率越低，表明存在溢出效应的多重叠加现象，网络更加稳定。设网络中多了 A 条线，max(A) 为最多会有的多余线的数量，则网络效率 F 可以用公式计算出来：

$$F = 1 - A/\max(A) \tag{4}$$

3. 中心性分析

各"点"在多大程度上位于网络的中心可以用中心度来刻画。一个"点"如果位于网络的中心，就具有较大的影响力。一般用相对度数中心度和中间中心度来表现"点"的中心性。

相对度数中心度指在网络中与观测点直接关联的点的个数（n）占总直接关联点（N）的比重，相对度数中心度 De 的计算公式为：

$$De = n/(N-1) \tag{5}$$

中间中心度可以表示观测点位于其他"点""中间"的程度。计算公式如公式（6）所示：假设 g_{jk} 是区域 j 和 k 之间存在的捷径数目，$g_{jk}(i)$ 是 j 和 k 之间存在的经过 i 的捷径数目，第三个区域 i 控制 j 和 k 关联的能力为 $b_{jk}(i)$（即 i 处于 j 和 k 之间捷径上的概率），那么 $b_{jk}(i) = g_{jk}(i)/g_{jk}$。将 i 相应于网络中所有的点对的中间度相加，便得到区域 i 的绝对中间中心度。绝对中间中心度标准化便得到了相对中间中心度：

$$Cb_i = \frac{2\sum_j^N \sum_k^N b_{jk}(i)}{N^2 - 3N + 2} \tag{6}$$

四 京津冀财政支出外溢网络的特征分析

根据上述方法对数据进行处理后,通过检验确定的关系有397个。用UCINET软件,我们可以画出京津冀地区财政支出空间关联网络图(见图1)。结果表明,京津冀财政支出通过397个关联关系进行空间溢出;每个区市至少存在1个以上的关联关系,因此京津冀地区的财政支出在空间上普遍具有联系。

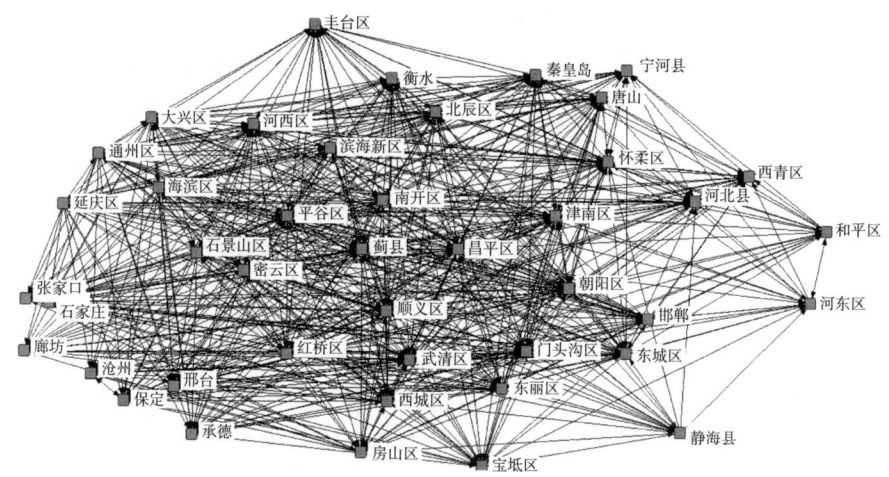

图1 京津冀地区财政支出空间关联网络

资料来源:笔者整理绘制。

首先,运用公式(1)计算出的空间关联网络密度为0.4468,总体上京津冀各区市之间财政支出虽有一定的关联关系,但是依然存在各地方政府之间在财政支出方面"各自为政"关联网络对目标区市财政支出产生的影响较小,也从侧面表明未来还可以通过采取措施促进各地区之间更密切的财政协作。

利用公式(2)~公式(4)可以计算财政支出空间关联网络的关联度、等级度和网络效率。结果表明,京津冀地区财政支出空间关联网络的关联度为1,说明网络的关联度很高,各点间都能进行有效关联,网络的通达性很好。网络效率值是0.324,表明关联网络很稳定,财政支出外溢的渠道多。网络等级是0，间接验证了网络的通达度良好。

根据公式（5）~公式（6）得出各地区的度数中心度和中间中心度。"度数中心度"进行降序排序，我们可以看出，经济水平发达的区市度数中心度排名相对靠前。其中，昌平区、平谷区、朝阳区、南开区的度数中心度位于前4名（见表1），在空间关联网络中，与这4个区相关联的关联关系最多。这4个区的经济发展水平总体较高，经济发展水平越高的地区通常经济交融和联系就越频繁，根据公式得到的结论也比较符合地区发展特征。

一个地区的关联关系有两种：一种是溢出关联关系，另一种是接收关联关系。从表1可以看出，朝阳区和昌平区的关联关系最多。朝阳区一共有60个关联关系，其中接收关联关系有31个，溢出关联关系有29个，总体上是接收的；昌平区一共有59个关联关系，其中溢出关联关系有30个，接收关联关系有29个，总体上是溢出的。平谷区和南开区也是溢出的。所以在这4个直接关联关系最多的地区中，大部分是溢出关联关系，表明本地财政支出的投入量会对其他地区的财政支出产生影响。而河北省全部的地级市是接收关联关系大于溢出关联关系，表明河北省的财政支出受到周边地区的影响较大，可能存在一定的财政标尺效应。

中间中心度指标排名前4位的是昌平区、朝阳区、东城区、河西区。从区位上来看，北京与天津的各区市财政支出关联较为密切，而与河北省地级市的关联度较低。京津两地处于网络的中心，对财政支出空间关联网络具有较大的影响。反观河北省地级市的中间中心度排在最后，表明河北省各地级市处于关联网络的边缘，对关联网络的影响不大。这也比较符合现实情况，河北省的经济发展一直处于弱势，与京津两地的差距还比较大，如果不能解决河北省未来的发展问题，那么京津冀就不能很好地协同发展，也就无法实现国家战略的初衷。

表1 京津冀地区财政支出空间关联网络的中心性分析

序号	地区	度数中心度	中间中心度	溢出关联关系	接收关联关系	关联关系总数
1	东城区	35	81.691	30	26	56
2	西城区	34	44.569	26	21	47
3	朝阳区	37	90.426	29	31	60

续表

序号	地区	度数中心度	中间中心度	溢出关联关系	接收关联关系	关联关系总数
4	丰台区	26	20.249	15	21	36
5	石景山区	32	17.108	23	16	39
6	海淀区	34	20.275	28	18	46
7	房山区	26	7.555	18	12	30
8	通州区	33	9.73	26	12	38
9	顺义区	34	31.615	30	20	50
10	昌平区	39	109.655	30	29	59
11	大兴区	34	15.327	27	17	44
12	门头沟区	32	46.58	27	19	46
13	怀柔区	29	34.369	22	17	39
14	平谷区	37	36.347	29	20	49
15	密云区	34	19.342	28	17	45
16	延庆区	29	6.386	25	9	34
17	和平区	19	5.877	15	7	22
18	河东区	18	13.257	10	11	21
19	河西区	33	55.129	20	28	48
20	南开区	36	35.494	32	12	44
21	河北区	26	25.063	15	20	35
22	红桥区	30	18.723	25	13	38
23	东丽区	31	39.616	22	19	41
24	西青区	22	5.848	5	20	25
25	津南区	33	16.193	14	24	38
26	北辰区	30	21.89	23	12	35
27	武清区	34	17.139	8	30	38
28	宝坻区	27	7.544	5	24	29
29	滨海新区	35	16.622	28	14	42
30	宁河区	21	8.875	9	14	23
31	静海区	21	8.632	11	15	26
32	蓟州区	36	34.74	14	29	43
33	石家庄市	24	6.526	12	18	30
34	承德市	23	4.853	14	18	32
35	张家口市	21	3.958	8	19	27

续表

序号	地区	度数中心度	中间中心度	溢出关联关系	接收关联关系	关联关系总数
36	秦皇岛市	28	17.596	17	20	37
37	唐山市	28	9.657	17	19	36
38	廊坊市	21	2.84	7	18	25
39	保定市	24	5.115	12	19	31
40	沧州市	23	4.861	11	19	30
41	衡水市	27	7.118	13	21	34
42	邢台市	26	6.926	12	21	33
43	邯郸市	26	10.683	15	18	33

资料来源：笔者整理计算。

除了探索了一般预算财政支出空间关联网络，我们还需要考察跨行政区划的各地方政府在哪些财政支出细分领域具有很强的空间外溢性，明确地方政府在推动跨行政区划的区域一体化过程中需要在哪些领域优先加强合作。根据前人的经验，我们把一般预算财政支出分为民生性财政支出和投资性财政支出，选取教育、医疗卫生和社会保障支出作为民生性财政支出的代表，选取农林水支出和科技支出作为投资性财政支出的代表，分别对民生性财政支出、投资性财政支出关联网络进行分析。

如表2所示，通过对网络特征的计算，我们发现民生性财政支出的网络关联度为1，表明网络中不存在不可到达的区市，社会网络通达度良好，有可以建立更紧密的关联关系的基础。民生性财政支出网络等级度接近或等于0，说明网络中的区市之间都可以双向到达，网络等极度较高。由于民生性财政支出网络联系属于有向联系，双向可达能够最大限度地维持整个网络的顺畅连接。京津冀民生性财政支出网络效率大致为0.3，表明区市之间可以通过多种线路进行联系，这更增强了关联网络的稳定性。

表2 关联网络特征的刻画指标汇总

项目	网络密度	关联度	网络等级	网络效率
一般预算财政支出	0.4468	1	0	0.324
教育支出	0.4219	1	0.0465	0.3891
医疗卫生支出	0.5039	1	0	0.2787

续表

项目	网络密度	关联度	网络等级	网络效率
社会保障支出	0.5055	1	0	0.2787
农林水支出	0.6002	1	0.0465	0.3763
科技支出	0.6274	1	0	0.1475

资料来源：笔者整理计算。

经计算，京津冀地区投资性财政支出网络的关联度都为1，网络中不存在不可连接的区市，表明投资性财政支出关联网络具有良好的通达性，也从侧面反映京津冀地区投资性财政支出之间存在广泛的影响关系。农林水支出空间关联网络的网络等级略高于科技支出，反映出投资于基础设施领域的财政支出具有一定的"等级性"，各区市在网络中被分成几大层级，农林水支出"纵向"进行相互影响。科技支出空间关联网络相对来讲更"扁平"一些，财政支出"横向"进行相互影响。在网络效率方面，农林水支出空间关联网络拥有较少"多余的联系"，网络效率较科技支出高。

五　京津冀财政支出空间外溢效应的网络分析

（一）京津冀地区投资性支出存在严重的竞争关系

经测算（见表2），京津冀投资性支出网络密度超过0.6，远高于民生性支出和一般预算支出网络密度，折射出京津冀地方政府重视见效快的投资性支出，纷纷将财政投资作为拉动地区经济增长的重要工具，因此地区间投资性支出普遍存在相互竞争，外溢效应十分明显。

作为中国经济发展的"三驾马车"之一，投资确实可以改善地区的经济发展环境[1]，增加人均可支配收入，创造更多的就业机会，提高地区的经济发展水平。但是政府进行财政投资也会对城市发展产生负面影响。一是会加剧城市间竞争的激烈程度，不利于京津冀协同发展。在中国政治竞争

---

[1] 孙莹莹：《农村基础设施投资项目的研究——以缩小地区差距促进城乡发展》，《陕西农业科学》2015年第7期；王任飞、王进杰：《基础设施与中国经济增长：基于VAR方法的研究》，《世界经济》2007年第3期。

锦标赛机制下,经济发展速度的快慢与经济体量的大小被认为是一个城市发展好坏的标准,政府有充足的动机扩张投资性财政支出规模。这部分投入产出量化起来较为容易,能给人数据上的直观感受。北京和天津利用经济发展的先发优势,投入巨额财政资金进行经济环境的改善,对河北省产生巨大的"虹吸效应",不断吸引外地企业进京津发展。为了防止优质的企业和高端人才流出本省,河北省不断加大财政支出力度,不仅加大了河北省的财政压力,还加剧了河北省与京津的财政竞争程度,无法促进三地间协同发展。二是无序的投资性财政支出竞争导致京津冀地区产业趋同现象较为明显,不利于地区间的产业分工。根据区域经济学中产业结构演变规律、区域产业分工理论和产业梯度推移理论,城市的经济发展大致由第一产业主导转向第二产业主导,进而发展为第三产业主导,并且经济发达的城市逐渐向周围城市转移较为落后的产能,利用各地的比较优势,实现区域产业分工与优化升级,为区域一体化提供良好的产业协同基础。而在现有的研究中,大量数据表明,京津冀三地间不同的产业具有不同的比较优势,但是天津市与河北省产业趋同化严重,天津市与北京市的产业结构相似①,看似相互矛盾的结果却反映出京津冀地区割裂现象较为明显,为经济利益进行恶性竞争和进行重复建设导致区域间协同发展进程缓慢。

投资性支出基本投入城市的基础设施建设和科学技术领域,而该领域产业结构完整、产业链较长,对经济的拉动效应比较明显,能够在短时间内提高经济发展速度。而相比较投资性支出,民生性支出大都投入在效益较低或投资周期长、产业链短的领域,以公共服务为主,重点是满足居民需求,弥补资本投入不足的缺陷。这部分投入产出量化较为困难,且对经济发展的贡献在短期无法显现,地区间财政支出无法形成有效竞争局面。

(二)河北省环京津城市位于民生性支出关联网络中心,环京城市的作用不容忽视

我们对民生性支出关联网络中度数中心度、中间中心度排名在前50%

---

① 李春生:《京津冀协同发展中的产业结构调整研究》,《企业经济》2015年第8期;程义涵:《京津冀地区产业结构现状及对未来的展望》,《当代经济》2018年第10期。

以内的区市进行频次统计（见表3），中心度频次排名靠前的有以下区市：怀柔区、承德市、唐山市、廊坊市、保定市、邯郸市，其次是通州区、平谷区等区市。中心度度量的是区市在多大程度上位于网络中心，如果中心度排名靠前，则表明该城市在关联关系网中比较重要，对网络连接的贡献度就越大。我们可以发现中心度较高的城市中，出现频次最多的是河北省环北京市城市，其次便是北京市中远郊环京城市。

表3 民生性支出网络中心度排名前50%的部分区市出现频次及其接壤区市个数

区市	频次	接壤区市个数	区市	频次	接壤区市个数
怀柔区	6	6	滨海新区	5	7
东丽区	6	7	西城区	4	4
承德市	6	7	顺义区	4	7
唐山市	6	5	海淀区	4	6
廊坊市	6	7	平谷区	4	4
保定市	6	9	和平区	4	4
邯郸市	6	1	河东区	4	4
朝阳区	5	8	石家庄	4	3
通州区	5	4	张家口	4	6
石景山区	5	3	门头沟区	3	7

资料来源：笔者整理计算。

近年来，随着北京的快速发展，极化效应不断增强，经济建设有序进行的同时，空气污染、交通拥挤、人口膨胀、资源紧张等大城市病接踵而至，社会矛盾不断加剧。2004年，国家发改委提出"京津冀都市圈（2+8）"模式，开始由北京市向河北省8市辐射，加强区域空间协调发展。而在2015年《京津冀协同发展规划纲要》中，提出河北省的战略定位是"全国现代商贸物流重要基地、产业转型升级试验区、新型城镇化与城乡统筹示范区、京津冀生态环境支撑区"，确定了"功能互补、区域联动、轴向集聚、节点支撑"的布局思路，其中的"节点"包括石家庄、唐山、保定、邯郸等区域性中心城市和张家口、承德、廊坊、秦皇岛、沧州、邢台、衡水等节点城市，重点提高其城市综合承载能力和服务能力，有序推动产业和人口聚集①。根据本文得出的结论，上述这些区域中心城市和节点城市的中心度排名都很高，也证实了其在京津冀关联网络中的重要性。

上述"节点"城市有两个共同点。一是城市都处于京津冀行政区相接壤部分，比如廊坊、承德同时和北京、天津相连，唐山与天津相连，保定与北京相连等。地理位置上的重要性决定了这些城市在民生性财政支出关联网络中必然位于关键节点上，确保网络的顺畅联通。二是这些中心度较高且出现频次较高的城市一般都与多个城市接壤，比如廊坊与7个区市相连，保定与9个区市相连，朝阳区与8个区市相连等。相连的区市越多，表明在网络中就越可能产生溢出效应，或是基于财政竞争而加大民生性财政支出，或是凭借强劲的经济发展趋势和完善的基础设施建设，吸引相邻区市的人才前来就业，从而减少对民生性支出（如教育支出）的投入，进行"免费搭车"。

中心度排名前50%的区市在三地的分布情况见表4，其中，河北省所占比重达60%，北京市所占比重达50%，天津市所占比重最低，由此我们也可以看出，在民生性支出关联网络中，河北省居于网络中间，北京市次之，而天津市则位于网络边缘。与天津相比，北京和河北的联系更为紧密。反映出天津的财政支出较少受到周围地区的影响，其财政压力相对较轻。作为京津冀区域发展的主要引擎、"双核"之一，天津市外向型经济特点和优良的重工业基础使天津市的财政收入完全能够应对日益上升的财政支出压力，同时也能为辖区内居民提供优质的教育、医疗和社保资源。但是反观河北省情况则完全不一样，2016年河北省各市的财政支出呈现翻倍上涨趋势，同比上涨幅度超过200%，但是财政收入增幅只有十位数、个位数的增长，承德、张家口、衡水和邢台财政收入增幅甚至为负。协同发展的首要条件是均衡的发展水平，而资源流失导致的财政收入的减少和财政竞争导致的财政支出的增加加重了河北省各市的财政负担，对其经济的持续发展以及京津冀协同发展都带来一定的不利影响。

---

① 资料来源：《京津冀协同发展规划纲要》。

表 4 中心度排名前 50% 的区市在三地的分布情况

单位：个

项目	度数中心度			中间中心度		
	京（16 区）	津（16 区）	冀（11 市）	京（16 区）	津（16 区）	冀（11 市）
教育支出	7	7	8	6	8	8
医疗支出	9	6	7	9	5	8
社会保障支出	9	6	7	9	5	8

资料来源：笔者整理计算。

（三）在教育支出关联网络中，北京市教育财政支出溢出效应明显

教育事业作为关系国计民生的大事，历来是政府关注的重要民生领域之一。党的十九大指出，建设教育强国是中华民族伟大复兴的基础工程，必须把教育事业放在优先位置，加快教育现代化，办好人民满意的教育。作为终生教育的开端，义务教育对人的发展和社会的进步都有着不可替代的重要作用。但是由于教育的投入周期较长，回报效果滞后于财政投入的时间，所以一般经济发展水平较高的地区更有能力负担较大的教育财政投入，丰富其教育资源拥有量，实现人才的连贯培养。换句话说，经济越发达的城市教育资源的丰富程度就越高，同时也就拥有越强的外溢能力。

教育资源丰富的地区外溢渠道较多。在结果中我们可以看出，北京市 16 个区中有 12 个都对外产生教育溢出，其中包括海淀区、西城区等"教育重区"。北京市作为中国的首都，聚集了大量的社会经济资源，利用良好的经济基础等先发优势，成为京津冀地区经济发展的"领头羊"，其教育资源多年来一直位于全国前列。而在北京市海淀区、西城区等传统的教育重点示范区，汇聚了大量的优质中小学校，教育资源十分充足。于是，北京市各区教育财政支出往往对其他地区产生一定的"示范效应"，教育财政支出的溢出效应较为广泛。相比较而言，虽然天津市和河北省的教育财政支出也很充足，但是人口数量较多，导致人均教育财政支出落后于北京市，再加上北京市经济基础良好的传统优势，使天津市和河北省各区市的教育资源与北京相比具有较大差距。为了缩小与北京市教育资源的差距，津冀的教育支出必然"紧盯"北京市各区市教育支出，尤其是教育资源丰富的海

淀区和西城区。

（四）北京位于京津冀科技支出关联网络的"中间"，彰显全国科技创新的标杆地位

科学技术的发展离不开国家财政的支持、充足的人才资源和强有力的市场转化能力。北京拥有最强大的人才储备资源。2016年北京市研究生培养机构139所，高等学校58所，科研机构81所，培养研究生毕业8万人，本、专科生毕业15万人[1]，除此之外还有数量众多的省外高校毕业生进京发展，为北京科技的发展提供源源不断的人才支持。在此基础上，北京市政府积极加强企业与高校建立联合实验室，加快科研成果产业化。以互联网科技为例，为实现企业与人才的集聚效应，20世纪80年代，北京成立了中关村科技园，是中国首个国家级人才特区和首个高新产业开发区，为高新科技的发展提供孵化器。近年来，随着互联网科技浪潮的兴起，大数据、人工智能、精准算法、物联网、云计算迭代更新，不仅直接带动了互联网经济的发展，也奠定了北京科技中心的地位。2017年，美国《福布斯杂志》发文称，北京已成为全球顶尖的高科技中心。同年，在北京建设全国科技创新中心成果新闻发布会上，相关数据显示，北京市2016新增科技型企业8万家，占当年新增企业总数的比重为36%，每万人发明专利拥有量达到76.8件，是全国平均水平的9.6倍。这些成果背后离不开财政政策和经费的支持。2016年，北京研发经费支出达到1479.8亿元，比2011年增长58%，占地区生产总值的比重为6%左右，位居全国最高水平，也高于发达国家平均水平[2]。而北京对科技的大力支持，以及科技发展带来的丰硕回报，都刺激着周边的天津和河北也不断加大科技支出力度，在京津冀地区形成以北京为中心的科技支出溢出效应。

科技支出网络中心度排名前50%的区市在三地的分布情况见表5。

---

[1] 资料来源：《北京统计年鉴》（2017）。
[2] 《北京创新能力有多强？看完这组数字就秒懂》，搜狐网，https://www.sohu.com/a/153352554_472898，2017年6月30日。

表 5 科技支出网络中心度排名前 50% 的区市在三地的分布情况

单位：个

	度数中心度			中间中心度		
	京（16区）	津（16区）	冀（11市）	京（16区）	津（16区）	冀（11市）
科技支出	13	9	0	12	9	1

资料来源：笔者整理计算。

六 构建京津冀财政协同机制的政策建议

研究认为，京津冀协同发展战略自实行以来，虽然取得了许多重大成果，但京津冀三地间民生性财政支出与投资性财政支出存在较强的外溢效应，以行政区为边界进行财政竞争加深了三地的割裂程度，地区间尚未形成有效的协同发展方式。这说明在京津冀地区进行资源整合的发展过程中，京津两地的"马太效应"尤为明显，市场机制在促进京津冀一体化发展方面效果有限，要想尽快实现目标必须借助国家行政力量的干预，以财政资金为工具促进京津冀地区的经济建设，打破行政区壁垒，加强三地的经济合作互助，按照《京津冀协同发展规划纲要》的计划表实现京津冀地区协同发展的目标。

（一）建立京津冀地区间一般性横向转移支付制度

京津冀地区间民生性财政支出外溢现象较为明显，其中可能存在一定的财政竞争，这不仅阻碍三地融合发展，而且给河北省财政支出带来一定压力，无法实现区域内基本公共服务均等化目标。结合全国各地对口支援的具体表现形式，京津冀三地政府可以考虑实施同级政府间财政转移支付和跨行政区不同级政府间财政转移支付。一是增大人口流入量较大的北京市和天津市对河北的财政转移支付力度，均衡地区间的财政能力，缩小地区间收入差距。京津两地由于经济基础较为雄厚，地区极化效应较为明显，大量人力、物力和财力流入京津地区，减少了河北省税收收入，扩大了三地间的财政收入差距，加剧了河北省事权和财权不匹配程度，同时导致河备工作。要做好北京市通州区城市副中心的建设工作,加强北三县资源整合能力,完善北三县基础设施建设。2017年底北京城市副中心已正式启用,并于2018年1月迎来首批市级机关入住。通州的启动,将带来大量人口和企业的流入,对北三县的发展产生重大的积极影响。廊坊北三县紧邻北京城市副中心,辐射带动北三县经济发展,是京津冀协同发展的应有之义。加强北京通州与北三县的联系,摒弃"一亩三分地"的固有思维模式,在区域尺度上统筹协商解决北三县的发展问题,提高财政资金的利用效率,在交通、水电、教育、医疗与社保方面进行联合规划,弱化行政区思维。目前已有多个中央文件对弱化行政区边界、增强环京城市发展进行顶层设计,同时对财政支持提出了更为具体的设想:中央和北京市要在资金和政策方面给予北三县大力支持,其中中央财政和北京财政在基础设施、医疗、教育和社会保障等方面给予北三县支持;河北和北京共同设立北三县与通州协同发展基金,重点投资区域内生态环境、交通设施、基础设施、公共服务等领域项目建设①。未来可以设立环京城市发展专项资金,重点解决环京城市建设发展问题,利用财政资金的支持和国家的行政力量,有效引导资源配置,实现区域经济融合发展。

(三)建立京津冀建设帮扶机制

随着京津城市的不断发展,经济利益的不断流入所带来的代价是河北省人口、企业的不断流出,一方面导致河北省与其他两地经济发展差距不断拉大,另一方面则表现为在京津工作的河北省户籍人口无法享受北京、天津各项社会福利的尴尬情况,城市务工人员子女回籍高考、异地医药费无法报销、异地养老报销难等社会问题层出不穷。针对上述问题,目前国家已经进行了一些试点工作,建立科研基金推进三地高校、科研机构、企业间的交流,将京津的优质科研资源分享给河北省企业,建立京津冀信息交通渠道,实现资源共享、信息互通,提高河北省企业的盈利能力,扩大税收来源。增加京津冀异地医疗报销的定点医院数量,提高异地就医的服

---

① 《为支持北三县与通州协同发展 河北出了一份建议稿》,http://k.sina.com.cn/article_1641561812_61d83ed402000cgju.html,2018年8月31日。

务质量，进行异地养老试点工程等解决百姓的民生关切问题。未来三地市级政府及各区市地方政府要统筹推进京津冀协同发展，建立京津冀建设帮扶机制，引导京津的两地优质的教育、医疗、社会保障资源向河北省倾斜，做到信息共享、区际协调和资源跨地区流动。

参考文献

[1] 包健：《京津冀区域协同发展的财政思考》，《中国财政》2017年第20期。

[2] 成为杰：《区域合作的系统耦合模型及现实分析》，《华北电力大学学报》（社会科学版）2011年第6期。

[3] 程义涵：《京津冀地区产业结构现状及对未来的展望》，《当代经济》2018年第10期。

[4] 段铸、程颖慧、康绍大：《京津冀地区经济差距及财税政策调控研究》，《工业技术经济》2015年第6期。

[5] 段铸、王雪祺：《京津冀经济圈财政合作的逻辑与路径研究》，《财经论丛》2014年第6期。

[6] 冯等田、沈体雁：《中国地方财政支出的空间外部效应研究》，《甘肃社会科学》2009年第4期。

[7] 高铁梅：《计量经济分析方法与建模》（第2版），清华大学出版社，2009。

[8] 勾焕茹、张静：《京津冀一体化背景下河北文化产业人才培养策略研究》，《保定学院学报》2015年第3期。

[9] 郭庆旺、贾俊雪：《地方政府间策略互动行为、财政支出竞争与地区经济增长》，《管理世界》2009年第10期。

[10] 李春生：《京津冀协同发展中的产业结构调整研究》，《企业经济》2015年第8期。

[11] 李敬、陈澍、万广华、付陈梅：《中国区域经济增长的空间关联及其解释——基于网络分析方法》，《经济研究》2014年第11期。

[12] 李丽萍：《城市群、城市带与国际城市的形成》，全国经济地理研究会第十二届学术年会暨"全球化与中国区域发展"研讨会论文集，2008年6月。

[13] 李强、王新丽：《我国财政支出的省际差距比较研究》，《经济纵横》2004年第6期。

[14] 李涛、周业安：《中国地方政府间支出竞争研究——基于中国省级面板数据的经验证据》，《管理世界》2009 年第 2 期。

[15] 宋映铉、赵雪冉：《地方公共财政支出空间溢出效应研究——以京津冀地区为例》，《商业经济研究》2017 年第 5 期。

[16] 孙莹莹：《农村基础设施投资项目的研究——以缩小地区差距促进城乡发展》，《陕西农业科学》2015 年第 7 期。

[17] 王丽：《区域协同的财政路径选择——从财政竞争走向财政合作》，《学术论坛》2018 年第 3 期。

[18] 王俏：《地方政府财政支出策略互动行为研究》，《首都经济贸易大学学报》2017 年第 3 期。

[19] 王任飞、王进杰：《基础设施与中国经济增长：基于 VAR 方法的研究》，《世界经济》2007 年第 3 期。

[20] 王守坤、任保平：《中国省级政府间财政竞争效应的识别与解析：1978～2006 年》，《管理世界》2008 年第 11 期。

[21] 殷德生、唐海燕、毕玉江：《地方财政支出跨境溢出效应的估计及其对区域一体化的影响——基于长江三角洲城市群的实证研究》，《财经研究》2014 年第 3 期。

[22] 曾淑婉：《财政支出、空间溢出与全要素生产率增长——基于动态空间面板模型的实证研究》，《财贸研究》2013 年第 1 期。

[23] 张军：《分权与增长：中国的故事》，《经济学》（季刊）2008 年第 1 期。

[24] 张文瑾：《中国地方政府支出的经济增长溢出效应研究》，硕士学位论文，复旦大学，2008。

[25] 赵国钦、宁静：《京津冀协同发展的财政体制：一个框架设计》，《改革》2015 年第 8 期。

[26] 周黎安：《中国地方官员的晋升锦标赛模式研究》，《经济研究》2007 年第 7 期。

[27] Allers, M. A., 2012, "Yardstick Competition, Fiscal Disparities, and Equalization", *Economics Letters*, Vol. 117 (1).

[28] De Siano, R., & D'Uva, Marcella, 2016, "Fiscal Decentralization and Spillover Effects of Local Government Public Spending: the Case of Italy", *Regional Studies*, pp. 1 - 11.

[29] Dupor, B., & Mccrory, P. B., 2018, "A Cup Runneth Over: Fiscal Policy Spillo-

vers from the 2009 Recovery Act", *Economic Journal*, Vol. 6.

[30] Freitag, S., & Stosberg, J., 2018, "Steering the Unsteerable? Aggregate Fiscal Stance and Spillover Effects in the Euro Area", *Inter-economics*, Vol. 53 (1).

[31] Nicar, Stephen B., 2015, "International Spillovers from U. S. Fiscal Policy Shocks", *Open Economies Review*, Vol. 26 (5).

[32] Qian Y., Roland G., 1998, "Federalism and the Soft Budget Constraint", *American Economic Review*, Vol. 88 (5).

[33] Schweiger C., 2014, "The EU-25 Fiscal Compact: Differentiated Spillover Effects Under Crisis Conditions", *Perspectives on European Politics & Society*, Vol. 15 (3).

京津冀应对气候变化公共资金机制研究

陈 波[*]

摘 要 为实现减排目标，提高减缓及适应气候变化的能力，在大量低碳技术尚未达到商业化阶段，大量低碳项目仍具有较高风险的背景下，必须充分发挥公共资金的引导、示范和激励作用。本文对2℃情景下中国到2050年的气候资金需求及供给进行了较为全面的测算，测算结果表明当前我国气候融资的发展处于第Ⅰ阶段，该阶段需要快速追加投资规模，尤其是公共资金的投入，直到达到GDP的1.8%左右。基于上述研究结果，本文进一步梳理国际公共资金、国家和地方公共资金的使用情况，提炼相关的经验和最佳实践案例，对典型的公共资金机制进行研究，并选择具代表性的引导基金，适应基金等进行案例分析。研究表明：建立多层次的协同机制是支持京津冀地区应对气候变化公共资金使用的核心问题，对京津冀地区建立环境治理协同机制具有政策意义。本文从减缓与适应的协同、公共资金与社会资金的协同以及行政协同等三个方面深入讨论了协同机制的内涵和意义，着重讨论了适应对扶贫的支持机制。

关键词 气候融资；公共资金；协同机制

公共资金在应对气候变化中发挥关键性的作用，但对其作用机制仍然存在分歧。由于公共资金涉及公共物品的供给问题，其机制设计需要与具

---

[*] 陈波，副研究员，中央财经大学财经研究院，北京市哲学社会科学北京财经研究基地，研究方向为绿色金融科技，碳金融，环境经济学等。

体的政策目标相一致。随着雾霾等严重环境问题的出现,针对京津冀区域环境治理的研究已经有一定的基础,但公共资金机制创新不足阻碍了京津冀地区工作的开展,有待开展深入研究。

气候资金领域公共资金的作用主要体现在五个方面:构建气候资金制度框架;完善低碳经济基础设施建设;通过补偿机制形成杠杆作用;撬动私人投资;对适应活动的支持。气候变化的不确定性影响在科学上仍然存在许多争论,其经济影响也难以进行估值,适应活动短期内无法吸引私人资金的大规模介入。因此,公共资金事实上承担着支持适应活动的主要角色,这种支持更多体现为公共资金的公益性特征,其中协同机制是支持京津冀地区应对气候变化公共资金使用的核心问题,以应对气候变化为目标的公共资金机制创新对京津冀地区建立环境治理协同机制具有示范意义。协同机制的内涵包括三个方面:减缓与适应的协同、公共资金与社会资金的协同以及行政协同。本文基于对上述问题的基本认知针对公共资金机制开展研究,以支持京津冀地区应对气候变化协同机制的发展。

一 我国气候资金缺口较大

从广义上讲,气候资金需求是指经济体从高碳排放转向低碳排放所需要额外增加的总投资,包括为了达到排放控制目标而需要投入的减缓成本以及应对气候变化损害所产生的适应成本。从狭义上讲,气候资金需求主要指对低碳技术的投资需求,包括替代性能源以及能效提高技术、碳捕捉与封存技术(CCS)等。由于低碳技术的复杂性和多样性,对于需求的定义在不同的气候政策下存在很大的差异。本文对气候资金需求的定义采用狭义的观点,即从投资者的角度定义气候资金需求:气候资金需求是指与碳价格或者气候政策具有显著正相关性的减缓技术投资需求。所谓正相关性是指当碳价格上升或者气候政策趋于严厉时,对相应减缓技术的投资也会出现显著的增长,如替代性能源技术、能效提高技术以及基础设施建设等。

本文基于线性成本最优化方法,建立气候资金需求分析模型(Climate Financing Demand Analysis Mode,CFDAM),对2℃情景下中国到2050年的气候资金需求及供给进行了较为全面的量化分析,并深入讨论了产生供求缺口的原因及应对策略。CFDAM 模型采取自下而上与自上而下相结合的方法，包括情景分析、技术分析、需求分析、投资分析等四个部分，如图 1 所示。其中情景分析包括政策情景模型、经济预测模型和综合情景模型三个分析模块，情景参数进入 IPAC-AIM/技术模型进行处理。技术分析包括 IPAC-AIM/技术模型和技术分析模型，通过对 600 多项低碳技术的评估和筛选，将符合气候资金定义的技术及其参数输入 IPAC-AIM/技术模型中，采用最小成本法求最优解。需求分析部分根据 IPAC-AIM/技术模型的输出结果确定最优技术组合，并计算融资需求。最后需求分析的结果与供给分析相结合，分析气候资金供求关系和内在结构，提出合理的政策建议。模型以 2005 年为基年，报告的温室气体排放主要为 CO_2。

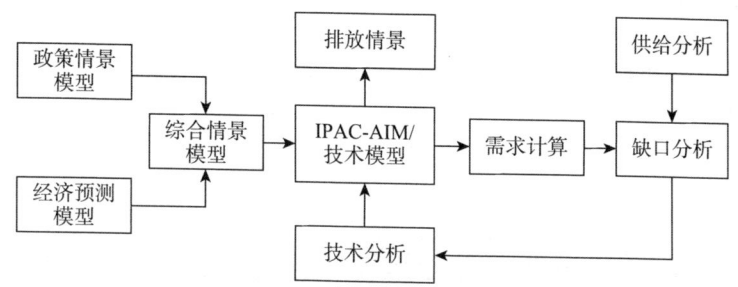

图 1　气候资金需求分析模型（CFDAM）原理

资料来源：笔者整理绘制。

CFDAM 模型计算了两类融资需求：一是能源工业的投资需求，包括发电、供热、开采、电网建设、石油加工、煤制气等；二是节能投资需求，包括农业、工业、居民、服务业、交通节能投资。节能投资的定义是以节能技术的投资减去基准技术的投资，为额外投资量，其中交通部门直接给出其全部技术投资需求。

2000～2050 年中国排放情景如图 2 所示。在基准情景（BAU）之下，中国的 CO_2 排放将持续增长，到 2040 年达到峰值 12936 百万吨 CO_2，之后略有放缓，到 2050 年下降为 12716 百万吨 CO_2。在情景假设下，中国 CO_2 排放于 2030 年达到峰值 10003 百万吨 CO_2，2030 年之后开始显著下降，到 2050 年达到 7826 百万吨 CO_2。

2010～2050 年中国气候融资需求如图 3 所示。

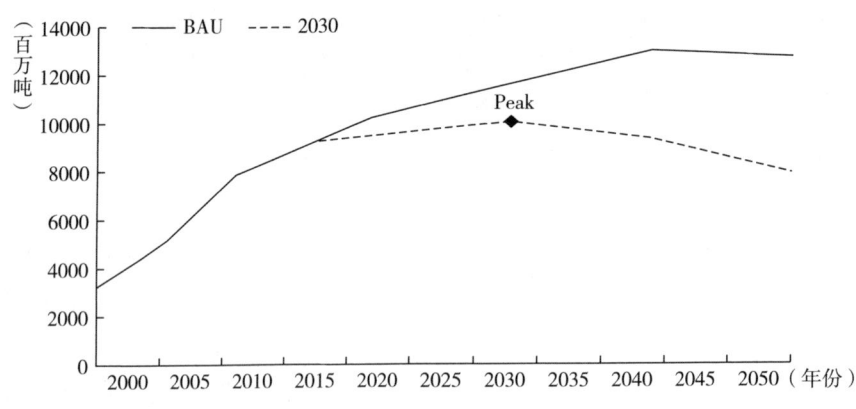

图2　BAU排放和2030年峰值排放

资料来源：笔者整理计算。

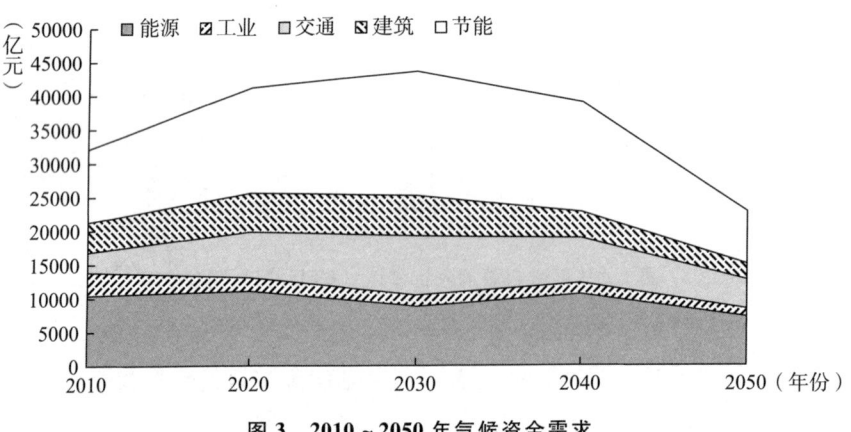

图3　2010~2050年气候资金需求

资料来源：笔者整理计算。

从模型结果看可以看出，要实现2030年达到排放峰值的目标，资金需求对应着以下三个阶段。

（1）早期投资阶段（2020年前），需要快速增加投资，预计每年资金需求增速超过4%，直到2020年逐渐增大到资金需求的峰值2.56万亿元，相当于当年度GDP的1.79%。

（2）平稳投资阶段（2020~2030年），资金需求相对稳定，每年的投资规模稳定在2.5万亿元左右，到2030年资金需求为2.52万亿元，相当于当年度GDP的1.8%。

（3）投资收益阶段（2030~2050年），受益于早期持续投资的长期收益，该阶段资金需求将快速下降，到2050年资金总需求降低为1.50万亿元。

当前我国气候融资的发展处于第Ⅰ阶段，该阶段需要快速追加投资规模，直到达到我国GDP的1.8%左右，并在第Ⅱ阶段维持投资规模。值得注意的是，即使采用保守的预测方式，2030年之后资金需求也将显著下降，这是由于早期持续的投资将使中国在2030年之后显著受益于低碳技术创新和规模化应用带来的成本降低。

对于投资者来说，是否投资于气候变化领域取决于机会成本，在没有明确碳价格信号的情况下，碳减排项目不具备显著的投资吸引力。在过去几年里，除了新能源产业外，气候资金领域真正进入的大规模资金相对较少，具体包括两方面的原因。第一，过高的风险限制了对低碳技术的投资，这些风险包括技术风险、运营建设风险、市场风险、政策风险、融资风险等。由于低碳技术分布分散，差异化特征明显，对于投资者来说存在很大的知识鸿沟，在风险识别上存在较大困难。第二，气候资金市场是一个碎片化的市场，规模效益不足。这种市场的碎片化既来自技术的多样性特征和应用领域的分散，也来自政策设定和体制设计造成的制度性分割。在几个主要的气候资金细分市场中，清洁发展机制市场已经衰落，正在退出和演化为国内自愿减排交易市场，潜力较为有限；合同能源管理市场虽然发展较快，但是由于项目投资规模较小，始终难以吸引大规模资本的介入；新能源补贴市场虽然在过去的几年里获得了膨胀性发展，但由于经济危机、产能过剩等原因也进入了平稳发展阶段。而国内试点碳交易市场值得关注，例如，广东碳交易市场正在采用拍卖机制进行分配的方法，拍卖募集的资金可以成为碳市场公共资金的重要部分，对拍卖资金的灵活使用可以实现与合同能源管理等其他市场的连接，促进气候资金市场的结构性调整和规模化发展，碳市场拍卖收入将是未来气候资金最具潜力的来源之一。

二 公共资金具有重要的引导作用

因为市场的分割性，低碳技术在成熟之前所存在的市场失灵和诸多投资壁垒会导致融资供给不足，尤其是大规模资金的进入面临诸多的市场和政策风险。为实现减排目标，提高适应气候变化的能力，在大量低碳技术尚未达到商业化阶段，以及大量低碳项目仍具有较高风险的背景下，必须充分发挥公共资金的引导、示范和激励作用。

（一）低碳转型面临的障碍

1. 市场失灵

应对气候变化必须实现经济低碳转型，由于市场失灵的存在，在向低碳经济转型过程中，限制了对新兴的低碳技术方面的投资，一些低碳投资甚至失败。这些市场失灵现象表现为以下方面。

第一，负外部性。例如，由于许多低碳投资，如可再生能源发电，往往比高碳的替代品更昂贵，而使用化石燃料发电，对环境造成很大影响，这些影响不包含在电力价格中。

第二，信息不完全和信息不对称。信息不完全导致了市场的不确定性，从而影响市场的判断能力，以至于不能恰当地判断出一个项目的优点和其潜在的风险。信息不对称会导致对手之间显著的不平衡，这会导致本来很好的交易失败。例如，许多能源用户没有意识到潜在的节能机会，从而在升级建筑、织物、配件和机械厂等方面没有实现最优化投资。

第三，低碳技术创新未受保护。技术创新可发挥关键作用，特别是在早期阶段，但如果技术创新未受保护，将带来不利影响。例如，知识产权没能得到充分保护，被竞争对手所复制，从而在社会上谋取利益，无法控制价格。

第四，公共基础设施的投资。基础设施往往提供了能给大众带来收益的公共物品，但没有产生能为投资者做出必要的投资的一个商业模式，洪水防御系统就是一个很好的例子。

第五，不完全竞争市场。与投资回报很难完全获得的公共物品不一样，一些基础设施资产（特别是核能源、水、运输设施和电信）可以提供相应的投资回报。然而，由于网络基本上是自然垄断，由单一供应商提供更加有效和高效。因此，有必要进行政府干预，确保有竞争力的价格。

第六，需要补充的商品和服务。由于互补商品和产业发展所需要的服务不可能在时间或程度上达到要求，相关低碳产业的发展可能是有限的，例如，对于离岸风电，就可能包括提供传输基础设施或供应。缺少资金的项目，可以看作某种互补品的缺少。政府强有力的信号、有针对性的政策措施及支持投资的供应链，可以帮助人们减轻这种限制。

2. 低碳投资壁垒

除上述市场失灵现象的存在，低碳投资还面临着一些壁垒，这是由低碳项目的特点所决定的。

第一，对长期政策的依赖。许多低碳投资严重依赖于政策的干预，使其在经济上是可行的。这些项目通常只有存在超过十年，往往几十年，才能收到可以接受的收益，而一旦政策发生变化，项目将面临较大的政策性风险。虽然政策设计可以帮助减小这些风险（如保证既往政策对现有的投资）的影响，但由于目前缺乏对长期的低碳政策实施的记录，这还会是一个潜在问题。

第二，融资交易成本高。许多低碳项目涉及新的技术和商业模式，增加了"尽职调查"的费用。此外，低碳项目有时数量多、规模小、分布分散，例如，一个大企业集团的房地产能源效率项目，将提高评估和监测以及组织外部融资项目的成本。

第三，新颖技术的认知缺乏。低碳投资往往涉及新技术的应用，如在深海风能项目或船舶动力，对技术的新颖性导致共同理解的跟踪记录和评估项目的能力缺乏。

第四，迅速扩大的投资需要。在一些低碳领域，需要迅速扩大投资规模以满足长期减排目标或国际义务，但仅仅结合新技术和依靠政策干预，投资尚达不到要求的水平。

第五，资本强度大。低碳技术往往是资本密集的"低碳"的替代品，例如，海上风电、废物回收和回收垃圾填埋场等。因此，不仅需要传统投资者的资本，还需要更广泛的投资者以达到所需的投资规模。

（二）公共气候资金的基本功能

公共资金是公共部门投资形成的一种公共资本形式。在一些私人投资有限、基础设施投资所占比重较高和社会公益性较强的部门，公共资金的介入可以对该部门的发展起到引导、示范和激励等多重作用。气候融资领域公共资金的作用主要体现在以下三个方面。

第一，构建气候融资制度框架。由于国际气候制度的不确定性，气候融资面临着系统性风险，这极大地阻碍了私人资金的进入，也限制了金融机构对气候融资工具的创新活动。公共资金的早期参与可以在一定程度上降低市场的风险预期，尤其是国际公共资金在开发创新融资工具上走在前列，为国际气候融资制度的建立做出了积极贡献。而国内公共资金往往在实施本国的气候变化战略上起到关键性的作用。

第二，完善低碳经济基础设施建设。低碳技术的大规模应用取决于智能电网、交通基建等基础设施的大规模升级和投资。此类投资具有沉没成本高、回报周期长、政策和市场风险大的问题，私人资金一般会持观望态度。公共资金很大一部分以补贴或优惠资金形式投向此类基础设施建设，显著地改善了低碳经济发展的环境，降低了私人投资的不确定性和风险，创造了更好的经济环境。

第三，通过补偿机制形成杠杆作用，撬动私人投资。由于信息不对称和市场结构的不完善，私人资金对低碳技术的投资面临较大的风险，存在着风险－收益不对等的问题。公共资金一方面可以通过融资担保、补贴等形式吸引私人投资，另一方面也可以用直接出资的形式对私人投资的亏损或收益进行补偿，平衡其风险与收益的关系，形成形形色色的公私合作模式，促进私人投资的进入。

第四，对适应活动的支持。气候变化的不确定性影响在科学上仍然存在许多争论，其经济影响也难以进行估值，因而适应活动短期内无法吸引私人资金的大规模介入。因此，公共资金事实上承担着支持适应活动的主要角色。这种支持更多体现公共资金的公益性特征，通常追求一定的可持续发展战略目标，对回报率并没有显著要求。

（三）公共气候资金机制

公共资金的主要资金来源包括直接财政拨款、国际碳市场配额拍卖收入、国际碳市场的收益分成、公共金融资金等；主要的资金中介有多边银行、国际金融公司、多边气候基金、公共碳基金等，通过赠款、优惠贷款、股权、债券等工具支持减缓、适应及其他应对气候变化活动（如图4所示）。

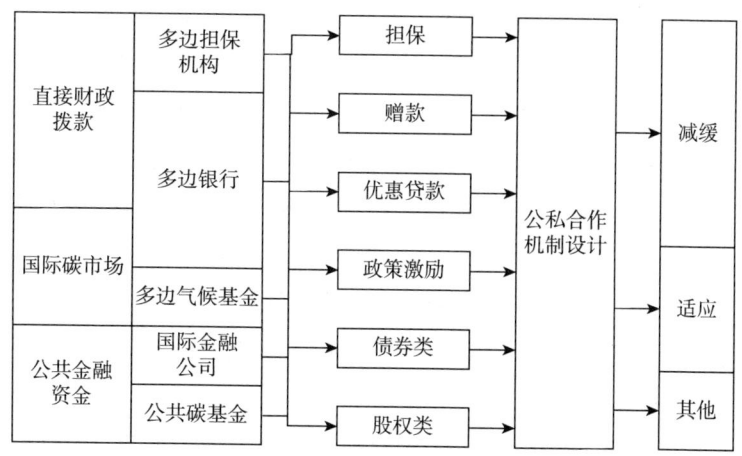

图 4 公共资金机制类型

资料来源：笔者整理绘制。

（四）适应资金机制

典型的适应融资渠道可以划分为三个层面：地方和国家融资、双边和多边融资、基于市场的融资机制。

1. 地方和国家融资

由于资金有限，国家层面通常不会把适应气候变化列为财政资金的优先领域。因此地方政府一般通过投资于现有服务和基础设施的方式，提高对气候变化的适应能力。

自有财政资金：政府通过公共服务收费、税收等募集的公共资金可以用于适应投资，如改善基础设施。但这些资金的来源取决于地方政府的法律和制度结构。

表 1 税收和收费

税收	• 财政税可以激励建设高密度的城市住宅和远离脆弱地区 • 可以针对脆弱地区设置特殊地区税种，或者根据与脆弱地区的距离设置阶梯税费（如洪区）
收费	• 征收发展费可以限制城市扩张，对特定地区收费可以激励开发者避开脆弱地区

资料来源：笔者根据相关资料整理。

(1) 税收和收费。表1给出了与适应气候变化相关的税费形式，其中财产税是一种非常有力的工具，收费机制对于受益人明确的地方服务是最理想的形式。在家庭和个人用户方面，付费机制可以有效地优化资源配置。

(2) 债券。向长期投资或者适应相关的支出提供融资。债券相比贷款的优点是更长的偿还期、较低的利率和简单的附加条款，缺点是对借款人的准备工作和偿还能力提出了较高要求。

(3) 国家融资。地方政府可以从国家层面获得交通、环境、健康和灾害治理等方面的资金支持。在许多国家这是支持适应活动的主要资金来源。

2. 双边和多边融资

一般情况下双边和多边资金主要用来支持国家战略和规划的实施。获得这方面的融资需要通过中央政府，在地方政府和中央政府之间进行充分的沟通和协调。此类资金的支持范围非常广泛，包括能力建设、技术支持以及基础设施建设等。双边和多边适应融资来源如表2所示。

3. 基于市场的融资机制

基于市场的融资机制是私人资金投资适应项目的重要渠道，具体包括：提供公共服务的私人持有的基础设施，如交通、电力网络、供水系统和固体废弃物处理等；能够提高适应能力的私有财产，如可以通过安装绿色屋顶降低城市热岛效应的建筑；对特定适应投资的私人融资杠杆。

(1) 碳金融。废弃物管理、能效和新能源项目可以成为碳市场的受益者。许多地方正在探索使用碳金融（碳减排项目产生的收入）来撬动私人和公共资金。例如，南非城市网络正在开发一个能源项目规划，在不同的城市建立碳金融机制；阿曼与世界银行碳伙伴基金合作开展城市低碳发展战略，正在试点城市碳金融机制；圣保罗将碳金融的收入用于支持社区发展，提高适应能力。

(2) 保险。保险和其他风险管理工具对于低频率高危害性的灾害袭击具有重要的作用。但是私人部门保险产品在发展中国家较不成熟，贫困地区很难有应用机会。特定的保险产品可以提高紧急救援和重建方面的快速融资能力，例如，世界银行开发了一个称为MultiCat的灾害债券保险平台，允许发展中国家政府使用标准框架在可承受的范围内购买相应保险产品。地方也可以使用类似的工具降低投资者的平均风险，并通过风险分散显著降低保险成本。

表 2 双边和多边适应融资来源

	全球环境基金	全球环境基金小额补贴工程	气候弹性试点项目	最不发达国家基金	专门气候变化基金	适应基金	全球抵御灾害风险基金（第二）	多边发展银行	多边发展银行的私营部门机构	千禧年发展目标基金
关注领域										
减缓	●	●			●			●	●	●
适应性	●	●	●	●	●	●	●	●	●	●
可持续发展	●							●	●	●
抵御灾害风险							●	●	●	
活动资助类型（有无限制条件）										
能力建设	●		●	●	●	●	●	●	●	●
技术协助	●		●	●	●（制度性）	●	●（灾后）	●	●	
投资	●（试点）		●		●	●		●	●	
基金类型										
赠款	●	●	●	●	●	●	●	●		●
贷款	●		●					●	●	
担保								●	●	
项目单笔基金数额	至多几百万美元	至多 5 万美元	至多 150 万美元的筹备金。1 亿美元以内的项目款项	平均 360 万美元	平均 420 万美元	几百万美元	几十万美元	几百万至数十亿美元不等	至多几亿美元	至多 400 万~800 万美元

续表

合格机构（合格国家）	全球环境基金	全球环境基金小额补贴工程	气候弹性试点项目	最不发达国家基金	专门气候变化基金	适应基金	全球抵御灾害风险基金（第二）	多边发展银行	多边发展银行的私营部门机构	千禧年发展目标基金
基于组织形式的团体		●								
非政府组织		●								
私营机构									●	
当地政府			●							
国家政府	所有合格者：需获得国家政府批准			●（最不发达国家）	●（最脆弱的发展中国家）	所有合格者：专注于最脆弱的发展中国家；需国家政府批准	●（最脆弱的发展中国家）	●		所有符合57个国家千年发展目标的合格国家；需政府批准

资料来源：全球环境基金（2011年）；全球减灾与恢复基金（2011年）；联合国开发计划署（2011年）；中国国际基金（2011年）；联合国气候变化框架公约（2011年）；适应基金（2011年）；世界银行（2010年）；千年发展目标（2011年）。

（3）公私合营机制（PPP）。许多政府正在借助私人部门的力量来设计、建设、融资和运营公共基础设施，用公共服务的收费向投资者支付财务回报。PPP 合同形式非常广泛，包括特许经营权和公共服务合同等，公共部门对私人部门提供的服务进行审计。PPP 主要的好处是促进私人投资，提高服务质量和设施管理能力。PPP 目前被广泛应用于公共服务部门，如公共交通、供水以及高速公路等基础设施管理。

三 我国公共资金机制现状

（一）绿色产业引导基金

公共资金的重要资金来源是政府财政资金，而当前我国政府财政资金参与了大量引导基金的设置，其运作模式和特点具有较强的参考意义。我国的引导基金以产业基金为主，最近几年我国各地政府相继设立了绿色产业引导基金，该类基金属于政府引导基金的一种特定形式，支持领域以温室气体减排为主。此类基金由于其应对气候变化的特征较为明确，是一种典型的应对气候变化公共资金机制。

绿色引导基金作为政府引导基金的一种重要分支，仍然处于发展早期。目前主要面临的困难是资金来源。由于社会普遍认为绿色项目收益率低、风险高，对绿色基金的参与程度较低。尽管在广东、贵州等地提供了一定的财政资金，但财政资金的使用条件非常苛刻，实际推动节奏较慢。而气候基金的设置也将存在类似的难题。即使财政资金能够参与设立气候基金，但资金使用条件过高、优质项目较少等障碍也限制了此类基金的发展。

1. 中国清洁发展机制基金

中国清洁发展机制基金（简称 CDM 基金）是按照社会性基金模式管理的政府性基金，其收入来源主要为 CDM 减排量收入，是一种国家碳基金。

CDM 基金采用赠款、有偿使用两种方式，支持气候变化活动和产业发展，并允许开展理财活动。2012 年基金收入达到 120 亿元人民币，为全国 17 个省份的低碳项目提供优惠资金 30 亿元，赠款金额达 4.95 亿元，支持 200 多个项目。

从实际运行情况来看，有偿使用以委托贷款为主，基金的总体资金使用效率较低。造成这一局面的原因主要有三个：一是基金治理结构缺乏灵活性，由多个部门组成的审核理事会决策效率低下，管理成本较高；二是基金投资方向不明确，定位不清，过于空泛难以形成高效的运营模式；三是基金设计时未考虑公私合作模式的设计，限制了私人资本和金融机构的介入；四是基金运营团队市场化不够，缺乏基金投资和运营能力。CDM基金的资金来源主要来自CER收入，而在资金使用中并没有形成与CDM机制的衔接，导致CDM基金处于较为尴尬的境地，并没有发挥出撬动私人投资、推动低碳产业发展的作用。

2. 贵州省发展改革节能低碳产业投资基金

贵州省发展改革委将原来安排用于节能低碳项目补贴的资金转变使用方式，设立节能低碳产业投资基金，通过政府引导，采用市场化方式运作，鼓励社会资本积极参与基金设立，充分发挥集合投资优势。

2016年，贵州省发展改革节能低碳产业投资基金首期募集5亿元，由北京三有基金管理有限公司发起设立，贵州省发展改革委出资5000万元。该基金将采用FOF的模式，即母基金通过与社会资本合作成立子基金，开展相关领域的投资活动。

该基金将重点投向贵州省的节能技术改造和装备制造、节能产品的开发与推广、节能服务创新与技术集成、可再生能源、建筑节能与低碳园区建设、交通节能与城市高效交通体系建设、碳交易与碳核算、矿产资源综合利用、固废综合利用、设备再制造、废弃物循环利用与再生资源利用、水资源节约与再生利用、城市矿产，以及节能行业的产业链整合与融资创新。

3. 广东省低碳发展基金

为深入推进碳排放权交易试点工作，引导社会资本投入低碳发展工作领域，探索财政资金市场化运作长效机制，广东省财政预算安排6亿元设立广东省低碳发展基金，资金主要来源于碳排放配额有偿发放收入。

2013年12月19日至2015年9月21日，广东碳排放权交易市场组织了十次碳排放配额有偿发放工作，共发放有偿配额1486万吨，累计收入约7.73亿元已全部归入省财政。但据粤财工函〔2015〕503号文，由于2013

年和2014年碳排放权有偿使用费和交易出让金均未列入年初一般公共预算非税收入计划，2013年和2014年的配额有偿发放收入（约7.4亿元）已作为超收收入按新《预算法》规定调入预算稳定调节基金并已统筹使用。广东省财政将上述配额有偿分配募集的资金安排首期省低碳发展基金1亿元，之后视基金运行情况及有偿发放收入到位情况再逐年逐笔安排省低碳发展基金。

目前该基金的运作正在筹备推进之中，主要的障碍是财政资金使用受到诸多限制，但是以碳市场配额拍卖资金为资金来源设立政府性引导基金具有较强的代表意义。

（二）适应基金

适应领域是公共资金支持的重要部门，以适应基金为主要资金机制。目前专门的适应基金主要在联合国的框架下开展融资活动，支撑发展中国家的适应气候变化能力，如 UNFCCC 适应基金、全球减灾和恢复基金等。同时由于气候变化的风险较为广泛地存在，我国也设立了直接或间接有助于适应能力提高的基金，如绿色碳汇基金和扶贫基金等。但总体而言，当前的适应基金具有较强的公益性，以支持可持续发展为主要目标。

1. UNFCCC 适应基金

UNFCCC 适应基金（AF）是依据《京都议定书》相关条约建立的，对《京都议定书》缔约国中深受气候变化影响的发展中国家的适应计划与项目提供资金支持，2008年正式启动。适应基金是由适应基金委员会（the Adaptation Fund Board，AFB）监督和管理，该委员会由16个成员组成。全球环境基金暂时向 AF 提供研究、建议、行政以及其他秘书服务。世界银行为适应基金的临时托管人，行使售卖 CER 以及信托资金管理的职责。

适应基金资金部分由政府和私人捐赠提供，部分来自核证减排的收入的2%。截至2015年底，基金总收入达5.391亿美元，其中1.958亿美元来自 CER 销售，3.434亿美元来自捐款，以及受托人经营所得的430万美元投资收入，可用于新项目/项目群的资金为1.777亿美元。

发展中国家中有资格的京都协议缔约国，可以直接提交项目建议书给适应基金秘书处，并以国家或多边为实施实体。国家或多边实施实体必须先由适应基金董事会批注,才能有资格成为实施实体并提交项目计划。它们也必须满足受托标准和董事会提出的其他条件。

适应基金有两种审核程序:一步批准流程和二步批准流程。所有小规模的项目将采取一步批准流程,而常规的项目既可以采取一步批准流程也可以采取二步批准流程,这取决于项目准备的阶段。其中需满足5项标准:国家资格、项目资格、资源可用性、实施实体资格、实施安排。其中项目资格的具体要求为:该项目是否国家权威认定的?该项目是否有具体行动处理气候变化带来的负面影响以及适应气候变化?该项目能不能带来经济、社会和环境效益,特别是对最脆弱的群体来说?该项目成本和效益如何?该项目是否与国家可持续发展战略、国家发展计划、减缓贫困战略等一致?该项目是否满足了相关的国际技术标准?有无其他资金来源支持该项目?该项目有无知识管理体系提供反馈?该项目为获取完整的适应气候资金是否提供了充分正当理由?该项目是否与适应基金的结果框架一致?当设计该项目时,是否考虑项目结果的可持续性?

适应基金共有7个部门,分别为水管理部、食品安全部、海岸带管理部、农业部、多部门项目部、农村发展减少灾难风险部,这些方面与气候变化息息相关。其中,有关农业的项目相对较多占所有项目的19%,因为农业在一个国家经济生活中占有重要地位。随着干旱和极端暴雨的气候频繁发生,气温以及降雨格局的不断变化,气候变化正威胁着世界各地的粮食产量。适应基金为项目提供资金有助于那些发展中国家的最脆弱的群体应对这些挑战。

同理,食品安全问题所占比重也为19%,现代食品体系很复杂,从生产到消费,这条供应链上有很多地方易受到气候变化的影响。由于气候变化具有广泛影响,食品体系变得更脆弱。为确保食品安全,适应基金不仅要帮助农民适应变化的气候,而且要帮助政府起草相关政策,建立相关机构,这样农民在面对未来威胁时有能力去处理这个问题。

水管理与海岸带管理的项目也较多,约各占15%。一方面沿岸地区是人口最密集的地区,加上不断上升的海平面、海岸侵蚀以及极端的天气活动,比如热带气旋,需要重视及帮助该地区人民适应气候变化。另一方面,气候变化对水产生的影响,使降雨格局变得不可预测,并以极端的活动呈现,比如干旱或者洪水。所以为了确保人们有日常所需的水,可持续的管理水资源是关键。

跨部门的项目也占15%。由于气候变化影响广泛,最好的解决方法往往跨多部门,比如水资源管理与农业关系密切,所以多部门能有效地处理多个问题。农村发展项目较少,约占11%。农村人民因为缺乏资源、信息、机构,没办法适应气候变化所带来的影响,所以要帮助农村居民基于传统的发展方式增强他们适应气候变化的能力。有关自然灾害的项目较少,只占7%,气候变化预计会加剧自然灾害发生和强度。减少灾难风险是为了适应,依靠预防措施最有效地确保灾害不会演变为全面的灾难。如图5所示,用于各部门的资金总额与治理结构相似,也充分体现了因气候变化,各个方面受影响程度以及治理的迫切程度。

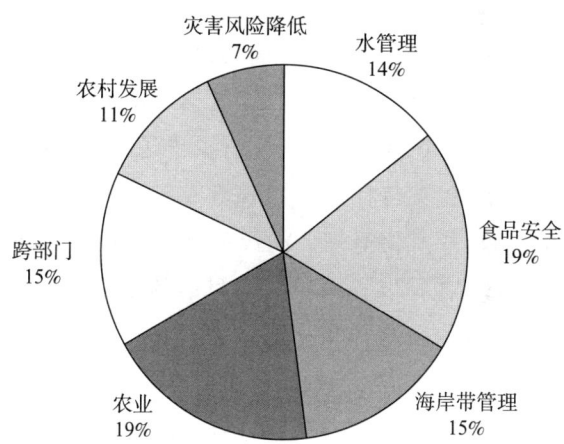

图5　UNFCCC适应基金资金使用比重

资料来源:笔者整理绘制。

2. 全球减灾和恢复基金(GFDRR)

全球减灾和灾后恢复基金是世界银行和《联合国国际减少灾害战略》(本文以下简称《联合国减灾战略》)之间的一项伙伴计划,为执行《2005—2015年兵库行动框架:建设国家和社区抗灾能力》(本文以下简称《兵库行动框架》)提供支持。2009年,全球减灾和灾后恢复基金的工作重点是推广抗灾医疗和教育制度,以期为更安全的医院和学校提供工具。全球减灾和灾后恢复基金齐心协力,确保发展中国家在遇到灾害袭击时能够迅速回到可持续发展之路。在全球减灾和灾后恢复基金的支持下,有30个国家制订了国家减少灾害风险和适应气候变化综合方案,制订了未来三年实现《兵库行动框架》目标的路线图。

为了使减少灾害风险和适应气候变化在国家发展战略中成为优先事项,以降低应对自然灾害的脆弱性,全球减灾和灾后恢复机制凭借三大工作路线和各种互补性举措,来实现自身在全球、地区以及国家三个层面上的发展目标:路线Ⅰ:全球和区域合作伙伴;路线Ⅱ:使减少灾害风险获得发展战略优先地位;路线Ⅲ:用以加快灾后恢复的后备复原融资机制。

以下四条举措是对三大工作路线和应对气候变化方案的补充:为减少灾害风险而开展的南南合作项目;减少灾害风险的经济问题;全球减灾和灾后恢复机制实验室;减少灾害风险的融资与保险。

3. 中国绿色碳汇基金

中国绿色碳汇基金会(本文以下简称基金会)是经国务院批准,于2010年7月19日在民政部注册成立的我国首家以增汇减排、应对气候变化为主要目标的全国性公募基金会。业务主管单位是国家林业局。

基金会的业务范围:支持社会各界积极参与以应对气候变化为目的的植树造林、森林经营、荒漠化治理、能源林基地建设、湿地及生物多样性保护等活动;支持营造各种以积累碳汇为目的的纪念林、森林管理、认种认养绿地等活动;支持加强森林和林地保护,减少不合理利用土地造成的碳排放;支持各种以公益和增汇减排为目的的科学技术研究和教育培训;支持碳汇计量、监测以及相关标准制定;宣传森林在应对气候变化中的功能和作用,提高公众保护生态环境和保护气候的意识;支持有关林业应对气候变化公益事业的国内外合作与交流;开展适合本基金会宗旨的其他社会公益活动。

截至2014年底,基金会已获得来自国内外捐款5亿多元,先后在全国20多个省(市、区)营造和参与管理碳汇林120多万亩,并在全国部署了66片个人捐资与义务植树碳汇造林基地。组织营造了"国务院参事碳汇林""全国首个碳中和婚礼碳汇林""建院附中碳汇科普林"等不同主题的个人捐资碳汇林;实施了2010年联合国气候变化天津会议、联合国可持续消费论坛、2014年APEC会议、2011~2014中国绿公司年会和国际竹藤组织等

26个大型会议和组织机构的碳中和林项目；组织开发了国内首个可进入市场交易的中国核证减排量（CCER）林业碳汇项目，开发了包括造林、森林经营、竹林、灌木等在内的碳汇项目方法学和林业碳汇项目注册平台。基金会已成为国内以造林增加碳汇、保护森林减少排放等措施开展碳补偿、碳中和的专业权威机构。

典型案例： 广东翠峰园林绿化有限公司在中国绿色碳汇基金会广东碳汇基金的支持下筹集资金，于2011年在广东省欠发达地区的宜林荒山，实施碳汇造林项目，造林规模为13000亩（866.7ha），造林密度为每亩74株。其中，梅州市五华县4000亩（266.7ha）、兴宁市4000亩（266.7ha）、河源市紫金县3000亩（200.0ha）、东源县2000亩（133.3ha）。该项目在广东省林业厅的支持下，由中国绿色碳汇基金会资助并提供全面技术服务，根据国家发展改革委备案的方法学AR-CM-001-V01《碳汇造林项目方法学》开发，2014年3月30日通过了国家发展改革委备案的自愿减排交易项目审定与核证机构中环联合（北京）认证中心有限公司（CEC）负责的独立审定。项目申请CCER的20年固定计入期的减排量，项目预计年减排量（净碳汇量）为17365吨二氧化碳当量。项目计入期为2011年1月1日至2030年12月31日（含首尾两天，共计20年），计入期内的总减排量为347292吨二氧化碳当量。2014年7月21日，广东长隆碳汇造林项目通过国家发展改革委的审核，成功获得备案，是全国第一个可进入碳市场交易的中国林业温室气体自愿减排（CCER）项目。该项目对于推进可持续发展具有重要意义，具体体现在：通过造林活动吸收、固定二氧化碳，产生可测量、可报告、可核查的温室气体排放减排量，发挥碳汇造林项目的试验和示范作用；增强项目区森林生态系统的碳汇功能，加快森林恢复进程，控制水土流失，保护生物多样性，减缓全球气候变暖趋势；增加当地农户收入，促进当地经济社会可持续发展。

（三）绿色产业扶贫基金

凯迪生态与中国华融资产管理有限公司2016年共同发起成立国内首家绿色产业扶贫基金，预计总规模不低于600亿元，首期基金5亿元已完成放款，未来5年规划在国家级贫困县新建生物质发电厂200家，预计可带动近百万贫困人口增收脱贫。

绿色产业扶贫基金结合专业金融企业的资本优势，通过基金的投资行为来加快贫困地区绿色能源的布局和建设，将资本收益和创造劳动脱贫合二为一，是为探索经济增长做出的绿色金融产品的尝试和绿色服务的创新。

目前，凯迪生态已经运营的生物质发电厂有36个，在建、待建的项目近80个。据统计，一座标准的生物质发电厂每年消耗燃料（农林废物）30万吨，减少二氧化碳的排放20万吨，替代燃煤10万吨。凯迪生物质发电产业推行"1+3+N"的产业扶贫模式，包括在贫困县建设生物质发电厂、燃料收购点、贫困户逐步脱贫三种途径，以及带动辐射的周边区域脱贫，这种模式已得到国务院扶贫办的支持，将在全国接近20个省份全面推开。

（四）首都碳汇林项目

2012年4月6日，门头沟区首都碳汇林项目启动，门头沟区作为首都生态涵养发展区，发展意义重大。碳汇林项目旨在传播环保理念，普及碳汇知识，唤起公众的生态环保意识。门头沟区位于北京西部，地形以山地为主，门头沟过去一直以高耗能、高污染的矿业经济为主导产业，发展方式粗放，造成了森林破坏、环境污染、地下水过度开采导致地面塌陷等严重的生态问题。2005年门头沟被确定为首都生态涵养发展区，该区加大了生态修复工作和产业转型力度，不断提高造林面积和造林质量。

与普通的造林相比，碳汇造林突出森林的碳汇功能，具有碳汇计量与监测等特殊技术要求，强调森林的多重效益。此次碳汇造林所造林木属荒山造林性质，相关后续管理工作按照林业部门标准执行，后期管护工作一般由林地所在村集体负责。门头沟区98.5%的地区为山地，根据这个特点，适宜碳汇造林区域为宜林荒山和低效林，此次项目围绕门头沟区"一带两线多点"的空间布局，主要布局在景区周边，永定河生态发展带沿线，108国道、109国道两侧以及潭柘寺、妙峰山等重点城镇主干道周边，通过建立碳汇造林示范区的方式落实。此造林总面积达3832亩，公企业认领命名，北汽福田汽车股份有限公司、德勤华永会计师事务所北京分所等十余家企业代表当场认领了门头沟区首批碳汇林项目，并签署了合作意向书。

1. 运作模式

门头沟区政府在区域范围内提供碳汇林地块供企业认领，企业出资造碳汇林，并参与后期的养护工作，发挥其在碳汇方面的真正作用。企业享有对所认领地块碳汇林的命名权，承担造林所需费用。碳汇林的林木所有权归林地所在村集体所有，村民为营造和维护碳汇林的劳动主体。在林木成林后，由相关部门或企业对碳汇林的碳汇量进行精确测量，测量指标受到门头沟区政府的官方认可，其碳汇量归企业所有，企业可以用其抵销自身的超额排放量，剩余部分则可放置北京市环境交易所进行碳汇市场交易。

2. 利益分配

门头沟碳汇林项目的利益分配主体为其主要参与者，包括村民、企业、政府。三者以不同的分配方式获得利益，其可操作性也各有不同。

首先，从村民的角度来说，村民是碳汇林造林和养林的劳动主体，农村集体也是碳汇林的所有者。在政府划定碳汇造林的区域时，需要给予农民合理的补偿，在造林开始时，农民便成为造林的主要参与者和劳动者，从工作岗位中获得报酬。以往的碳汇林多由政府财政支持，政府主造碳汇林，企业无参与或参与程度小，碳汇交易所得政府可能会将一部分分配给村民，让村民得到实惠。但本次项目的主要投资者为企业，碳汇交易所得由企业所有，所以村民或将失去这部分利益。

其次，从企业的角度来说，企业以每亩7000元的造林标准营造碳汇林，与之前政府投资建设碳汇林每亩30000元的成本相比具有极大的成本优势，企业在政府政策的支持下，享有税收、货币等优惠政策，可以为企业生产经营节约一部分成本；企业在营造碳汇林获得碳汇指标后可以放到碳汇市场交易平台进行交易，以一定的价格出售自身所具有的碳汇量，便可获得一笔可观的收入；树立良好的企业形象也是众多企业参与碳汇林项目的目的之一，良好的企业形象是企业无形的资产，能够为其扩充巨大的潜在市场。

最后，从政府部门的角度来说，政府部门在碳汇林的项目上的目标不是盈利，而更多的是注重该项目带来的社会效益和环境效益。政府追求为人民服务、为社会服务，碳汇林项目不仅能够解决环境问题，还能够为当地村民提供大量的就业岗位，对于生态环境保护、经济发展、提升人民生活水平都有重要的意义。企业的参与节省了政府在造林养林方面的费用，极大地减少了财政支出，这也是此次碳汇林建设的一个重要益处。

3. 潜在风险

该项目具有自然灾害和人为活动破坏的风险。碳汇林在培育的过程中存在很多不确定因素，雷电或人为因素导致的火灾可能使林木遭受重大损失，动物对幼苗的啃食也是碳汇林初期受损的一个重要原因，这些因素都会使碳汇林的储碳能力发生变化，导致森林碳汇项目参与方难以得到预期的受益，进而影响碳汇市场交易。

该项目具有土地利用方式不能随意变更的风险。碳汇林项目实施后，企业承担相关费用营造碳汇林，根据相关协议，所形成的林地在一定时期内是不能破坏和更改土地用途的，在约定时期内必须作为林地发挥储碳功能，以备碳汇交易的正常运行。因而，实施碳汇林的当地相关部门要承担土地利用方式不能变更的风险[①]。

该项目具有技术测量存在不确定性的风险。企业要进行碳汇交易就要测定当地碳汇林的碳储量，科学权威的碳计量技术是保证碳汇市场交易的技术保障，关系到企业切身的利益问题，是完成碳交易的关键一步。测量失误会导致企业损失利益，影响企业参与碳汇市场的积极性。

4. 项目特征

2005年门头沟被确定为首都生态涵养发展区，为落实区域发展规划，门头沟的产业和生态状况开始全面转型，"生态强区"成为发展的主要导向。2009年，全区万元GDP能耗下降7.6%[②]，2010年区内已经关闭所有非煤矿山和煤矸石砖厂。2011年，门头沟区开展了《北京市低碳城市发展路径及试点建设研究——门头沟生态系统碳排放检测技术研究与示范》项目研究工作，第二年就启动了首都碳汇林项目，极大地推进了碳汇行业的发展。

门头沟首都碳汇林项目是混合性政策工具产生的结果，这也是向强制工具过度的一个必要阶段。混合型政策工具兼具自愿性工具和强制性工具的特征，既有政府的干预，也有个人或公司的自愿成分。在此次项目中，

---

① 相震、吴向培：《森林碳汇减排项目现状及前景》，《环境污染与防治》2009年第2期，第94~95页。

② 刘云广：《肩负区域责任，全力推进低碳经济发展》，《低碳经济》2010年第3期，第94~95页。

自愿性工具占据主导地位,政府干预较少。

但在进行该项目前,政府已经为落实环境友好型社会建设的重要举措出台了相关配套政策,如加大恢复山区植被力度、提高生态涵养水平、积极发展生态旅游业、加强小流域治理、探索生态补偿机制等,并且已经取得了较为可观的成果。

村民共建是碳汇林发展的一个趋势,也是一种必然,村民共建能够最大限度地利用社会资源,使社会效益最大化。当地村民参与碳汇林的造林与后期养护能够为企业节约一部分劳动力成本,鼓励企业参与的积极性,村民在企业购买碳汇林的同时也可以以个人身份参与碳汇林的认养,丰富碳汇知识,提升环保意识,村民在此情况下才能够充分了解碳汇林的重要性,并积极参与其中。

"公益化"市场指的是以捐赠为主要形式的碳汇林建设,当下已经有以个人及企业名义捐赠的碳汇林项目,如各区团区委管理的绿色银行制度,目前门头沟已吸收绿色存款超过40万元。"公益化"市场的辐射范围相对广泛,宣传力度也更大,对个人影响较大,有环保意识的人会通过公益活动进行植树造林,有利于集中社会分散力量来实施碳汇造林项目。

但是企业在公益化市场中主要追求的是自身环保形象的树立,而不是以环保为目的做出努力,市场没有形成长期化的运作机制。此外"公益化"市场是不稳定的,而且规模小,难以对环境保护产生较大影响,因此"公益化市场"对企业的吸引力较小,企业对"公益化"市场的实际贡献也相当有限。

四 建立应对气候变化协同机制

(一)行政协同机制

地方政府在城市规划与基础设施建设等领域一般有一定程度的自主决定权,对绿色、低碳城市设计发展有一定程度的主导作用,且地方政府在确保公共资源投向最为贫困和最为脆弱的群体上的作用更为直接、更为关键。因此,理解地方政府和利益相关者对国家应对气候变化政策的响应情况，跟踪其资金来源的方式以及这些资源如何从国际流向国家层面，进而从国家流向地方层面，对于评估国家气候融资在地方和项目层面上的效果，并且预估应对气候变化目标的可达性都尤为重要和迫切。

每个国家的气候资金都有多种渠道从国家流向地方，可能的渠道包括从公共财政管理系统，通过对应对气候变化的项目进行资助，另外还有一些特定的气候资金机制。在我国，地区的气候资金一般来自地方政府的财政预算、预算外资金或中央政府资金转移支付，以及来自国际公共气候基金等国际方面的筹资。这些资金一般可以通过地方公共投资机构、城市发展基金、政府担保基金、地方政府引导基金等中介，借由股权、债券、补贴或奖励等工具投向减缓或适应领域。

综观全球，由于国家结构与制度不尽相同，地方社会经济特点突出，中央与地方政府在支出的分配比例、气候资金的运用领域、行业分配等方方面面，都存在较大差异，可以说地方气候融资问题更加复杂，更具有非典型性和非可比性。

表3汇总了20个发达国家中央与地方政府在环境保护与发展绿色经济方面的固定资产投资支出比。在支出分配上，大致可以分为三类。以法国和荷兰等十个国家为代表的第一类国家，其环保领域固定资产投资90%以上都来自地方政府，为典型的地方政府支出主导型支出模式。以奥地利和比利时等为代表的第二类国家，地方政府支出比例为20%~45%，为国家与地方均摊式支出模式。中央政府（某些国家包括州政府）支出超过地方（即占全部支出比例高于50%）的国家只有希腊、冰岛、西班牙和英国，其中冰岛的中央支出占比达80%以上，为典型的中央政府主导型支出模式。

表3 中央与地方政府低碳支出类型

	类型	特点	代表国家
第一类	地方政府支出主导型	在环保、低碳领域的固定资产投资90%以上都来自地方政府	法国、德国、匈牙利、爱尔兰、以色列、韩国、荷兰、挪威、波兰和瑞典
第二类	中央和地方政府共同支出型	地方政府在环境保护、低碳领域固定资产投资支付中所占比例为20%~45%	奥地利、比利时、丹麦、意大利、葡萄牙

续表

	类型	特点	代表国家
第三类	中央政府支出主导型	中央政府（某些国家包括州政府）在环境保护、低碳领域固定资产投资支出超过地方政府支出（即占全部支出比例高于50%）	希腊、冰岛、西班牙和英国

资料来源：笔者整理。

从资金支出重点来看，根据优先部门以及其他约束条件的不同，地区支出占全部支出的比例差距也非常大。例如，洛杉矶、蒙特利尔与多伦多用于低碳经济建设的地方政府支出占其地方政府总支出的比例都超过40%，其中蒙特利尔与多伦多将30%以上的地方支出用于发展当地交通设施建设。巴黎和圣弗朗西斯科地方政府用于发展低碳经济与绿色经济的地方政府支出占全部地方政府支出的20%左右，其中建筑与交通领域的投入占了巴黎地方政府用于发展低碳经济支出的绝大部分。

一般认为，地方政府面气候融资不足的瓶颈问题，可以通过改革与创新财政工具和金融工具加以缓解。表4汇总了与低碳经济相关的主要部门可用于地方政府低碳融资的主要财政工具。除了财政政策，金融工具也是地方政府发展低碳经济融资的主要政策手段之一。表5汇总了目前主要金融政策手段。

表4 按照资金来源分类的地方政府低碳融资财政工具汇总（按主要对应部门）

	交通	建筑	废物回收处理	能源
税	消费税 车船税	（产权税）	（物业税）	（能源税） （碳税）
费	（拥堵费） 存车费 （高使用量路段费）	（建筑费） 土地转让费 （发展费） （容积率超标费用） （其他费用）	物业费	电力附加费
中央政府的转移支付（除了上述税费涉及的收入使用领域）	经常项目支出 补贴 专项基金 税收的专款专用（earmarking）			

注：括号中为其他国家已有执行但在我国目前尚未或者基本没有普遍采用的政策。
资料来源：笔者整理绘制。

表 5 地方政府低碳融资金融工具汇总

类型	内容
创新公共资金引导工具	政策性基金
	地方政府绿色引导基金
	财政支持担保
	地方融资平台工具
	公共私人部门合作
	私人部门的赠款
碳金融工具	CDM 市场
	国内碳市场及碳排放配额拍卖
	碳金融工具
传统金融工具创新	信贷
	企业（公司）债券
	上市融资
	风险分担工具

资料来源：笔者整理绘制。

虽然存在种种差异，但从 OECD 国家的平均水平来看，地方政府在环境低碳领域的资本支出占了全部（中央政府与地方政府支出之和）用于低碳发展领域支出的 75% 左右①。反观国内，一直以来，我国地方财政资金链条紧绷的局面都没有得到实质性缓解，而城镇化步伐的加速意味着各地基础设施融资需要部分扩容，如果短期内不能改变目前中央与地方政府低碳发展领域支出的比例结构与规模，应对气候变化的减缓与适应行动就对地方政府的融资能力提出更紧迫、更高的额外要求。

目前，我国地方应对气候变化行动比较突出的特点是在低碳城市建设、碳市场建设以及适应项目落实等领域由点及面地开展试点工作，其中公共资金机制已经起到了决定性的作用。通过对全球国家及地方层面在公共资金机制方面最佳实践的剖析，能够为我国突破融资局限提供多方面的启示。

---

① 资料来源：OECD National Accounts Database，2009。

（二）适应与减缓协同机制

适应与减缓都有助于降低气候变化对自然和社会的风险。然而，它们的影响因时因地而不同。减缓必会产生全球效益，不过由于在气候和生物物理系统中的时间滞后效应，这些减缓效益在21世纪中叶之前很难显现出来。适应的效益主要是地方性乃至区域性的，但能够立即可见，尤其是如果这些适应措施还能够同时解决对目前气候条件的脆弱性。即便适应和减缓之间存在差异，气候政策并不是要在适应和减缓气候变化之间做出选择。如果要解决对气候变化的关键脆弱性问题，那么适应就是必不可少的，因为最严格的减缓努力都无法避免气候在未来几十年的进一步变化。但减缓也是必要的，因为只依靠适应最终会导致气候变化的强度加大，只有付出很高的社会、环境和经济代价才可能有效适应气候变化。

适应和减缓的一揽子措施能够降低与气候变化相关的风险。在未来几十年内，即使做出最迫切的减缓努力，也不能避免气候变化的进一步影响，这使得适应成为主要的措施，特别是应对近期的影响。从长远看，如果不采取减缓措施，气候变化可能会超出自然系统、人工管理系统和人类系统的适应能力。这体现了一揽子或混合策略的价值，包括减缓、适应、技术发展（以提高适应和减缓能力）以及（在气候科学、影响、适应和减缓方面的）研究。这种一揽子策略能够把政策与激励手段以及从社会个体到国家政府和国际机构所采取的行动相结合。

这些行动包括：技术、体制和行为方案；采用经济和政策手段鼓励使用这些方案；减少不确定性，增强此类方案的效果。减缓主要涉及能源、交通、工业、住宅、林业和农业等行业，而参与适应的行动者代表各行各业的利益，包括农业、旅游和娱乐、人类健康、供水、海岸管理、城市规划和自然保护等。

提高适应能力的途径之一就是把气候变化影响纳入发展规划中予以通盘考虑，如通过以下方式：把适应措施包括在土地利用规划和基础设施设计中；把减少脆弱性的措施融入现有的降低灾害风险策略。

同时应当在一系列不同层面上做出适应和减缓对策，形成协同效应，这些层面包括各家庭和农场、私营公司和国家计划部门。有效的减缓需要全球主要温室气体排放主体的合作，而大部分适应措施是在地方和国家层面实施。减缓的效益是全球性的，不过其成本和附加效益的提高则是地方性的。适应产生的成本和效益大都在地方层面上积累。因此，减缓主要受国际协议和随后的国家公共政策驱动。而大部分适应措施则由受影响实体的私人行动和受影响社会的公共安排驱动。

适应和减缓之间的协同关系可存在于每一个决策层面。适应行动可能会对减缓产生不利影响，而减缓行动也可能会对适应产生不利影响。建立适应和减缓之间的协同效应能够提高各项行动的成本效益，使之更能吸引潜在的资助方和其他决策者（见表6）。然而，协同效应不能保证在寻求降低气候变化风险时，以最有效的方式使用资金。此外，如果把建立协同效应作为决策的一个主要标准，无协同效应的关键行动也许会被忽略。在有些行业存在协同作用的机会（如农业、林业、建筑业和城市基础设施），但在其他许多与气候相关的行业，协同作用的机会相当有限。

表6 适应和减缓的关系

全球/政策	认识适应激励减缓的局限性，如ENGO的政策游说	CDM贸易通过征收附加费提供适应所需资金	划拨MEA资金或者气候变化专项资金	在设定稳定目标过程中的适应和减缓成本效益评估
区域/自然战略/行业规划	流域规划（如水电）和土地覆盖影响温室气体排放	通过提高能源价格，化石燃料税增加了适应成本	国家能力（如自我评估）支持将适应和减缓融入政策	检验项目对减缓政策的敏感性以及碳和气候影响的社会成本
局地/生物物理团体和个体行动	更多使用空调（家庭、办公室、交通）增加了温室气体的排放	社区固碳影响民生	地方规划当局应在土地利用中实施与适应和减缓有关的标准	对减缓政策和气候影响的程度进行企业综合评估

注：ENGO代表非政府环境组织；CDM代表清洁发展机制；MEA代表千年生态系统评估。
资料来源：IPCC第五次报告。

（三）社会与公共资本协同机制

PPP即公私合作（Public Private Partnership），是指政府公共部门与私营部门合作过程中，以政府部门的资金撬动更大的社会资本，让私营部门所掌握的资源参与提供公共产品和服务，从而实现政府公共部门的职能，同时为私营部门带来收益。

随着全球应对气候变化工作的不断推进，应对气候变化逐步由政府完全主导转变为政府引导、全社会参与的议题。在此期间，私营部门也逐步参与到应对气候变化的行列中。PPP模式作为一种私营部门参与应对气候变化的方式为京津冀低碳发展提供了新的思路。

首先，对于促进低碳发展的基础建设来说，PPP是一种双赢的融资模式。目前，我国正处于不断推进城镇化建设的进程中。据有关估计，2020年我国城镇化率将达到60%，由此带来的投资需求约为42万亿元。目前，各地区的PPP项目也呈现井喷式的增长，其中多涉及投资规模大、经营周期长、实施复杂的基础设施项目。社会资本的引入，可以在很大程度上缓解城镇化建设所需大量资金的压力，降低财政赤字，同时私营部门也实现了投资收益。此外，政府还分担了项目的部分投资风险，这对公私双方都是有益的。

其次，私营部门为我国低碳发展提供更多创新机遇。我国低碳融资的市场潜力很大，但完善的市场机制还未建立，其活跃度尚显不足。私营部门在市场和政府的双重引导下参与到低碳经济的发展进程中，也会主动探索和创新低碳经济的发展方式。如在碳交易试点运行期间诞生的借碳业务和配额质押等碳金融业务，都是随市场的发展应运而生。如果运用得当，PPP模式可以成为我国低碳转型和城镇化建设的重要工具。

但PPP模式的发展仍然面临诸多问题。由于PPP项目一般周期长、实施过程复杂，对法治化和规范化的要求很高。当前，我国虽鼓励社会资本通过特许经营等方式参与到城市基础设施投资和运营中，但在项目实施过程中，私营部门承担更多项目执行和管理的责任，风险较大。目前，尚未有针对性的实施方案出台，对公私合作中涉及的资金管理、收益分配、风险分担、保障机制等问题还没有明确的规定。如果没有完善的制度来明确政府和私营部门双方的责任和合法权益，PPP模式就很难推广。

五 京津冀应对气候变化公共资金体系

（一）碳基金

在过去的发展过程之中，由于缺乏顶层设计形成了一个相对割裂的市场结构,这限制了气候融资市场的进一步融合。在未来几年气候融资市场的关键是通过顶层设计促进市场的融合和不同政策的连接,形成一个具有稳定价格激励机制的完整市场体系(如图6所示)。在这一体系中,公共资金的来源将进一步多元化,碳市场的拍卖收入将成为一条重要的资金渠道;在机制创新方面,区域碳基金将发挥重大作用,通过一系列公私合作机制的灵活使用实现与金融市场的连接,提高碳市场的资产化和金融化水平;同时,公共资金的有效再分配能够创造"多重红利",实现不同激励政策之间的衔接,促进碳市场、合同能源管理市场、新能源市场等气候融资市场的连接,建立一个更加稳健的价格激励体系,最终形成一个相对统一的气候融资市场。

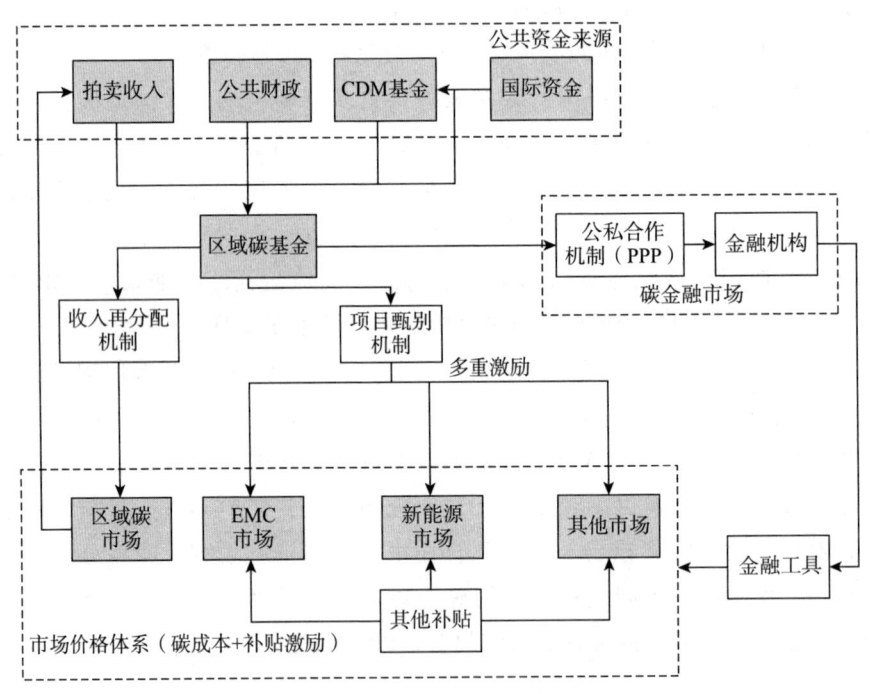

图6 基于碳基金公共资金体系

资料来源:笔者整理绘制。

建议中国清洁发展项目基金与京津冀地区各省市联合成立区域性碳基金,形成公共资金合作机制。清洁发展机制基金和地方公共资金联合设立区域碳基金可以成为中国未来气候融资市场的主要公共资金框架。通过转移支付、股权投资等方式构建一只国家气候变化基金和多只区域碳基金并存的格局。清洁发展项目基金可以充分发挥其引导作用，释放稳定的政策信号，确保国家低碳经济与气候变化目标的顺利完成，催化并加速绿色与低碳经济的发展。同时，区域碳基金可以结合区域特点及其优先发展方向，建立符合地方特色的公私合作平台，确保公共资金可以产生额外的政策效应而降低其挤出效应（即减少私人部门在同一领域的投资），并防止重复投资。

通过碳基金或专项资金等方式将碳市场拍卖资金等公共资金再分配于能效或新能源等市场，实现与合同能源管理机制、新能源补贴机制、碳补偿机制、生态补偿机制等其他市场机制的衔接，提高碳市场的政策杠杆效应。资金的再分配机制需要在现有的市场机制基础上建立新的项目甄别体系，优先选择具有较好信用基础和发展潜力的项目与企业，与已有机制的覆盖范围形成层次化和差异化，发挥出公共资金的引导作用。

（二）适应基金

目前对于适应基金并没有明确的定义，从广义上来讲，有利于适应气候变化的基金均可以视为适应基金，如林业基金、水基金等。但本文采用了相对狭义的定义方式，即符合我国《国家适应气候变化战略》的要求，适应基金的主要目标是提升我国各地区对气候变化风险的管理能力。由于适应基金的资金运用存在较强的公益性，因此其资金来源也以公共部门为主，包括政府财政资金、国际援助资金、社会公益捐助等。

目前我国尚未设立专门的适应基金，主要原因是缺乏相应的资金来源。潜在的适应资金来源包括以下几种。

第一，积极争取国际气候资金。虽然近年来经济取得了快速的发展，但我国毕竟是一个发展中国家，行业、地区的发展并不均衡，适应气候变化的重大资金缺口仍然需要外来资金的弥补。未来政府一方面应当继续积极扩展国际合作，争取国际金融组织和开发机构的气候资金，稳定现有多边和双边气候资金来源渠道，积极介入适应基金框架的设计和运营；另一方面应开拓一些新的双边合作机制，将气候变化作为双边合作的重要领域。

第二，拓宽国内财政资金来源。具体的方式可以包括：加快建设国内碳市场，通过配额拍卖获取收入；征收碳市场交易税；征收碳税获取税收收入等；将生态补偿资金和扶贫资金用于适应基金；将CDM基金部分资金用于适应领域。

第三，探索市场资金来源。例如，可以借助生物质资源开发和利用，与扶贫活动相结合，建立一些市场化的基金；在政府引导性基金下设适应子基金等。

由于气候变化风险的区域性和多样性特征，中央层面的资金可以作为适应基金的种子资金，配套地方政府资金，在资金运用方式上应当充分体现不同地区的差异性。《国家适应气候变化战略》已经对适应气候变化的区域格局、部门格局进行了明确的划分，因此适应基金的资金使用应当以此为基本依据进行设计。

基于以上的资金来源的可行性分析，本文提出以公共资金为主、以私人资金为辅的适应基金来源结构，其中公共资金应当以中央政府种子资金和地方政府配套资金的模式设计。根据资金的性质以及运作模式，建议京津冀地区可以重点考虑两种适应基金模式：绿色产业扶贫基金和生态补偿基金。绿色产业扶贫基金是从绿色产业基金衍生出的适应基金模式，其主要特征是采用产业基金的运作模式，在追求回报率的同时注重投融资活动的扶贫表现。生态补偿基金则是从生态补偿机制衍生出的适应基金模式，其特点是以公共资金为主，强调资金运用的公益性以及对私人资本的撬动能力。

这两种基金的主要差异是绿色产业扶贫基金是由社会资本发起，公共部门适当参与或支持，生态补偿基金则是由公共部门将原有的财政资金进行市场化运作，适当吸引社会资本的参与。这两类基金在投融资活动中具有显著的适应气候变化特征，较为适合我国当前政府引导基金以及市场化基金的发展阶段。

同时，作为具有一定公益性的基金，应当建立必要的绩效评估和资金监管机制，学习联合国适应基金的模式建立信息披露平台，对基金的治理结构、项目审批和实施、资金使用情况进行及时披露。京津冀适应基金体系的基本框架如图7所示。

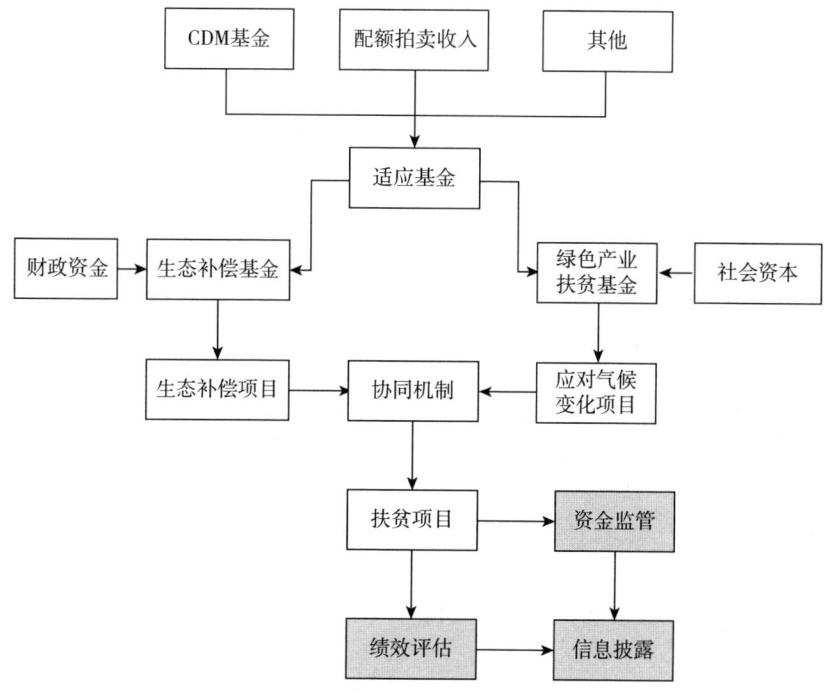

图7 京津冀适应基金体系框架

资料来源：笔者整理绘制。

六 构建京津冀应对气候变化公共资金机制的政策建议

本文认为建立多层次的协同机制是支持京津冀地区应对气候变化公共资金使用的核心问题，对京津冀地区建立环境治理协同机制具有政策意义。具体而言应当采取以下措施。

1. 建立以公共资金为主、以私人资金为辅的资金来源

适应基金的资金运用存在较强的公益性，因此其资金来源也应以公共部门为主，包括政府财政资金、国际援助资金、社会公益捐助等。本文提出以公共资金为主、以私人资金为辅的适应基金来源结构，其中公共资金应当以中央政府种子资金和地方政府配套资金的模式设计。

2. 拓展碳市场资金来源

应当通过碳市场建设拓宽国内公共资金来源。具体的方式可以包括：加快建设国内碳市场，通过配额拍卖获取收入；征收碳市场交易税；征收碳税获取税收收入等；将生态补偿资金和扶贫资金用于适应基金；将CDM基金部分资金用于适应领域。

3. 重点发展两类适应基金模式

根据资金的性质以及运作模式，建议我国可以重点考虑发展两种适应基金模式：绿色产业扶贫基金和生态补偿基金。绿色产业扶贫基金是从绿色产业基金衍生出的适应基金模式，其主要特征是采用产业基金的运作模式，在追求回报率的同时注重投融资活动的扶贫表现。生态补偿基金则是从生态补偿机制衍生出的适应基金模式，其特点是以公共资金为主，强调资金运用的公益性以及对私人资本的撬动能力。针对上述两类基金，本文提出了初步的可行性分析。

4. 采用基金模式替代生态补偿机制

通过整合分散在各条管理中的资金，统筹和规范现有的农业、林业、水利、环保、住建、海洋等各部门具有生态补偿性质的各类专项资金，建立一只生态补偿基金。以该基金为母基金，通过FOF模式与社会资本合作设立子基金，形成灵活的基金体系，提高资金杠杆和使用效率。

5. 探索绿色产业扶贫基金运作模式

绿色产业扶贫基金是一种市场化较强的适应基金模式，同时具有较强的公益效益。由于传统的适应气候变化资金机制很难赢利，私人投资者更有可能通过产业基金的方式参与适应相关的投融资活动，在保证合理收益率的前提下，尽可能最大化扶贫和适应气候变化的收益。在各类绿色产业基金中，比较活跃的是面向可再生能源的产业基金。本文建议以再生物质能源等为一个重要方向推动产绿色产业基金对扶贫和适应气候变化的支持。

6. 建立完善的绩效评估、资金监管和信息披露机制

作为具有一定公益性的基金，应当建立必要的绩效评估和资金监管机制，学习联合国适应基金的模式建立信息披露平台，对基金的治理结构、项目审批和实施、资金使用情况进行及时披露。

参考文献

[1] 韩文琰:《我国财政投资评审回顾与政策展望》,《地方财政研究》2010 年第 10 期。

[2] 李建华、陈其辉:《政府预算绩效评价指标体系的构建》,《系统工程》2009 年第 3 期。

[3] 刘燕华、钱凤魁、王文涛、葛全胜、马翠梅、张九天、何霄嘉:《应对气候变化的适应技术框架研究》,《中国人口·资源与环境》2013 年第 5 期。

[4] 潘韬、刘玉洁、张九天、王文涛:《适应气候变化技术体系的集成创新机制》,《中国人口·资源与环境》2012 年第 11 期。

[5] 孙成永、康相武、马欣:《我国适应气候变化科技发展的形势与任务》,《中国软科学》2013 年第 10 期。

[6] 孙傅、何霄嘉:《国际气候变化适应政策发展动态及其对中国的启示》,《中国人口·资源与环境》2014 年第 5 期。

[7] 许吟隆、郑大玮、李阔、高新全:《边缘适应:一个适应气候变化新概念的提出》,《气候变化研究进展》2013 年第 5 期。

[8] 赵尚梅、杨雪美:《中国情境下的突发公共事件应急资金保障机制研究》,《中国行政管理》2012 年第 12 期。

[9] 中央财经大学气候与能源金融研究中心:《2013 中国气候融资报告:公共资金机制创新研究》,2014 年 1 月。

绿色金融支持京津冀生态保护补偿

许寅硕*

摘　要　发展绿色金融，支持多元化、市场化生态保护补偿机制，是实现京津冀协同发展的关键任务，也是实现我国经济高质量发展的重要内容。自上而下的绿色金融政策体系的不断完善，以及自下而上的金融机构的绿色金融产品和服务创新，为京津冀生态保护补偿提供了投融资政策保障和工具支持。但是，绿色金融支持京津冀生态保护补偿仍然面临法律法规体系不健全、生态系统服务价值实现机制匮乏、绿色金融产品发展不均衡及绿色标准口径不统一、激励机制缺位以及相关能力建设不足等挑战。未来可以考虑建立绿色金融支持京津冀生态保护补偿长效机制、推进绿色金融产品和服务创新、配套切实可行的激励措施、建立试验区等，以应对挑战，保障绿色金融支持京津冀生态保护补偿的可持续性和有效性。

关键词　京津冀协同；绿色金融；市场化；生态保护补偿；高质量发展

2018年《政府工作报告》指出：我国经济已由高速增长阶段转向高质量发展阶段。大力推动经济高质量发展是解决我国一切问题的基础和关键。生态文明建设是高质量发展的重要内容之一。而发展绿色金融，支持多元化、市场化生态保护补偿机制是生态文明建设的重要抓手，也是实现京津冀协同发展的关键任务。

---

* 许寅硕，副研究员，中央财经大学财经研究院、北京市哲学社会科学北京财经研究基地，研究方向为环境金融、生态系统服务付费。

一 绿色金融支持京津冀生态保护补偿的必要性和可行性

生态保护补偿作为解决保护环境、维护生态系统服务中存在的外部性问题的一种制度安排，近年来备受国家和地方推崇。2005年党的十六届五中全会首次提出加快建立生态补偿机制；党的十九大提出建设生态文明是中华民族永续发展的千年大计，而生态保护补偿是建设生态文明的八大制度之一；2019年1月，自然资源部、国家发改委等九部委联合印发《建立市场化、多元化生态保护补偿机制行动计划》（本文以下简称《行动计划》），明确了市场化、多元化生态保护补偿的九个重点任务，我国生态保护补偿机制的政策框架基本建立并不断完善。建立多元化和市场化的生态补偿机制成为当前及未来很长一段时期内的发展趋势和重点。

发展绿色金融与建立多元化、市场化生态保护补偿机制具有内在目标的一致性。生态系统服务的公共物品或准公共物品的特征，使其生态价值的很大一部分未能进入市场交易，正外部性没有得到内部化，保护生态环境得不到合理回报。多元化、市场化生态保护补偿机制要实现的是"绿水青山"保护者与"金山银山"受益者之间的利益调配，将外在的、非市场化的生态系统服务价值转化为当地参与者提供生态系统服务的新型市场激励机制。环境正外部性的内生化也是绿色金融要解决的核心问题之一。2016年8月31日七部委联合发布的国际范围内首部由政府主导的绿色金融政策《关于构建绿色金融体系的指导意见》（本文以下简称《指导意见》）明确指出，建立健全绿色金融体系，需要金融、财政、环保等政策和相关法律法规的配套支持，通过建立适当的激励和约束机制解决项目环境外部性问题。

在生态文明建设上升为国家战略、绿色发展成为国家可持续繁荣的内在动力的大背景下，绿色金融与生态保护补偿在政策层面已开始呈现多层次交融促进的格局。2015年9月，国务院发布《生态文明体制改革总体方案》，作为生态文明体制改革的顶层设计首次明确提出建立绿色金融体系战略。2016年3月，《"十三五"规划纲要》明确提出，"扩大环保产品和服务供给。建立绿色金融体系，发展绿色信贷、绿色债券、设立绿色发展基金"。同年8月31日发布的《指导意见》明确要以绿色金融支持环境改善、应对气候变化和资源节约高效利用的经济活动，构建了政府、金融机构、环保企业等多方参与协同的绿色金融政策体系的顶层设计。《行动计划》也指出，发展绿色金融，完善生态保护补偿融资机制是建立市场化、多元化生态保护补偿机制的重点任务之一。鼓励各银行业金融机构针对生态保护地区建立符合绿色企业和项目融资特点的绿色信贷服务体系，支持生态保护项目发展；支持以PPP模式规范操作的绿色产业项目发展；鼓励有条件的非金融企业和金融机构发行绿色债券，鼓励保险机构创新绿色保险产品，探索绿色保险参与生态保护补偿的途径。

近年来，在京津冀生态环境协同发展框架下，该区域的生态保护补偿已取得一定成效。例如，在水资源保护方面，京冀、津冀分别签署《密云水库上游潮白河流域水源涵养区横向生态保护补偿协议》和《关于引滦入津上下游横向生态补偿的协议》，京津冀区域水质状况逐步改善。2018年，北京、天津、河北优良水体比例分别为56%、40%和54%，比2014年分别提高32个、15个和8个百分点[①]。但是，京津冀区域目前的生态保护补偿实践依旧高度依赖各级政府的财政资金及投资，市场化投融资机制、生态系统保护者和受益者良性互动的体制机制尚未建立，绿色金融对于生态保护补偿的支持较为有限，现阶段多为个例。京津冀疏解非首都功能、产业转型升级、生态环境保护等多方面措施正在稳步推进，亟须将绿色金融支持生态保护补偿加以主流化，完善区域多元化、市场化生态保护补偿机制，支持绿色经济转型与发展。

二 绿色金融支持京津冀生态保护补偿的现状

绿色金融是指为支持环境改善、应对气候变化和资源节约高效利用的经济活动，即对环保、节能、清洁能源、绿色交通、绿色建筑等领域的项

---

① 《区域协同稳步推进，重点领域成效明显》，北京市人民政府网，http://www.beijing.gov.cn/gongkai/shuju/sjjd/t1586461.htm，2019年5月19日。

目投融资、项目运营、风险管理等所提供的金融服务。在目前价格体系无法充分反映生态环境保护正外部性、生态补偿长期以来面临资金需求与供给缺口的情况下，研究绿色金融如何更有效地支持生态保护补偿机制被认为是撬动社会资金、更好地支持优质生态产品和服务供给的一条有效路径。

中国目前已构建了较为系统的绿色金融政策体系，搭建了全球首个由国家主导的绿色金融框架。2017年9月，北京市金融工作局、北京市发改委、北京银监局、央行营管部等8部门也联合发布《关于构建首都绿色金融体系的实施办法》（本文以下简称《办法》），明确提出加快构建基于包括绿色信贷、绿色债券、绿色上市公司、绿色基金、绿色保险、碳金融等在内的绿色金融体系，作为首都金融发展的战略方向和京津冀协同发展的重要支撑。

（一）绿色金融政策体系日趋完善，奠定了支持生态保护补偿的政策基础

1. 绿色信贷相关政策

绿色信贷是中国绿色金融体系起步最早的领域，其政策框架的建立经历了起步、引导推动和全面构建三个阶段。早在1995年中国人民银行就出台了金融部门指导政策，要求金融机构把支持生态资源保护和污染防治作为贷款的考量因素之一。2007年，中国人民银行、原国家环保总局、银监会共同发布《关于落实环境保护政策法规防范信贷风险的意见》，首次提出"绿色信贷"，要求金融机构根据国家建设项目环境保护管理规定、环保部门通报情况和国家产业政策进行贷款的审批和发放。2012年，银监会发布《绿色信贷指引》（本文以下简称《指引》），明确提出要对生态资源环保项目加强授信支持。《指引》是我国绿色信贷的纲领性文件，其发布标志着中国进入了全面构建绿色信贷政策框架的阶段。以《指引》为依据，银监会于2013年印发了《绿色信贷统计制度》，提出对节能环保项目及服务贷款增长情况进行统计。2015年印发的《绿色信贷实施情况关键评价指标》提出生态保护行业应该制定信贷政策。根据银保监会公布的数据，截至2018年，中国绿色信贷余额已经超过9万亿元，占总信贷余额的约10%。

2018年以来，绿色信贷相关制度进一步规范，监管评价方法日益健全，

鼓励银行业金融机构开展绿色信贷业务的激励政策不断完善。2017年第三季度，中国人民银行已将24家全国性金融机构的绿色信贷业绩纳入宏观审慎评估体系（MPA）考核。根据2017年12月中国人民银行印发的《关于推广信贷资产质押和央行内部（企业）评级工作的通知》，2018年起，信贷资产质押和央行内部（企业）评级工作由前期11个省份推广至全国，中国人民银行优先接受符合标准的小微企业贷款、绿色贷款作为信贷政策支持再贷款、常备借贷便利（SLF）等工具的合格信贷资产担保品。2018年1月，中国人民银行印发《关于构建绿色贷款专项统计制度的通知》，进一步明确了绿色信贷的标准。

2. 绿色债券相关政策

绿色债券属于直接融资工具，是指募集资金专门用于符合规定条件的现有或新建绿色项目的债券工具。绿色债券具有绿色、期限长、成本较低、收益较为稳定等特点，能够较好地契合生态保护补偿项目，弥补绿色信贷融资期限较短带来的期限错配问题。中国绿色债券起步较晚，2015年才正式建立绿色债券的制度框架，但近年来发展迅速。2018年，多个部门相继推出绿色债券市场建设与发展监管条例，监管体系更加规范；各级政府也出台政策推进绿色债券发展，激励措施更加完善。目前中国是国际第二大绿色债券发行市场，2018年中国境内外发行贴标绿色债券共计2675.93亿元人民币，约占国际同期发行量的23.27%①。根据中国人民银行绿色债券目录的定义，2018年绿色债券募集资金的第一大投向领域是清洁交通（30%），其次是清洁能源（23%），用于生态保护和应对气候变化的资金所占比例较低，约为2%。

与国际市场绿色债券由参与主体自发形成、自愿参与，"自下而上"的市场导向不同，中国绿色债券市场发展体现了"自上而下"的顶层设计。中国人民银行于2015年12月发布了《关于在银行间债券市场发行绿色金融债券有关事宜的公告》，标志着中国绿色债券市场的启动。同时发布的《绿色债券支持项目目录》（2015版），明确了六大类及31小类环境效益显著项目的界定条件，开展绿色金融债试点。《绿色债券支持项目目录》（2015

---

① 中央财经大学绿色金融国际研究院：《中国绿色债券市场2018年度总结》，2019年2月11日。

版）作为我国第一份关于绿色债券界定与分类的文件，其认定的绿色项目范围包含了生态保护补偿相关项目，如自然保护区建设项目等；植树造林、森林抚育经营和保护、生态农牧渔业及基础设施建设项目等。

2015年12月，国家发改委发布《绿色债券发行指引》，启动绿色企业债试点。其划定的支持重点也包括生态农林业项目（如有机农业、生态农业，以及特色经济林、林下经济、森林旅游等林产业）、生态文明先行示范实验项目（如生态文明先行示范区的资源节约、循环经济发展、环境保护、生态建设）等生态保护领域相关项目。2017年3月，证监会发布《关于支持绿色债券发展的指导意见》，鼓励支持地方政府综合利用贴息、财政补贴、设立绿色公司债券投资基金等政策支持绿色公司债，证监局应主动对接辖区地方政府。2019年3月，国家发改委等七部委联合印发《绿色产业指导目录（2019年版）》（本文以下简称《目录（2019年版）》），首次从产业角度全面界定了全产业链的绿色标准与范围，生态环境产业是其中之一，具体包含生态环境产业，生态农业、生态保护和修复，有助于绿色信贷、绿色债券等绿色金融产品与服务标准的界定。2019年5月，中国人民银行发布《关于支持绿色金融改革创新试验区发行绿色债务融资工具》，支持和鼓励绿色债券发行和产品创新。近年来，中国债券市场的快速发展及系列改革措施，如各类债券发行范围的扩大及发行便利性的提升、债券市场的深化开放，也助推了绿色债券的发展。

在中国人民银行、证监会等主管部门的指导意见下，债券市场服务机构相继落实相关细则。上海证券交易所和深圳证券交易所先后于2016年3月、4月开展绿色公司债试点，并对绿色债券发行提供绿色通道，先后发布《关于开展绿色公司债券试点的通知》《关于开展绿色公司债券业务试点的通知》，明确规定绿色公司债券是依照《公司债券管理办法》及相关规则发行的募集资金用于支持绿色产业的公司债券。2017年3月，中国银行间市场交易商协会正式发布《非金融企业绿色债务融资工具业务指引》及配套表格，要求企业发行绿色债务工具应在注册文件中明确披露绿色项目的具体信息，鼓励第三方认证机构对企业发行的绿色债务工具进行评估，并鼓励建立绿色投资者联盟。同时，证监会发布《中国证监会关于支持绿色债券发展的指导意见》，明确提出绿色公司债券申报受理及审核实行"专人对接、专项审核",适用"即报即申"的政策,提高了绿色债券的发行效率。2018年8月,上海证券交易所发布了《上海证券交易所资产证券化业务问答(二)——绿色资产支持证券》,明确了绿色资产支持证券的条件,拓宽了绿色资产支持证券的范围。2018年12月,在中国人民银行、证监会等主管部门的指导下,绿色债券标准委员会(本文以下简称"绿标委")成立,标志着我国绿色债券自律管理协调机制落地运行,将有助于绿色债券市场的规范和高质量发展,提高绿色债券评估认证质量。在地方层面,各级政府综合运用财政奖补、贴息、风险补偿等方式促进绿色债券发行,实际融资成本进一步降低。

3. 绿色基金相关政策

绿色基金是绿色项目融资的重要手段,其作为直接融资的主要工具之一,随着各种绿色新兴产业的发展而发展。在绿色基金平台上,可以集合各种融资手段和工具,聚合政府和社会资金,形成各种融资组合,降低绿色项目的融资成本和融资风险。京津冀三地经济社会发展存在较大差距,同时生态环境保护投入需求非常大,一些环保专项资金投入缺乏均衡性和稳定性,无法满足京津冀生态保护补偿的系统性、综合性要求。设立用于支持区域生态保护补偿的绿色基金,有望破解生态保护补偿投融资存在的问题,同时也能更好地体现区域协同发展的理念。截至2018年底,市场上共发行绿色基金428只,其中绿色产业投资基金385只,所占比例达到90%①。

2015年12月,国家发改委、环境保护部联合印发《京津冀协同发展生态环境保护规划》,明确提出"设立京津冀地区生态环境保护基金"。2016年《中共中央关于制定国民经济和社会发展第十三个五年规划的建议》中明确提出"设立绿色发展基金",同年8月七部委联合印发的《指导意见》指出"支持设立各类绿色发展基金,实行市场化运作"。同年12月,国务院印发《"十三五"生态环境保护规划》,提出"支持设立市场化运作的各类绿色发展基金"。2019年3月,国家发改委等七部委联合印发的《目录

---

① 马庆华:《解决绿色产业发展痛点,试验区债务融资提创新——〈关于支持绿色金融改革创新试验区发行绿色债务融资工具的通知〉点评》,中央财经大学绿色金融国际研究院,2019年5月16日。

(2019年版)》，界定了绿色基金的投资范围。

4. 绿色保险相关政策

绿色保险是指在支持环境改善、应对气候变化和资源节约高效利用等方面提供的保险风险管理服务及保险资金支持。绿色保险支持生态保护补偿可以从两个方面考虑：从保险公司的负债端来看，是指通过绿色保险产品和服务在加强环境风险管理、助力绿色产业发展、助力绿色技术创新成果的市场化应用、参与因极端天气导致的自然灾害的风险管理等方面支持生态保护补偿；从保险公司的资产端来看，是指通过保险资金的绿色投资，支持生态保护补偿。保险资金具有期限长、追求稳定收益等特点，与绿色投资项目期限较长的特点相契合。

虽然相比绿色信贷和绿色债券，我国对于绿色保险的探索更为缓慢，但在相关政策的支持下，近年来绿色保险也取得了一定进展。2008年2月，原国家环保总局和中国保监会联合出台《关于环境污染责任保险工作的指导意见》，正式确立"绿色保险"制度路线图。2013年1月，环保部和中国保监会联合发布《关于开展环境污染强制责任保险试点工作的指导意见》，规定了试点行业范围，并要求地方环保部门和保险监管部门推动试点工作取得实际成效。2014年4月修订的《环境保护法》在第五十二条新增"国家鼓励投保环境污染责任保险"。2015年，中共中央、国务院发布《生态文明体制改革总体方案》，提出"在环境高风险领域建立环境污染强制责任保险制度"。2016年8月，中国人民银行等七部委联合发布的《指导意见》为发展绿色保险做出了重要部署，其明确指出要发展绿色保险，"在环境高风险领域建立环境污染强制责任保险制度"，"鼓励和支持保险机构创新绿色保险产品和服务"，"鼓励和支持保险机构参与环境风险治理体系建设"。2018年5月，生态环境部发布《环境污染强制责任保险管理办法（草案）》，较为系统地构建了环境污染强制责任保险的行为规范与管理框架。

（二）金融机构主动推进绿色金融产品创新，为生态保护补偿提供金融工具支持

1. 绿色信贷的产品创新

绿色信贷通过"信贷+绿色"的金融杠杆作用，将环境问题、经济问题、金融问题落脚到银行业最基本的信贷环节，拓宽了商业银行金融工具的外延和服务范围，为银行业开辟了金融创新的新领域和巨大发展空间。在绿色信贷政策框架体系下，银行业金融机构积极践行绿色信贷，制定绿色信贷配套政策，持续优化信贷结构。2014年，29家主要银行[①]代表签署了《中国银行业绿色信贷共同承诺》，承诺全面践行绿色信贷，加快绿色信贷制度、流程、产品和服务创新。如中国建设银行的《中国建设银行绿色信贷实施方案》、兴业银行的《环境与社会风险管理政策》等；部分商业银行还制定了一系列针对具体行业的绿色信贷政策，如中国工商银行的《境内法人客户绿色信贷分类管理办法（2014年版）》等61个行业（绿色）信贷政策。在环境风险管理方面，已有商业银行逐步将环境风险纳入信贷流程、实施贷款的绿色分类，对不同环境友好程度的客户在授信分析、风险管理和贷后管理上区别对待。其中，中国工商银行进行了高耗能、高污染、高排放行业环境成本压力测试，量化了环境因素对商业银行信用风险的影响。

近年来各商业银行的绿色信贷产品创新也日益丰富。例如，兴业银行运用诸如排污权抵押贷款、碳资产质押授信、绿色信贷资产证券化等多种绿色信贷产品和服务，支持绿色项目；光大银行推出的权益质押产品，中国工商银行的西溪湿地收费权质押贷款，以及杭州银行推出的森林资源资产抵押贷款等，盘活了生态资产，在一定程度上缓解了轻资产生态环境保护企业的融资难的情况，拓宽了生态保护补偿的资金来源。

2. 绿色债券的产品创新

目前我国已经发行的绿色债券涵盖了绿色金融债（由中国人民银行负责监管审批）、绿色企业债（国家发改委审批）、绿色公司债（中国证监会、上海证券交易所、深圳证券交易所审核）、非金融企业绿色债务融资工具（中国银行间市场交易商协会审核）、绿色熊猫债和资产支持证券等。银行间市场、绿色金融债依然是绿色债券的主要发行场所和主要类型，发行期

---

① 国家开发银行、中国进出口银行、中国工商银行、中国农业银行、中国银行、中国建设银行、交通银行、中国邮政储蓄银行、招商银行、上海浦东发展银行、兴业银行、北京银行、江苏银行、中信银行、中国民生银行、中国光大银行、华夏银行、平安银行、广东发展银行、恒丰银行、浙商银行、渤海银行、上海银行、台州银行、天津农商银行、上海农商银行、深圳农商银行、渣打（中国）有限公司、星展银行（中国）有限公司。

限以 3 年和 5 年期为主，采用第三方绿色认证仍是主流。

绿色债券产品创新也不断出现。2017 年 9 月，国家开发银行在银行间债券市场首次发行面向个人投资者的零售绿色债券，募集资金将用于"长江经济带水资源保护"。2017 年 9 月，中国工商银行在卢森堡证券交易所发行首只"一带一路"绿色气候债券。2018 年，首单绿色双创金融可转债、首单绿色债权融资计划、首单用于长江大保护的专项债券、首单绿色扶贫 ABS 等新品种均成功发行。同时，交易所在官方债券信息网中加入了"绿色债券"栏目，将在交易所上市或挂牌的绿色公司债券、绿色资产支持证券、绿色企业债券分类列示，及时为市场参与者提供相关信息，绿色债券市场的规范性、透明度进一步增强。

3. 绿色基金的产品创新

各级政府发起设立绿色发展基金渐成趋势，以带动绿色投融资，促进地方政府投融资改革。内蒙古、云南、河北、湖北、广东、浙江、贵州、山东、陕西、重庆、江苏、安徽、河南、宁夏等省份已经建立由地方政府支持的绿色发展基金，贵州还建立起了绿色金融交易平台。地级市也在大力推动绿色基金的发展，如普洱市绿色经济发展基金等地市级绿色产业基金相继设立。

一些民间资本、国际组织也纷纷参与设立绿色发展基金。2016 年，中美绿色基金与张家口市政府共同发起设立"张家口市绿色发展产业基金"，该基金致力于张家口市及其周边地区绿色发展和节能环保领域的投资，旨在为张家口市的绿色节能产业发展提供金融服务，助力张家口转型升级、打造生态低碳城市，发展绿色经济。2017 年 11 月，中美绿色基金和北京环境交易所联合发起"中美绿色低碳基金"，基金总规模达 100 亿元人民币，并在雄安新区注册。该基金将积极与雄安各项绿色业务对接，支持中小绿色企业、壮大绿色产业。

4. 绿色保险的产品创新

近年来，绿色保险在助力生态环境保护、生态保护补偿方面的作用不断凸显。2017 年，环境污染责任保险为 1.6 万余家企业提供了风险保障 306 亿元。森林保险业务是绿色保险领域重要的产品和服务创新。森林保险责任最初针对火灾保险，近年来逐步扩展为综合保险责任。森林综合险包括火灾、旱灾、暴雨、暴雪、霜冻、暴风、洪水、病虫害等灾害造成的林木损失责任。森林保险有利于及早发现森林相关风险隐患，消除日常林业经营中的隐患，减少事故损失，从而保障森林生态产品和服务的供给，为生态产品和服务的供给方和需求方提供保护，在一定程度上降低生态保护补偿项目的风险。2017年我国森林保险承保覆盖率达到森林面积的2/3。

三 绿色金融支持生态保护补偿的案例分析

（一）绿色信贷支持生态保护补偿的实践

按照国家规定，生态公益林采伐受限，不能进行转让、抵押融资，但其补偿收益权可让与，该部分现金流具有安全性和稳定性。全国绝大多数省份目前有相当大比例的生态公益林和天然林已列入财政补偿。部分地区已经实现了"绿色信贷＋生态补偿"的创新，开发了公益林补偿收益权质押贷款，即以林业经营主体合法取得的公益林补偿收益权为质押担保，向符合条件的林业经营主体发放的、在约定期限内还本付息的贷款，以满足经营主体进行林业生产经营、森林资源培育和开发、林产品加工的资金需求。公益林补偿收益权质押贷款是盘活公益林和天然林资产价值，拓宽当地集体经济组织和林农融资渠道的一种创新。

以广东省肇庆市高要区为例，2018年4月成功发放首笔生态公益林补偿收益权质押贷款。财政资金是该地区森林生态保护补偿资金的直接来源，以公益林补偿收益权为质押，商业银行对林农或保护者提供一定额度的贷款支持，使林农或保护者在保护公益林的同时更好地从事经济作物的经营，既让林农获得"生态红利"，又能激发其对公益林保护的积极性。之后高要区又推出"公益林补偿收益质押＋个人信用担保"贷款，推动该区公益林补偿收益权质押贷款业务的发展。高要区禄步镇的林农承包了1062.9亩公益生态林，为了盘活资产、实现盈利，急需一笔资金解决松树的种植问题。邮储银行高要支行开创性地采取"公益林补偿收益质押＋个人信用担保"的业务模式，扩大了抵质押品担保范围，提高林业经营主体的融资额度。

在绿色金融政策体系的支持下，绿色信贷产品创新的地域范围也不断扩展。2018年12月21日，江西省林业局联合江西银保监局、江西省地方金融监管局、中国人民银行南昌中心支行、江西省高级人民法院、江西省财政厅出台《江西省林权抵押贷款管理办法》和《江西省公益林（天然商品林）补偿收益权质押贷款管理办法》，推动江西省林权抵质押贷款工作的规范有序发展。贷款额度原则上不超过公益林补偿年收入的15倍。贷款期限与林业生产周期相适应，贷款利率上浮幅度最高不超过贷款基准利率的50%，具体由相关银行自主确定。实行贷款利率优惠制，符合林业贷款贴息条件的，可向林业部门申请贴息①。2019年3月，广西也发放了首笔生态公益林收益权质押贷款，用来发展林下经济、花卉种苗和森林旅游，贷款方为中国农业银行河池分行。

（二）绿色发展基金支持生态保护补偿的实践

作为钱塘江的重要源头，新安江是浙江省最大的入境河流，经千岛湖、富春江、钱塘江入东海。下游的千岛湖是中国长三角区域的战略备用水源，而安徽省境内流域流入千岛湖的水量几乎占总入湖水量的60%以上，要求上游的来水质量必须"严防死守"。

2011年11月，新安江流域启动为期3年的跨省流域生态补偿机制试点（2012~2014年），涉及上游的黄山市、宣城市绩溪县和下游的杭州市淳安县。这是国内首次探索跨省流域生态补偿机制。每年中央财政出资3亿元，安徽、浙江两省出资1亿元，共同设立每年总额5亿元的新安江流域水环境补偿基金②。若年度水质达到考核标准，浙江支付安徽1亿元；水质达不到考核标准，安徽支付浙江1亿元。2016年底，安徽、浙江两省签订新一轮为期3年的生态补偿协议。中央资金三年共9亿元，分别按4亿元、3亿元、2亿元的方式补助，皖浙两省每年各安排补偿资金2亿元，各新增1亿元，实现环境同治、成本共担、效益共享。2016年末，流域内黄山市设立

---

① 资料来源：《我省公益林补偿收益权可质押贷款涉及面积5100万亩》，《江西日报》2019年5月12日。
② 资料来源：《黄山市将设立新安江绿色发展基金 完善生态补偿机制》，中国金融信息网，2016年12月20日。

新安江绿色发展基金,首期基金按1∶4结构化设计,试点资金4亿元,国开证券和国开专项基金合计募集16亿元,基金规模达20亿元。基金将主要投向生态治理和环境保护、绿色产业发展和文化旅游三大领域,经过严格筛选已确定首批十个项目,其中生态项目建设的投资额不低于20%,确保试点资金专款专用。

新安江绿色发展基金的设立,将过去政府直接投入变为政府投资引导、社会资本参与,有助于试点资金滚动使用,从而走出一条社会化、多元化、长效化保护和发展的模式,实现由原来的末端污染治理向源头控制转变、优良的生态资源向生态资本转化。经过6年试点,已经形成了"新安江模式",在全国5条流域和多个省份得到推广。

同时,黄山市结合新安江生态补偿试点,创新性推进生态脱贫、旅游脱贫工程,在实施退耕还林项目以及天然林保护、公益林管护、护林防火等用工岗位招聘时,优先安排符合退耕条件的贫困村以及建档立卡贫困户,仅村级保洁公益性岗位就解决了近3000农村人口就业问题。同时,引导群众发展有机茶等精致农业,推广泉水养鱼、覆盆子种植等特色产业扶贫模式,发展农家乐、农事体验、乡村休闲等乡村生态旅游新业态,使绿色产业成为上游群众脱贫致富奔小康的重要支撑。目前,黄山市三产结构比例由试点前的11.4∶46.3∶42.3调整至9.8∶39.0∶51.2,服务业从业人员超过常住人口的1/4。2018年,黄山市的新安江绿色发展基金转型为母基金,分为PPP引导基金、产业基金两大类,各6亿元,母基金下设若干子基金[①]。

四 绿色金融支持京津冀生态保护补偿面临的挑战

(一)绿色金融支持生态保护补偿的法律法规体系尚不健全

健全的法律法规是绿色金融支持生态保护补偿的根本性保障。一方面,生态系统服务的公共物品或准公共物品特征,使其价值的很大一部分并未进入市场,需要通过系统化的法律法规创造生态系统服务的需求和市场,

---

① 黄山市环境保护局:《黄山深化"五大机制"守护清清新安江》,2018年5月18日。

建立长效生态保护补偿投融资机制，为绿色金融在生态保护补偿中的应用创造良好环境。但目前生态保护补偿立法进程相对滞后于实践进程，其所需的法律法规支撑远远不足。另一方面，自2007年国家环保总局、中国人民银行、银监会联合出台的《关于落实环境保护政策法规防范信贷风险的意见》，到2016年8月31日中国人民银行、财政部、国家发改委、环保部、银监会、保监会等七部委联合印发的《指导意见》，我国绿色金融政策体系不断完善。但是，现有的绿色金融相关的文件多由国务院和各部委制定，更侧重于引导，尚无专门的体系化的绿色金融法律法规，也缺乏考核性监管，对金融机构的约束力和权威性不足。

（二）生态系统服务价值实现机制匮乏

绿色金融支持生态保护补偿的一个关键问题是要为绿色投融资决策提供可量化的标准和依据，即生态系统服务的价值。但目前生态系统服务价值实现机制匮乏，生态资产资本化方式有待探索。科学评价生态系统服务的技术、核算和标准体系还未形成，使生态系统服务市场交易制度、风险管理、环境污染责任保险等促进生态系统服务价值实现的制度机制的建立缺乏科学依据。没有充分的基础研究配合数据积累，绿色金融支持生态保护补偿很难迅速实现。

（三）绿色金融产品发展不均衡，绿色标准口径不统一

生态保护补偿项目的融资需求具有多层次性和多样性，需要根据其不同发展阶段的不同需求匹配相适应的绿色金融产品和服务。虽然近年来针对生态环境保护的绿色金融创新产品和服务不断推出，由早期的绿色信贷、绿色债券类产品到衍生出的绿色资产证券化等创新型金融工具。但总体来看，绿色信贷仍然是绿色金融市场的主要工具，仍然主要靠政策驱动，绿色保险、绿色证券等金融工具运用不足，未能从根本上改善正外部性的内部化。

在绿色标准方面，原银监会发布的《绿色信贷统计制度》明确了绿色信贷支持的项目标准。中国人民银行和国家发改委先后出台了《绿色债券支持项目目录》和《绿色债券指引》，确定了符合绿色项目的标准。七部委

联合印发的《绿色产业指导目录（2019年版）》明确了绿色投资的范围。这些标准或评估指标之间的不统一容易引发概念混淆，造成资金和要素流动、绿色资产之间对接的不顺畅以及额外的交易成本。

（四）实质性激励机制缺位

在建立绿色金融支持生态保护补偿的长效机制的道路上，实质性激励机制不足是一个突出的挑战。比如贴息、担保等激励机制仍不健全，期限错配问题仍待解决。以商业银行为例，商业银行对于绿色项目的支持是按照风险可控、商业可持续的原则实施的，盈利能力与绿色资产之间的联系还不明显，生态保护补偿项目在金融机构现有的信用评级方法下竞争力较低。商业银行的绿色信贷目前多集中于轨道交通运输以及可再生能源和清洁能源等大企业较为集中的项目。而真正需要信贷资金支持的生态保护补偿项目，由于技术和市场不确定性高、短期内自身盈利能力有限的问题，较难获得商业银行的绿色信贷支持。在没有资本的激励，也没有补贴、担保、税收减免等实质性的激励措施的情况下，绿色金融支持生态保护补偿的长效发展动力不足，也限制了绿色金融支持生态保护补偿的资金规模、可持续性以及可复制性可推广性。

（五）能力建设不足

目前参与支持生态保护补偿的金融机构主要是银行，这与我国以银行为主导的金融市场体系有关，但也反映出目前相关方面的能力建设不足。生态保护补偿项目一般投资周期长，经济效益短期内不高，环境效益难以量化，缺乏专业知识的投资者对此类项目持谨慎态度。同时，金融机构从业人员对于环境风险认识还存在不足，缺乏对环境风险敞口的监测数据和风险分析工具。亟须开展绿色金融支持生态保护补偿相关的能力建设，积极探索以绿色发展基金、绿色债券、绿色保险等方式推动多元化、市场化生态保护补偿，更好地保障生态保护补偿的可持续性，提升区域生态系统的服务价值。

五 绿色金融支持京津冀生态保护补偿的前景展望

(一)建立绿色金融支持生态保护补偿的长效机制

生态保护补偿是一个系统工程,需要专业的金融管理和资金支持,需要信贷、股权、债券、资产证券化等多层次绿色金融工具的有机组合运用,以及相关激励措施,以实现对生态保护补偿项目的全生命周期支持。在项目早期培育阶段,投资风险相对较高,周期较长,需要能够起到催化作用的第一损失资本填补"先锋断层",解决生态保护补偿项目在早期资本投入密集阶段的现金流问题。同时也为后续政策支持、市场机构和监管体系按项目管理计划逐步到位提供保证。这一阶段公共部门资金的支持至关重要,需要大力发挥政府的引导和撬动作用。

项目开发阶段会获得生态系统服务产生的生态资本信用,可以通过抵偿机制等方式获得投资产生现金流,经由市场或政府的绿色基金等渠道获得项目融资、风险资本或债权性投资。成功的项目可以依靠政策支持及成熟的市场结构在更大的区域范围内推广,也可以将成功的项目框架试用或运用到其他生态系统服务类型。当市场相对流动性较高、风险调整资本收益率更有竞争力时,会吸引更多的绿色金融工具介入,增强市场流动性,更多元化的投资者也会随之进入生态保护补偿市场。

因此,在生态保护补偿项目层面,需要厘清特定领域项目的生命周期、各阶段发展特点和相应的资金需求特点、各阶段已有的绿色金融工具和潜在需求。由于生态保护补偿的系统性、复杂性和利益相关者多元化特点,以及金融机构对于短期利益的关注,其长效机制的建立还需要政府的配套政策和激励措施(如贷款贴息、担保、税收优惠或减免、建立专业化的担保和增信机制支持绿色债券的发行)及实施方案支持,为绿色投资规划的系统性、长期性和安全性提供保障。

生态保护补偿全生命周期各阶段的潜在投资组合见表1。

表 1 生态保护补偿全生命周期各阶段的潜在投资组合

管制政策和市场	早期培育	确定商业模式	复制和规模化	商业化
	发展管制措施，完善市场结构的过程 →			
阶段特征	• 试点工程/概念证明 • 实验实践	• 单一的生态保护工程 • 可预期的稳定的现金流、风险和收益 • 政府建立管制框架	• 多个成熟项目多地开展，或者将成熟的商业模式在多个国家和生态系统保护项目中复制	• 可交易的资产投入生态服务中 • 投资到相关的市场
投资工具	• 公益创投 • 创投/有催化作用的第一损失资本 • 政府补贴/赠款	• 项目早期阶段融资 • 风险投资	• 专业的投资渠道（基金、孵化平台） • 股权投资	• 市场工具（股权、债券、期权） • 证券化工具
投资者	• NGO • 慈善信托基金 • 公益创投 • 政策性开发银行	• 公益创投 • 政策性开发银行 • NGO • 高净值投资者	• 规模较大的私营企业 • 政策性开发银行 • 高净值投资者	• 机构投资者 • 散户投资人 • 高净值投资者
风险收益特征	• 与其他部门投资相比风险较高 • 流动性非常低 • 收益回报和本金回收不确定	• 高风险 • 投资期限一般为中期 • 较高的内部收益率	• 中度风险 • 长期、稳定收益 • 投资期限一般为长期，流动性强	• 与其他部门投资相比风险较低 • 流动性强

资料来源：刘倩、董子源、许寅硕：《基于资本资产框架的生态系统服务付费研究述评》，《环境经济研究》2016 年第 2 期。

（二）推进金融机构的绿色金融产品和服务创新，以及配套激励措施的出台

1. 绿色信贷

未来可以研究实施差异化风险监管，并出台货币政策支持绿色信贷发展的实质性激励措施。如为绿色信贷占总贷款比例较高的银行实施差异化的存贷比监管要求，调整资本充足率计算中风险资产计算的绿色信贷风险权重，降低对绿色信贷比重较大的银行的存款准备金要求，使银行有能力为绿色信贷项目提供低于传统项目的贷款利率。

未来绿色信贷资产证券化空间也很广阔。通过信贷资产证券化募集资

金的数量和期限由资产质量和市场决定，因此，绿色信贷资产证券化产品能够为优质绿色项目提供成本合理的长期资金，有助于落实金融支持经济结构调整和转型升级政策，助力经济的绿色可持续发展。同时，绿色信贷资产证券化要求更为严格的信息披露机制，有利于通过社会化监督手段，确保资金的投向。目前绿色资产支持证券的规模所占比例并不高，但发展势头良好。2017年绿色资产支持证券的发行数量由2016年的4只上升至10只，规模从67.01亿元上升至146.05亿元。绿色资产支持证券的大幅增长印证了资产支持证券可以降低融资门槛、拓展融资方式的优势特点。

2. 绿色债券

未来京津冀区域政府需要根据区域经济发展的实际出发，积极参与已有的顶层设计的细化、落实及推广，出台配套激励措施，推动绿色债务市场发展。如2017年深圳市推出对绿色债券发行人给予贴息的政策。从市场层面看，可以推动三地政府作为发行主体，在专项债券的基础上推出绿色专项债券，为具有公共或公益性的生态补偿项目提供更为长期稳定、规模较大的资金支持，强化政府在支持生态环境保护中的引领作用以及在环境信息披露的表率作用，带动更多金融资源向生态环境保护的有效配置。

此外，推动民营企业作为绿色债券发行主体也有望成为有效支持生态保护补偿的发展方向。2019年2月19日，生态环境部和全国工商联签署了"关于共同推进民营企业绿色发展打好污染防治攻坚战"的合作协议，联合出台《关于支持服务民营企业绿色发展的意见》，鼓励民营企业发行绿色债券，推动解决民营企业环境治理融资难、融资贵问题。

3. 绿色基金

未来应大力发展绿色区域PPP基金，基于京津冀区域绿色发展目标或环境目标设立集融资、产业链整合和技术创新为一体的产融结合的投融资平台，可以在该平台上运用多种金融工具支持产业链的整合，将生态保护补偿项目与各种相关高收益项目捆绑，建立公共物品性质的绿色服务收费机制，用于京津冀区域内生态涵养区的生态保护、发展生态友好型产业，实现生态环境保护的内生机制。与此同时，地方政府应积极落实财税与土地政策等形式改善项目的投资环境，并完善收益与成本共担机制，从根本上强化基金的投融资能力。

同时，也应积极发挥社会资本的力量。支持更多社会资本发起设立创业投资基金、股权投资基金，引导私募基金管理人将资金投向生态保护补偿。搭建绿色投融资平台，推进生态保护补偿项目对接资本市场。

积极探索建立绿色担保基金也应成为未来发展重点。未来可以考虑在京津冀区域设立包括绿色中小企业信用担保、绿色债券、绿色PPP项目担保在内的绿色担保基金，并通过市场化、差别化的担保政策、补贴政策、税收优惠政策等进行综合调整，以担保机制的完善推进生态补偿项目融资风险管理与激励机制的创新。绿色担保基金可以通过银行贷款、企业债、项目收益债券、资产证券化等市场化方式举债并承担偿债责任。在实践中，可以考虑以地方财政投入启动资金，引入金融资本和民间资本成立绿色担保基金。当地政府应在资金筹集和投向等方面发挥政策引导作用。

4. 绿色保险

一方面，通过将生态保护补偿相关的知识产权、技术设备等纳入保险保障，绿色保险可显著提高绿色信贷底层基础资产的抗风险能力与可抵押性；另一方面，可通过信用保证保险的增信服务，有效分散和分担绿色信贷风险，从而促进金融资源流向生态环境保护领域。运用保险的保障功能和保费的杠杆机制，完善多元化、市场化的生态保护补偿机制，助力构建全过程的生态环境风险防范体系。同时，中央政府相关部门应考虑建立生态环境信息和数据共享平台建设，在中央和地方两层面进行机制创新，对生态保护补偿项目实施信用评定、信息公开、日常监管等体系化管理。

（三）建立京津冀绿色金融支持生态保护补偿试验区

目前中国建立了浙江、江西、广东、贵州、新疆五省份绿色金融改革创新试验区，密切结合各自特色，探索不同的绿色金融推进路径。其中，浙江和广东经济发达，产业优化升级，实现绿色发展的需求较为迫切；贵州和广西资源禀赋丰富，生态优势明显，但经济欠发达。新疆位于丝绸之路经济带的核心区域，绿色发展潜力巨大。五省份绿色金融改革试点在工作机制、组织机构、产品和服务创新、区域环境权益交易市场、配套制度、激励约束机制、国际合作和区域合作等方面有序开展，且各有侧重。

未来京津冀区域也可以建立绿色金融支持生态保护补偿试验区，探索不同类型生态保护补偿项目全生命周期所需的绿色金融工具组合、政策支持及配套激励措施，形成最佳实践，并进行模式的复制推广。同时，探索绿色金融支持京津冀生态保护补偿的制度化、体系化和长效机制。

参考文献

[1] 安国俊：《中国绿色基金发展趋势》，《中国金融》2018年第19期。

[2] 蔡宇：《对绿色保险功能作用的探索、实践和思考》，《当代金融家》2018年第9期。

[3] 刘倩、董子源、许寅硕：《基于资本资产框架的生态系统服务付费述评》，《环境经济研究》2016年第2期。

[4] 刘冬莉：《国外碳汇林项目融资制度借鉴》，《世界农业》2017年第3期。

[5] 绿色金融工作小组：《构建中国绿色金融体系》，中国人民银行工作论文，2015年第7期。

[6] 李曼曼、薛涛：《绿色金融促进绿色产业发展面临的挑战与对策》，《中华环境》2019年第4期。

[7] 马骏：《"十三五"时期绿色金融发展十大领域》，《中国银行业》2016年第1期。

[8] 马中等编《中国绿色金融发展研究报告》，中国金融出版社，2018。

[9] 孙良涛：《中国绿色债券市场：创新实践与发展对策》，《金融市场研究》2018年第2期。

[10] 王家庭、曹清峰：《京津冀区域生态协同治理：由政府行为与市场机制引申》，《改革》2014年第5期。

[11] 王雨蓉：《生态补偿对土地利用方式变化的影响：表现、因素与机制——文献综述及理论框架》，《资源科学》2015年第9期。

[12] 吴国春、赵保滨：《拉丁美洲森林环境服务市场发展及对农户生计影响》，《中国林业经济》2013年第1期。

[13] 兴业银行绿色金融编写组：《寓义于利：商业银行绿色金融探索与实践》，中国金融出版社，2018。

[14] 袁伟彦、周小柯：《生态补偿问题国外研究进展综述》，《中国人口·资源与环境》2014年第11期。

[15] 中央财经大学绿色金融国际研究院、UNEP：《构建中国绿色金融体系：进展

告2017》，2018。

[16] 中央财经大学绿色金融国际研究院、UNEP：《构建中国绿色金融体系：进展报告2018》，2019。

[17] 张晓涛、李向军编《北京财经发展报告（2017~2018）》，社会科学文献出版社，2018。

[18] 张伟、蒋洪强、王金南：《京津冀协同发展的生态环境保护战略研究》，《中国环境管理》2017年第3期。

[19] Clements, T., A. John, K. Nielsen, D. An, S. Tan, and E. J. Milner-Gulland, 2010, "Payments for Biodiversity Conservation in the Context of Weak Institutions: Comparison of Three Programs from Cambodia", *Ecological Economics*, Vol. 69 (6): 1283 – 1291.

[20] Daily, G. C. and P. A. Matson, 2008, "Ecosystem Services: From Theory to Implementation", *Proceedings of the National Academy of Sciences*, Vol. 105 (28): 9455 – 9456.

[21] Dulal, H. B., G. Brodnig, and K. U. Shah, 2011, "Capital Assets and Institutional Constraints to Implementation of Greenhouse Gas Mitigation Options in Agriculture", *Mitigation and Adaptation Strategies for Global Change*, Vol. 16 (1): 1 – 23.

[22] Engel, S., S. Pagiola, and S. Wunder, 2008, "Designing Payments for Environmental Services in Theory and Practice: An Overview of the Issues", *Ecological Economics*, Vol. 65 (4).

[23] Hejnowicz, A. P., D. G. Raffaelli, M. A. Rudd, and P. C. L. White, 2014, "Evaluating the Outcomes of Payments for Ecosystem Services Programmes Using A Capital Asset Framework", *Ecosystem Services*, Vol. 9: 83 – 97.

[24] Huwyler. F., J. Käppeli, K. Serafimova, E. Swanson, and J. Tobin, 2014, Conservation Finance".

[25] Muradian, R., E. Corbera, U. Pascual, N. Kosoy and P. H. May, 2010, "Reconciling Theory and Practice: an Alternative Conceptual Framework for Understanding Payments for Environmental Services", *Ecological Economics*, Vol. 69 (6).

[26] Pascual, U., R. Muradian, L. C. Rodríguez, and A. Duraiappah, 2010, "Exploring the Links Between Equity and Efficiency in Payments for Environmental Services: A Conceptual Approach", *Ecological Economics*, Vol. 69 (6): 1237 – 1244.

[27] Salzman, J., et al., 2018, "The Global Status and Trends of Payments for Ecosystem Services", *Nature Sustainability*, Vol. 1, pp. 136 – 144.

[28] Shang, W. X., et al., 2018, "Eco-compensation in China: Theory, Practices and Suggestions for the Future", *Journal of Environmental Management*, pp. 162 – 170.

[29] Vatn, A., 2010, "An Institutional Analysis of Payments for Environmental Services", *Ecological Economics*, Vol. 69 (6).

[30] Wunder, S., 2005, "Payments for Environmental Services: Some Nuts and Bolts", Research Report.

[31] Wunder, S., S. Engel and S. Pagiola, 2008, "Taking Stock: A Comparative Analysis of Payments for Environmental Services Programs in Developed and Developing Countries", *Ecological Economics*, Vol. 65 (4).

[32] Yang, W., W. Liu, A. Viña, J. Luo, G. He, Z. Ouyang, H. Zhang, and J. Liu, 2013, "Performance and Prospects of Payments for Ecosystem Services Programs: Evidence from China", *Journal of Environmental Management*, Vol. 127 (18), pp. 86 – 95.

图书在版编目(CIP)数据

北京财经发展报告：2019-2020：北京高质量发展新阶段/张晓涛，李向军编著. -- 北京：社会科学文献出版社，2019.9

ISBN 978-7-5201-5545-8

Ⅰ.①北… Ⅱ.①张…②李… Ⅲ.①地方财政-研究报告-北京-2019-2020 Ⅳ.①F812.71

中国版本图书馆 CIP 数据核字(2019)第 205322 号

北京财经发展报告（2019~2020）
——北京高质量发展新阶段

编　　著／张晓涛　李向军

出 版 人／谢寿光
组稿编辑／恽　薇　关少华
责任编辑／关少华

出　　版／社会科学文献出版社·经济与管理分社（010）59367226
　　　　　地址：北京市北三环中路甲29号院华龙大厦　邮编：100029
　　　　　网址：www.ssap.com.cn

发　　行／市场营销中心（010）59367081　59367083
印　　装／三河市尚艺印装有限公司

规　　格／开　本：787mm×1092mm　1/16
　　　　　印　张：21.5　字　数：335 千字

版　　次／2019 年 9 月第 1 版　2019 年 9 月第 1 次印刷

书　　号／ISBN 978-7-5201-5545-8
定　　价／128.00 元

本书如有印装质量问题，请与读者服务中心（010-59367028）联系

△ 版权所有 翻印必究